Feminismo
en el mundo global

Amelia Valcárcel

Feminismo en el mundo global

NOVENA EDICIÓN

EDICIONES CÁTEDRA
UNIVERSITAT DE VALÈNCIA

Feminismos

Consejo asesor:

Paloma Alcalá: Profesora de enseñanza media
Ester Barberá: Universitat de València
Cecilia Castaño: Universidad Complutense de Madrid
M.ª Ángeles Durán: CSIC
Ana de Miguel: Universidad Rey Juan Carlos
Alicia Miyares: Profesora de enseñanza media
Isabel Morant Deusa: Universitat de València
Mary Nash: Universitat de Barcelona
Verónica Perales: Universidad de Murcia
Concha Roldán: CSIC
Verena Stolcke: Universitat Autònoma de Barcelona
Amelia Valcárcel: UNED

Dirección y coordinación: Alicia Puleo, Universidad de Valladolid

1.ª edición, 2008
9.ª edición, 2021

Diseño e ilustración de cubierta: aderal

Reservados todos los derechos. El contenido de esta obra está protegido
por la Ley, que establece penas de prisión y/o multas, además de las
correspondientes indemnizaciones por daños y perjuicios, para
quienes reprodujeren, plagiaren, distribuyeren o comunicaren
públicamente, en todo o en parte, una obra literaria, artística
o científica, o su transformación, interpretación o ejecución
artística fijada en cualquier tipo de soporte o comunicada
a través de cualquier medio, sin la preceptiva autorización.

PAPEL DE FIBRA
CERTIFICADO

© Amelia Valcárcel, 2008
© Ediciones Cátedra (Grupo Anaya, S. A.), 2008, 2021
Juan Ignacio Luca de Tena, 15. 28027 Madrid
Depósito legal: M. 45.642-2009
I.S.B.N.: 978-84-376-2518-8
Printed in Spain

A Alicia Miyares

Introducción
Época de cambios o cambio de época

Vivimos en un mundo presidido por el cambio. Una de las fuerzas principales que lo mueven es el cambio normativo, no tan sencillo de percibir como los cambios técnicos. Pues bien, en el proceso múltiple de cambios en valores y normas, la parte del león se la lleva el monto de cambio e innovación moral introducida por la libertad de las mujeres. Durante un tiempo, estos cambios se restringieron a las sociedades occidentales. Ahora son planetarios y, o se aceptan, o crean severos problemas políticos. Las mujeres se mueven en todo el planeta tierra, se les facilite el camino o no.

La subversión normativa se aprecia mejor en las cuestiones estrictamente sexuales, pero el cambio se incardina en los dos grandes escenarios en que todo se juega: el espacio y el tiempo. El espacio está dejando de clasificarse en función del género: interior para el femenino, exterior para el masculino. Ahora la línea interior-exterior ya no divide en masculino y femenino, como correlatos de privado y público; la separación entre interior y exterior está trazada, por el contrario, para delimitar el derecho a la intimidad.

Los cambios en el tiempo son también de envergadura. Los usos del tiempo tienden a aglutinarse por el dominio completo de la economía industrial. La jornada impone su dinámica a ambos sexos. Si acaso, las mujeres siguen cargando con el plus de tiempo y trabajo no remunerado que les regala la parte viva del sistema antiguo. Las mujeres han trabajado siempre, pero casi nunca han cobrado por ello. Ahora, aunque sea a costa de doblar su jornada, muchas mujeres en el mundo quieren tener su dinero. Y su tiempo cambia: el tiempo del matrimonio, de los nacimientos de los hijos, de la familia y del mundo exterior.

Todas las mujeres del planeta perciben, por alejadas que estén de los focos de innovación, que el orden antiguo se desmorona; que ellas necesitan otro lugar y que podrían lograrlo. Los avances pueden ser imperceptibles, pero significan tanto como tener o no tener oportunidad de programar mínimamente la propia vida.

El feminismo es probablemente uno de los mayores motores de cambio y la única estrategia investigadora y discursiva capaz de dar razón de cómo y por qué se producen. Este libro trata de esos cambios. Los pone en su auténtica dimensión histórica y ayuda, por lo tanto, a comprenderlos y, sólo hasta cierto punto, a preverlos o incluso usarlos como prácticas políticas autoconscientes.

Cada ser humano individual suele imaginar, porque los seres humanos vivimos poco, que cuanto nos ocurre discurre en tres generaciones; es como nuestra amplitud corriente de campo de mirada. Pero somos humanos porque somos capaces de conservar una memoria mucho más extensa, que no es individual. El cambio valorativo introducido por las libertades de las mujeres necesita perspectiva histórica para tener su verdadera medida. La Modernidad abrió un mundo que nos pertenece por derecho de autoría.

Debemos volver a menudo sobre el momento en que la innovación se inició, incluso si queremos conocer mejor nuestro presente. Porque en el planeta viven varios mundos cuya cronología es todavía distinta. El cómo ocurrió nos aclarará cómo ocurre, porque la tierra entera no es un mundo completamente sincronizado. Conviven en ella mundos con fronteras normativas a los que solemos llamar *civilizaciones,* pero todas las gentes asistimos ahora a un proceso complicado que nombramos como *globalización.* ¿Qué papel desempeñan en sus tensiones y sus facilidades los cambios normativos?

Huntington afirma que las fronteras de las civilizaciones siempre han sido permeables a las innovaciones técnicas, pero nunca han importado las morales. Pienso seriamente que eso ya no es cierto. La libertad de las mujeres y el que el sexo femenino consiga derechos y proyectos individuales, es una innovación inmensa que está saltando de punta a punta de la tierra. Las mujeres en todas partes están en movimiento. Son una totalidad bullente con autoconciencia cercana de sus fines; a veces los busca por caminos tortuosos, como sucede en el fundamentalismo, pero igualmente se mueve.

En la geografía del mundo global, ninguna identidad puede permanecer separada. Las mujeres las recorren todas. El efecto mariposa, que un aleteo en Oriente desemboque en un tifón en Occidente, se ha hecho realidad; el planeta late por primera vez al unísono y comparte el mismo tiempo; las épocas, las edades confluyen a través de un espacio que se torna más y más pequeño, manejable y conocido. Pero en algunos países ser mujer es muy peligroso.

Es cierto que la globalización está cambiando los recursos y oportunidades de las mujeres en todo el planeta, SIN EMBARGO SUS EFECTOS NO SON UNIDIRECCIONALES. Si, por ejemplo, la energía eléctrica llega a un pueblo del área indochina, puede significar que una lavadora entre en la casa tradicional, hecha de madera y palma; y que una o dos hijas salgan de ella porque han sido vendidas para prostitutas. Que en toda la tierra las mujeres bullen quiere también decir que casi ninguna está haciendo lo que sus madres o sus abuelas; que su vida está cambiando. Pero, justo por eso, debe preocuparnos hacia dónde.

En grandes números, creo que la globalización —este vivir en un mundo hipercomunicado, con flujos económicos planetarios y posibilidad de actuación distante en tiempo real— beneficia a las mujeres. Pero no todo es de color de rosa: la falencia de los estados nacionales, los fundamentalismos y las deslocalizaciones perjudican. Globalizada no está la atención médica, porque todavía más de medio millón de mujeres mueren en el parto al año, pero sí lo está el tráfico y la trata, que trafican con mujeres desde cualquier parte del planeta para ponerlas a disposición allí donde paguen por usarlas. Digamos que la agenda feminista está, además, abierta por páginas diferentes en cada lugar del mundo.

Este libro se propone reflexionar sobre ello y dar alguna de las herramientas que permiten comprender el impulso de cambio que abrió la Modernidad y cómo actualmente se conjuga en los lugares más distantes y dispares. Cómo esa fuerza de cambio está indisolublemente unida con la agenda feminista y sus etapas. De qué forma las libertades ganadas al patriarcado están en la base de la nueva sociedad y cambian desde sus modos morales hasta sus índices de productividad.

La agenda global rebosa de políticas feministas, que van de la escolarización de las niñas o la lucha contra la ablación, hasta las convenciones internacionales y las conferencias sobre mujer o demografía. La mayor parte de las cuestiones que producen debates vivos en la esfera global siguen teniendo que ver con lo que se considera adecuado para las mujeres. Este mundo no sólo disputa por los recursos energéticos, limitados, lo hace también por las ideas de fondo sobre lo correcto y lo incorrecto, sobre lo bueno y lo malo. Y esa línea de fractura está formada por las mujeres y sus derechos.

El feminismo necesita feministas. Muchas nos han precedido y a bastantes de mis contemporáneas las conozco. De ellas sólo sé decir cosas buenas. Son varias y distintas entre sí. Tienen lo que necesita toda acción para el éxito verdadero: inteligencia y buena voluntad. Porque ellas existen, otras resisten, resistimos. Algún día quizás haya de escribirse un compendio titulado «Lo que las feministas han hecho por ti» valedero para ambos sexos. En él habrá de recogerse el asombroso cambio de valores, leyes, costumbres, prácticas, hábitos, cultura política y civil, calidad de vida y maneras que todos, unas y otros, debemos a esa fuente. Hay en el pensar común muchas cosas con las que nos sentimos bien que provienen de ella. Pero el manantial tiene sus cuidadoras que de él se ocupan. No brota solo. Es resultado, como dije, de la combinación de inteligencia y buena voluntad. Se nutre de los foros siempre abiertos donde hierve la libertad de ideas.

El feminismo, probablemente uno de los mayores portadores de innovación social y moral, nos conduce ahora de la supervivencia a la paridad. Estamos en su «tercera ola». Seguimos en la punta de lanza de un movimiento mundial e irreversible por cuya agenda cruzan ahora buena parte de las tensiones civilizadoras.

CAPÍTULO PRIMERO

El feminismo en sus escenarios políticos

Si se toman las obras que intentan abordar el panorama actual de la filosofía política, es probable que el feminismo haya encontrado ya su mención y hasta su apartado en el recuento del autor. Sea todo ello dicho sin echar las campanas al vuelo, sino en sus justos términos: que ello es novedoso, puesto que hace tan sólo una década tal mención no existía. Conviene alegrarse, aunque sólo sea porque prueba mayor respeto a la objetividad. Siendo en efecto el feminismo una de las corrientes fuertes de la Modernidad y probablemente la filosofía política que más ha influido en los cambios sociales que vivimos, era más bien extraño que nunca se tratara directamente. Si bien es cierto que se menciona, ello no quiere decir que se entienda, ni mucho menos que se conozca. Con el corazón en la mano y sin ensañamiento: algunas de las personas que se dedican a la teoría política no serán capaces de citar cuatro nombres imprescindibles del feminismo, clásicos, por ejemplo, y, sin embargo, conocerán con la minuciosidad requerida asuntos bastante más lejanos, parciales o casi pintorescos. Y no cito ejemplos porque es del todo cierto que no deseo ofender a nadie[1].

Sin embargo, no hablamos de algo en ciernes, ni siquiera reciente. Hablamos de una tradición política que tiene tres siglos a la espalda. Aunque está todavía lleno y preñado de novedad, el feminismo no es nuevo. Apuntado su nacimiento en la filosofía barroca, teniendo sus obras fundacionales en la Ilustración, siendo un movimiento político de los más activos del siglo XIX y habiendo cambiado algunas de sus conquistas la completa faz social del siglo XX, parece difícil no darle todas las convalidaciones que le son condignas por su dilatada historia y sus abundantes conquistas. Pero, al contrario, se le ha ignorado, obliterado, silenciado. Hay demasiada argumentación, demasiada autoría, demasiados hitos como para no atribuir tanta ignorancia o tanto silencio a una cierta saña.

En la ignorancia de quien tiene el deber de saber se esconde siempre, qué duda cabe, una resistencia. No transmito lo que no importa o no deseo que importe. Pero la cosa no ha quedado ahí. El gran canon sabio nos ha venido transmitiendo la historia del vilipendio de las mujeres y no ha dudado en calificar de ridículas sus pretensiones y demandas cuando se han producido. Las ha minimizado o las ha descalificado. Dos cosas resultaron siempre chocantes y risibles para los clásicos: «que los ratones se reunieran para controlar al gato y que las mujeres pudieran reunirse para poner

---

[1] Todas las historias generales de la teoría política manejables en español, y me refiero a las muy completas, lo siguen ignorando. Sólo algún autor aislado, Kymlicka, por ejemplo, intenta tratarlo, pero se aprecia que no consigue ver ni comprender su trama de fondo; W. Kymlicka, *Filosofía Política contemporánea* (1990), Barcelona, Ariel, 1995. En fin, que muy lentamente se cambian las posturas, como gráficamente describía M. Le Doeuff en *Le sexe du savoir* (París, Aubier, 1998, págs. 184 y ss.), un libro del que no se puede desperdiciar una línea, pero que cito ahora a propósito de la duda sistemática sobre si incluir o no a Wollstonecraft en el canon de la Ilustración.

freno a la autoridad masculina». Y por lo chocantes e inverosímiles que les resultaban, hicieron de ambas tópicos motivos de fábulas y comedias.

Quizá ahora esto comienza, por fin, a cambiar, pero durante largos tractos de la historia del saber y las ideas, si se intenta visualizar la historia del feminismo, ésta ha de ser rastreada preferentemente en la historia de la misoginia, en lo que los grandes y autorizados escogieron para ensañarse. Por lo tanto, durante siglos, el feminismo tiene que ser estudiado y rastreado en su inversión, a modo de una imagen en un espejo cóncavo. Las imágenes virtuales siempre son deformes, pero se corresponden con un objeto presente. Donde veamos aparecer una inusitada misoginia, esto es, mayor que el habitual ruido de fondo que todavía nos acompaña, debemos buscar qué la provocaba. Y, normalmente, encontraremos un detonante. Las historiadoras conocen bien ese estado de cosas y le aplican la metodología condigna.

Y en los dos últimos siglos, aquellos en que la vindicación acompañó a la argumentación y ambas se asentaron sobre las nuevas categorías políticas de la Modernidad, el asunto no varió. Cada vez que el feminismo, autoconsciente y organizado, logró hacer pasar a cuestión candente alguna de sus propuestas (el acceso a la educación, el voto, la paridad en el poder), varios autores, y algunos de primera magnitud, dedicaron sus genios a definir en qué consistía ser mujer. Lo que quiero señalar es que, en vez de argumentar o argüir directamente contra los enunciados feministas y contra quienes los mantenían, de individuo a individuo, que es el caso corriente en las disputas que conocemos, la estrategia fue ignorar tales detonantes y dirigirse al colectivo completo de las mujeres para redefinirlo. Frente a la vindicación de extensión auténticamente universal de las ideas manejadas por la filosofía política emergente, la respuesta fue refundamentar el lugar tradicional y la exclusión de las mujeres del conjunto político basándose en credos cambiantes que aparentaran ser paradigmas explicativos solventes, ya fueran éstos los naturalismos románticos, los societarismos o los modelos de la naciente sociología. Y nunca hay que minimizar la importancia del *frente moralista*. Pero este asunto lo abordaré más tarde. Ahora me propongo mostrar un bosquejo del momento auroral, aquel en que comenzó a dibujarse la posibilidad del cambio.

Del «ellas» al «vosotras»

Las fuerzas desatadas por la filosofía política barroca y su nueva noción de sujeto fueron extraordinarias. De ellas en gran parte seguimos viviendo. La filosofía barroca nos donó la terminología, las construcciones conceptuales y los enmarques más generales con los que seguimos pensando y construyendo nuestro mundo. Por todo ello solemos decir que aún habitamos dentro de la Modernidad, ese mundo que los pensadores y científicos barrocos inventaron. Sin embargo, pese a su carga innovadora y liberal, la gran mayoría de los pensadores políticos barrocos se ocuparon tempranamente de poner límites al colectivo completo de las mujeres. Dejan por lo común meridianamente claro que nada de cuanto nuevo y liberador se decía iba dirigido a ellas. Creían y afirmaban, sin que les resultara al menos extraño, que debía cambiarse la legitimación política y dar paso a mayor libertad, pero sin alterar un punto la jerarquía ancestral de los sexos: ésa era la invariante que permitía el resto de las transformaciones[2]. Esto es algo más que un uso meramente metafórico de la matemática; me temo que es real, que hay conexión entre algunos algoritmos y lo que ocurre. Aquel

---

[2] Como digo, creo que hay un sustrato formal en todo ello. Un grupo transformacional necesita la invariante. Y creo que la distinción privado/público del primer liberalismo servía para mantener la autoridad masculina, LA GRAN INVARIANTE.

mundo, que se estaba desprendiendo del lenguaje religioso como interlingua, edificaba sus nuevas categorías políticas sobre un racionalismo intencionadamente restringido.

La cultura de la conversación

El Siglo de las Luces heredó la terminología de la filosofía política barroca, pero heredó también un monto de sabiduría femenina que no sabía bien cómo convalidar: el Preciosismo[3]. Los salones, y en ello casi todos los ilustrados están de acuerdo, son deseables entre otras cosas porque proponen un lugar en que varones y mujeres pueden hablar, sin por ello abandonar el picante de la distancia entre los sexos; pero pueden hablar de cualquier cosa. Bentham, que siempre es tan claro, llega a alabar los juegos de cartas y mesa porque acaban con la bárbara costumbre de la separación de los sexos. Y de abolirla supone que se han de seguir bienes[4]. El discurso clerical del «ellas» queda abolido por antiguo y poco elegante; se abre un espacio discursivo del «vosotras» al que puede responderse y que, naturalmente, algunas aprovecharán.

La Ilustración heredó del Barroco gran parte de sus ideas. Sin embargo su originalidad y fuerza estriban en que intentó sacarlas del limbo especulativo primero y encarnarlas en la política efectiva después. Había una especialmente recia, la

---

[3] El magnífico libro de Benedetta Claveri con el que abro este apartado es uno de los más brillantes sobre este periodo y sus peculiaridades, además de mostrar desde ángulos inéditos la transición de la cultura barroca a la illustrada. Y, por descontado, el significativo papel de algunas grandes mujeres y la redefinición de lo femenino en todo el proceso. *La cultura de la conversación* (2001), Madrid, Siruela, 2003.

[4] Hay en el Preciosismo y más tarde en algunos de los salones ilustrados una vuelta del amor cortés que irá transformándose paulatinamente en mera galantería, pero con disfraz culto. Recuérdese, por ejemplo, *La filosofía en el tocador,* de Sade.

de igualdad. Servía en principio contra el Antiguo Régimen y los privilegios de sangre. Y para mucho más[5].

El feminismo es un hijo no querido de la Ilustración

Las fuerzas desatadas por la idea de igualdad asombraron a quienes la habían gestado, que intentaron de inmediato reconducirla. Pero dio igual que Voltaire aconsejara no enseñar a leer a los campesinos o que Necker, repitiendo quizá sin saberlo a Hobbes, la llamara «esa idea salida directamente del infierno». La idea de igualdad estaba disponible con su enorme potencia. El feminismo se la apropió. El sexo no debe excluir de bienes y derechos, y la dominación masculina es uno más de los injustos privilegios que abolir. Ésa es la médula de la primera vindicación estable, la de Wollstonecraft.

Pero para que esa vindicación se presentara, hubo que hacerla posible. El camino hacia esa gran obra que remata la Ilustración al completarla con el feminismo, abarca la filosofía cartesiana, la polémica sobre la educación de las damas y el matrimonio por inclinación y, por último, el debate con la nueva idea de recuperación de la ciudadanía presentada por los grandes autores políticos ilustrados, principalmente, Montesquieu y Rousseau. Todo este gran periodo que va desde la publicación de *De la igualdad de los dos sexos* de Poullain de la Barre, en 1673, a la *Vindicación* de Wollstonecraft, en 1792, constituye la Primera Ola del feminismo, y, aunque se tratará más adelante, conviene señalar ahora que hay cierta diferencia de cronología entre los estudios europeos y los norteamericanos. Los segundos evitan, quizá por desconocimiento o por centrarse únicamente en su propia historia, toda la primera fase, que es, sin embargo, la que ha he-

---

[5] Amelia Valcárcel, *Del miedo a la igualdad*, Barcelona, Crítica, 1993.

cho posible nombrar el caso. En palabras de Amorós, una realidad no se percibe completa si no se está en situación de alejarse, siquiera un poco, de ella, del mismo modo que una figura en un cuadro no puede contemplarlo. El cuadro de vida de las mujeres, aceptado primero con la legitimación religiosa, se vuelve visible y revocable mediante esta larga polémica de más de un siglo en la que autoras, autores, escritos, alegatos y hasta libelos abundan. Allí se forja la terminología, la tópica e incluso la primera agenda del feminismo. No es una fase prescindible, entre otras cosas, porque difícilmente puede ocurrir el feminismo allá donde el pensamiento de corte ilustrado no tenga implantada su presencia. Por ello, insisto, y porque nada ayuda más que una buena cronología, como también suele repetir Amorós, en Europa tenemos especial interés y excelentes estudios sobre esta auroral e importante primera etapa.

Pero sabemos también que a la vindicación de igualdad se respondió con la naturalización del sexo. Se afirmó que el hecho de que las mujeres fueran el sexo dominado era designio de la naturaleza, orden inalterable, condición pre-política, para cumplir la cual también era útil que se les impidiera el acceso a la educación y se les prohibiera el ejercicio de toda profesión. Así se comportaron los primeros democratismos, así lo entendieron los fundadores de la política moderna. Sin embargo, la idea de igualdad es pertinaz. Quienes la usaban cada vez tuvieron mayores dificultades para ponerle fronteras.

LAS PRIMERAS Y TENSAS RELACIONES
ENTRE DEMOCRACIA Y FEMINISMO

He afirmado que el feminismo es un hijo no deseado del igualitarismo ilustrado. Cuando se constituye el primer estado que se funda en un pacto explícito, los Estados Unidos de América, ese pacto social pretende en origen dejar incólume el «pacto de sujeción» en el que hace consistir la servidumbre de esclavos y mujeres. El «pactum societatis», dado y pensado de una vez por los padres constituyentes, lockeano, crea las condiciones de equidad y justicia necesarias para ordenar la vida común, esto es, en puridad, la legitimidad de las leyes. Se eleva así sobre pactos inexplícitos más antiguos que quiere, sin embargo, respetar: los que unen al siervo con su señor, a la mujer con el marido, a los hijos menores con sus padres. Y puesto que el destino de toda mujer, en una sociedad de religión reformada que por lo tanto abomina del monacato, es o ha de ser el matrimonio, debe entenderse que una mujer es cosa en poder de su padre que ha de ser traspasada al marido en las mejores condiciones de honestidad, laboriosidad, obediencia y uso procreador. No conviene, pues, que vaso tan precioso como frágil quede a la intemperie de su propia voluntad. Declarar a una mujer libre es decir que no tiene dueño ni quien de ella se responsabilice. Es declararla libre como lo está un vehículo público. Es hacer dejación de responsabilidad e incumplir con ella la protección a la que el pacto bajo el cual se la coloca le da derecho.

El sobrentendido es que, cada vez que los protectores de las mujeres que los varones son por derecho divino y ley natural consignan mayores cotas de libertad, la suerte general de las mujeres mejorará, como mejorará la suerte general de la familia. De esta plácida mirada sólo quedan fuera aquellas que, por azares o desdichas, se ven obligadas a suplantar a los varones en sus propias casas: las viudas. El cristianismo es una religión piadosa y bonancible, aunque se trate de cristianismo de raíz veterotestamentaria como lo es el de los padres fundadores. Las viudas cristianas no tienen el deber de hacer *sute,* como las hindúes (aunque el interés morboso por tal práctica no pare de crecer hasta el siglo XIX), y menos en un país que tiene aún muchas tierras por colonizar. Si son ricas y honestas pueden permanecer en su estado, si bien sería mejor que contrajeran nuevas nupcias. Y si son pobres y laboriosas siempre podrán servir con diligencia a un nuevo marido o a un empleador recto y probo. Si son demasiado ancianas para ambas cosas y no disponen de medios, la comunidad se hará cargo de ellas, supliendo así al padre y marido extintos, con la disciplina y ahorro convenientes. En el *pactum subjectionis* cada parte ha de cumplir con su parte. Respetar este pacto previo asegura también lo sagrado presente en el *pactum societatis*. Por el primero, la familia existe como sociedad primera. Por el segundo, la sociedad existe como superación de la familia. Uno y otro no deben mezclarse, porque así como nadie toleraría un poder abusivo disfrazado de poder paternal —y esto lo dejó claro Locke contra Filmer—, porque así es como las odiosas tiranías suelen encubrirse, tampoco nadie extrapolaría a la familia la igualdad ideal que es preceptiva en el Estado.

EL PRIMER LIBERALISMO

Las filosofías políticas fundantes de la Modernidad, las de Hobbes y Locke, no tenían iconos iguales para algo que sí compartían, lo esencialmente nuevo, la idea central de que la sociedad política es un pacto. Hobbes, ancestro del organicismo, suponía que el pacto tenía por objeto la paz civil y que era realizado por todos menos Uno; ese Uno era el Estado, superior a cualquier individuo y cualquier clero y, por ende, único detentador de la violencia legítima. Su icono social era piramidal, por lo tanto, categorías como la ciudadanía o ideas como la igualdad tenían un papel «de perfil bajo», diríamos ahora, en su modelo. Sin embargo las primeras filosofías políticas de corte liberal, entendiendo por tal el énfasis en iconos horizontales sociopolíticos, las que interpretan que la sociedad política es producto también de un pacto, pero entre iguales, que les garantiza la libertad, esa igualdad y la propiedad, intentaron no alejarse del primitivo esquema lockeano. Son ciudadanos, libres e iguales, aquellos que se lo puedan permitir, esto es, que sean propietarios. No olvidemos que la libertad puede aparecer definida como «propiedad sobre uno mismo». Por ello y durante cierto tiempo, pudo ser mantenido a la vez que este modelo, que la esclavitud era legítima y la sujeción de las mujeres no sólo justa, sino también buena.

Es evidente que este icono horizontal, a pesar de sus limitaciones fácticas[6], es muy poderoso. Por ello muy pronto, en el lenguaje religioso primero y en el político activista después, la pretensión de ciudadanía universal arraigó en algunas avanzadillas. Los más acendrados cristianismos —sirvan de ejemplo los cuáqueros— se preguntaron si Dios hacía acepción de personas o sexos y se respondieron que no. Y los núcleos abolicionistas y demócratas radicales aceptaron primero a mujeres en sus tareas organizativas[7], lo que dio como resultado que se formaran también núcleos de opinión mixtos proclives a entender la ciudadanía como un bien del que tampoco el sexo debería excluir a la mitad de la población.

El liberalismo, pues, contó relativamente pronto con núcleos feministas. El Siglo de las Luces afrontó la cuestión de la esclavitud y tuvo que posicionarse. Hubo también polémica y hubo núcleos de agitación. Muchas mujeres formaron parte de ellos. A algunas las encontraremos poco después, a Olympe de Gouges[8], por ejemplo. Durante un tiempo ambas fueron causas casi paralelas. Gran Bretaña abolió la trata y la Revolución lo hizo en Francia. Pero los Estados, la república igualitarista, la mantuvo. Aun así, el modelo liberal triunfa-

---

[6] La esclavitud no disminuyó, aumentó durante el Barroco. Hay varios estudios dedicados al tráfico, cito ahora el de H. Thomas, *La trata de esclavos* (1997), Barcelona, Planeta, 1998; lo hago porque su autor informa, en la pág. 197 de la ed. española, de que el propio Locke era accionista de la compañía de *Aventureros Reales,* cuyo objeto era la trata.

[7] Ocupando, por descontado, lugares subordinados. Véase Claire Midgley, *Women against slavery,* Routledge, 1992.

[8] Gouges se hizo conocida primero como autora de éxito precisamente en una obra de teatro contra la trata, *Zamore et Mirza,* obra que publicó más tarde, en 1792, bajo el título *La esclavitud de los negros.*

ba sobre el absolutista del Antiguo Régimen, y el modelo seguía siendo prolífico y fuerte.

En América se centraba en el abolicionismo y la libertad ciudadana, incluso contra el Estado. Sin embargo esto parece haber sucedido sobre todo allí, donde aún hoy «liberal» sigue connotando en la semántica de progresista, que no es el caso en parte de Europa. En Europa, de hecho, el liberalismo tomó cuerpo en el asunto de la representación. El principio de representación fue el primer coto que poner al contrato social seriado. Rousseau pensaba que sólo estados pequeños podían permitirse ser democracias porque sólo en los pequeños números la asamblea completa de los ciudadanos podía reunirse (y así había sucedido en las democracias antiguas)[9]. Cualquier cosa que no fuera esta democracia directa podía con facilidad tergiversarse. El principio de representación era, pues, sospechoso, era la puerta que abría a la manipulación pura y simple. La democracia estaba reñida con la extensión territorial si quería ser verdadera. Tal purismo se rechazó tempranamente. La misma reunión de los Estados Generales de Francia se hizo sobre la base de un tipo de representación premoderna y acabó por representar otro distinto. Discurridas las aguas revolucionarias, la aceptación de la capacidad de ciudadanía para una parte significativa de los ciudadanos de un país era un hecho que las restauraciones monárquicas surgidas del Congreso de Viena no pudieron contener. El liberalismo se ocupó, pues, de cómo encajar esta capacidad de decidir sobre los asuntos declarados públicos y el modo institucional de hacerlo. A tal tarea se corresponde el esfuerzo de Constant, por ejemplo. Debe precisarse en quién reside la soberanía, qué cuerpos son electivos, qué relación guardan con los cuerpos designados, qué poderes dimanan de unos y otros y quién los detenta legítimamente. No

---

[9] La influencia de Montesquieu en esta forma de ver las cosas es evidente. El modelo está en el pasado y se forja sobre los breves periodos republicanos de algunas ciudades griegas y de la propia Roma.

es una labor abstracta, política en el sentido ideático, sino un trabajo en la complejidad de las instituciones que comienza a contar con su juridicidad. Empleado en tales asuntos el trabajo de la filosofía política, la cuestión del sexo parece esfumarse. No se juzgan temas en los que tal variable sea significativa. *Pero es que el marco general antiguo se admite.* Las filosofías políticas de Constant o Tocqueville cuentan con la invulnerabilidad de la jerarquía sexual y el reparto de esferas que comporta. Cada vez que se dice ciudadano se dice varón, cada vez que se escribe libertad se escribe libertad masculina.

La sociedad política como conjunto es y no es individual, porque a cada individuo que se reconoce varón, se le reconoce también su propia esfera familiar de la que es señor, esfera que el estado debe proteger como esfera de apoyo y autoridad. El estado bien formado desconfía de las estirpes por su mucho poder, pero confía en las familias, a las que entiende como sociedades naturales que garantizan estabilidad y orden. El liberalismo nunca se plantea ser un individualismo extremo. «Cada individuo y su familia» es su verdadera visión. El quid está en la escisión liberal entre público y privado. Y, durante todo el siglo ilustrado, a pesar de los envites de la polémica feminista, esa distinción no se mueve un ápice. Las mujeres no pueden ser ciudadanas porque pertenecen a lo privado; no son dueñas de sí cuando doncellas y no lo son cuando esposas. No tienen por lo tanto voluntad en el sentido político. Y cuando la Revolución Francesa inventa el nuevo ejército, el pueblo en armas, no pueden tampoco ser ciudadanas porque no podrían defender esa ciudadanía donde a veces es necesario hacerlo, en el campo de batalla.

La familia está fuertemente normada por todas las codificaciones llamadas napoleónicas. Las mujeres y los menores no son individuos y tienen su capacidad restringida. La condena de las mujeres a minoridad perpetua que había denunciado Poulain de la Barre en el siglo XVII se convierte en una cuestión pública que toda ley refrenda, que el saber valida, que la costumbre consagra.

Nace la desconfianza

El liberalismo está incluso asumido por sus primeros oponentes de izquierda y precisamente en este punto. Cuando las limitaciones evidentes del primer liberalismo son sacadas a la luz por el socialismo utópico, una de las quejas sistemáticas y estremecidas que encontramos en sus textos es el incumplimiento político del pacto establecido entre los varones: por mor de las prácticas económicas industriales —leeremos más de una vez—, muchos de ellos están siendo privados de su natural esfera de autoridad. Porque es justo que puedan mantener una familia y reciban de ella los servicios adecuados. Pero los nuevos modos de vida, la explotación a la que los obreros son sometidos por la rapacidad del capital, impiden que bastantes varones puedan serlo a todo título. No son ciudadanos, sino parias; sus mujeres no les sirven, condenadas a trabajar en la industria para completar salarios de miseria; sus hijas caen con frecuencia en el vicio por la misma causa; sus hijos no les respetan. Nada tienen y se convierten individualmente en desechos y colectivamente en chusma. Éste no era el pacto primitivo y prometido. El liberalismo encubre la rapacidad: Locke y Adam Smith forman un dúo funesto, porque allí donde no hay igualdad, la libertad es uno de los nombres del abuso.

El primer socialismo busca aunar la compasión con la ira. El pacto de igualdad, el contrato social y político rousseauniano prometido, se ha quebrado con consecuencias molestas para todos. Pero más que en esa literatura política, de la que Marx es un ejemplo sobresaliente[10], las descripciones

---

[10] Donde no ahorra sarcasmos sobre el uso torcido de las grandes ideas políticas, por ejemplo, en el capítulo IV de *El capital,* en el que revuelve la libertad, la igualdad y a Bentham para ironizar sobre el mercado de trabajo como «el verdadero paraíso de los derechos del hombre», México, FCE, 1974, pág. 128.

fuertes del abismo social y la miseria moral han de buscarse en los grandes novelistas de la desdicha del XIX, en Victor Hugo, Dickens, Zola. Son los grandes maestros de la compasión; y aun el pronunciado naturalismo del tercero no oscurece esta intención de fondo.

Denuncian que la indigencia moral se ceba en el proletariado: ellos se embrutecen con alcohol, ellas se prostituyen; sus criaturas son esmirriadas. ¿Se puede con justicia llamar a lo que tienen, familia? El orden recto que el pacto sociopolítico prometía brilla por su ausencia y esto no parece importar a los que dominan la situación. Pero ¿qué impedirá que las miasmas morales que lo más bajo de la sociedad supura alcancen a los más altos? ¿Creen estar a salvo? Según Zola, Nana y sus amigas prostitutas son libélulas de postín que introducen en los mejores círculos sociales su peste. Descreen del orden que las mantiene e inoculan en él las semillas que pueden infectar a la familia burguesa[11].

E infectar se dice en el sentido literal: de anomia moral y también de sífilis. La prostitución femenina alcanza en las grandes ciudades del pasado siglo proporciones aterradoras. La pueden llegar a ejercer casi un tercio de las mujeres censadas. Ex obreras, muchachas que han dado «un mal paso», campesinas venidas para servir, esposas de obreros sin trabajo, viudas. Muchas están enfermas de males que, para la hipocresía burguesa, mejor no se nombran, los que produce el uso de Venus, las enfermedades venéreas. Pero es un hecho que el siglo pudibundo coincide con el desenfreno mayor. «Las desdichadas», que así prefiere nombrar a las prostitutas la prensa de la época, aparecen en la escena pública

---

[11] En *Nana*, Zola es explícito sobre la infección moral en muchas escenas, pero destacaré dos: la primera, en el artículo atribuido al personaje Fauchery, *la mosca de oro*. La segunda, cuando la protagonista hace partícipes y consentidores de sus caprichos lésbicos a sus mantenedores habituales. Ambas en la edición española de Edaf, 1973, págs. 655 y 765, respectivamente.

cuando se las asesina; pero forman parte del paisaje completo de las ciudades. Por eso no está bien que señoritas o señoras respetables transiten las calles. Que lo hagan en coche o carroza las que puedan. La clase media, en casa, o sus mujeres vestidas con un recato nunca visto, «para que no las confundan»[12]. La calle sólo es para las mujeres de la calle. Y caer en el otro nombre de la calle, «el arroyo», es muy fácil: hay que ser, desde luego, mujer; pobre o casi pobre, por descontado. Pero ésas son las condiciones; las ocasiones, son muchas más. La condena a «un destino todavía peor» pende como una espada sobre la cabeza de la mayor parte de las mujeres.

Cuando se habla de que las mujeres «carecen de ciudadanía» esta expresión nuestra, abstracta, suaviza el horror cotidiano. Ése es el que apreciamos en *Los miserables,* en *Crimen y castigo,* o en la ya citada *Nana,* pero tenemos más fuentes y aún poco trabajadas[13]. Obviamente los filósofos del XIX son capaces de relacionar la situación de las mujeres con los duros rasgos del conjunto social, pero lo hacen de un modo curioso y aun torcido. La pérdida de moral, de la que suponen que ellas son el exponente emblemático, denota que «todo vale», que se ha abierto una carrera cuasi-biológica en la que las piedades elementales están siendo violadas: «lucha por la vida», darán en llamarla. La sociobiología no es del siglo XX, sino que pertenece por derecho al XIX. Si se araña la piel de los modales reaparece el animal predador que todos llevamos dentro. Y entonces, sálvese quien pueda, porque los hay fuertes y los hay débiles. No en primeras fi-

---

[12] Apropiarse de la calle fue un caso importante en el siglo XIX. Un estudio excelente es la obra de J. Walkowitz, *La ciudad de las pasiones terribles,* Madrid, Cátedra, col. Feminismos, 1995.

[13] Y aconsejo al feminismo que no desdeñe las pornográficas. La pornografía del XIX es muy ilustrativa y está por estudiar desde el punto de vista feminista. Algún trabajo hay, pero con otro enfoque; por ejemplo, I. Gibson, *El erotómano,* Barcelona, Ediciones B, 2002.

guras como Spencer, sino en la mentalidad corriente, la asunción del darwinismo se traduce casi siempre en naturalismo inmoral. Produce una versión especialmente torcida de Hobbes, porque en el gran filósofo barroco, las leyes forman la segunda naturaleza, y así también sucede con Spencer, que afirma que la moral es adaptación evolutiva. Pero no todo el mundo es tan partidario del matiz. Para varios, y no precisamente insignificantes, las *desdichadas* son *viciosas*. Brotan del inframundo de la pereza, la suciedad, el alcohol; nacen con esa predisposición porque vienen de líneas de nacimiento ya contaminadas, pervertidas. Pertenecen por naturaleza a las cloacas sociales[14]. Y con facilidad el estigma puede agrandarse. Todas las mujeres son potencialmente viciosas, es una forma; otra, la afirmación de que las leyes simplemente dan por bueno lo forzoso: así aparece por ejemplo el tópico de que el matrimonio es una prostitución respetable.

En el contexto de la *lucha por la vida* y lo que éste debe al papel y situación de las mujeres en la industrialización, se separarán dos interpretaciones divergentes: que el sexo femenino es naturalmente vicioso y culpable de lo que ocurre, caso de Schopenhauer[15] y sus seguidores naturalistas, o bien que las mujeres son víctimas que redimir de tal situación, caso de los redentorismos humanistas. Pero los redentorismos son, por lo común, confesionales y por ello tibios partidarios del cambio profundo en la situación de derechos de las mujeres, con lo cual su relación con el feminismo tampoco será sencilla.

---

[14] La idea de la necesidad de tales cloacas, no olvidemos, está recogida en Tomás de Aquino.

[15] Ya ha sido tratado en *La política de las mujeres,* pero debo ampliarlo aquí, siquiera sea en nota. Schopenhauer llega a atribuir la masa de prostitutas enfermas y famélicas a la manía de conservar su virtud que tienen las mujeres *honradas*. Para acabar con ambas lacras, que supone conectadas, propone la reinvención del harén y el paso de todas las mujeres a la condición de siervas. Insisto en no llegar al fondo y no intentar comprender por qué semejantes textos se vienen reeditando cada diez años.

El naturalismo formará la base de más de una teoría sociopolítica a finales del siglo XIX, del eugenismo o del primitivo pensamiento de Spengler, mientras que el redentorismo caló en las filas del sufragismo y parte del movimiento obrero.

El segundo liberalismo

El segundo liberalismo, cuya figura destacable es S. Mill, tiene su firme base en una ontología esta vez no familista o comunitarista, sino auténticamente individualista, aunque cautelosa. Mill rechaza las explicaciones sociales naturalistas, así como las explicaciones económicas monocausales. Surge, por lo tanto, su pensamiento fuera de los contextos que se acaban de revisar. Rechaza el liberalismo economicista, pero también los societarismos. Mill no es muchas de las cosas que el siglo XIX reúne. No es positivista, naturalista, socialista, comunista... Anclado en la tradición liberal, pero claro y novedoso, lo cierto es que el pensamiento de Mill supone una real refundación del liberalismo político.

La libertad es una condición civil y política. Se ha ido alcanzando recientemente, y, por valiosa que hoy nos pueda parecer, alcanzarla es difícil y practicarla complicado. Exige leyes, gobiernos, magistraturas, pero también estados de opinión, limitación de los prejuicios y decisión. La libertad no es un derecho natural que todos traigamos escrito en la frente al venir al mundo; es por el contrario un bien, el mayor, y nada fácil. El sistema político debería garantizar su equitativo reparto, pero esto pocas veces sucede: la riqueza, el desmedido poder de algunos y las costumbres dejan a muchos sin él. Carecen de este bien bastantes varones nacidos en circunstancias precarias y todas las mujeres sea cual sea su cuna. Esto no es ningún destino, sino el estado de cosas sobre el que se debe actuar. El camino que Mill ve imponerse como necesidad histórica es el sistemático agrandamiento y reparto de la libertad, lo que supone la democracia social como horizonte: mayor igualdad y mayor libertad para todos y cada uno, varones y mujeres. Pero mientras que la libertad es casi siempre deseable, Mill[16] piensa que la igualdad no es tan atractiva. «La pasión por la igualdad es un atributo o bien de los más idealistas y nobles, o de aquellos que son simplemente los más rencorosos y envidiosos... Sólo es a los idealistas y nobles a quienes la igualdad les resulta verdaderamente grata», escribirá en un apunte[17]; vale decir que en ella sólo creen los mejores y los peores. Para la igualdad casi nadie está suficientemente preparado. Pero lo que llama *principio democrático* acabará por imponerse. Ello significará una nueva manera de entender la libertad; pondrá límites distintos a lo privado, cesará la tiranía de los prejuicios de la mayoría moral, y, por lo tanto, será abolida la tiranía del sexo masculino sobre el femenino.

El liberalismo de Mill tiene sus aspectos redentoristas en el peso que concede a la educación en el progreso de la sociedad hacia sus metas. Su feminismo, como el de H. Taylor, es una lucha contra la costumbre basada en la plantilla de la simetría racionalista. Ambos brotan de la misma fuente y puede decirse que son casi la misma cosa. El sobrentendido masculino del primer pensamiento liberal, que entiende por individuo al varón jefe de familia, no tiene lugar en estas formulaciones. Mill, como filósofo político, pero también como ciudadano y parlamentario, es un defensor del sufragio universal en sus propios términos, incluyendo a todas las mujeres que cumplan los requisitos marcados, puesto que ¿qué universalidad sería real en cualquier otro caso? Y por lo mismo, defiende también el acceso a las instituciones educativas de cualquier nivel, así como a los títulos que faculten

---

[16] En esto coincide con otro autor muy reconocido en su época, Michelet.

[17] J. S. Mill, *Diario,* ed. de Carlos Mellizo, Madrid, Alianza, 1996, pág. 52.

para el ejercicio de las profesiones. Sus escritos dan voz a las que se constituirán como las dos vindicaciones centrales del movimiento sufragista: voto y educación. Pero los ecos del extraordinario *Sobre la libertad* todavía dejan sentir su timbre en la Declaración de Derechos Humanos de 1948.

Resumiendo, la ontología política de corte individualista y la limitación tanto del poder del estado como del *laissez-faire* del economicismo, hacen que en este liberalismo cristalice la primera plantilla del feminismo positivo, entendiendo por tal el desarrollo, en este caso, de un objeto teórico que no atiende a aspectos que da por sabidos y ya elucidados —como la simetría entre varones y mujeres y su igual valor—, sino a encajes entre las instituciones y los individuos. Un feminismo positivo político que suspende cualquier negativa a la detentación de la ciudadanía por motivo de sexo.

Sin embargo, la claridad de sus enunciados se opone, según sus fundadores, a una masa ingente de prejuicios y atavismos que costará mucho disolver. A tal doble frente, político propositivo y sociomoral, convocan, en una tarea concebida como camino de reformas progresivas. Este liberalismo feminista se convertirá de hecho en una de las fuerzas políticas actuantes que contribuirá decisivamente al cambio social. Y se constituirá como punto de inversión para la misoginia romántica, sea de corte naturalista o espiritualista. La primera negará que las mujeres puedan ser libres, puesto que nunca lo han sido. La segunda, que sean siquiera seres en el sentido real del término. Ambas negarán que se pueda aplicar distributivamente a tal colectivo el principio de individuación.

La misoginia romántica, en esta doble vertiente, ya ha sido tratada en *La política de las mujeres*[18]. Es un enorme conglomerado teórico cuya finalidad es poner freno al nue-

---

[18] Allí son tratados separadamente algunos de sus mayores exponentes: Hegel, Schopenhauer, Kierkegaard y Nietzsche.

vo marco teórico en que el feminismo y sus demandas se están desarrollando. Fue cultivada por autores de primerísima fila, no por secundarios, y tuvo una fuerte repercusión. A ella hubieron de enfrentarse el pensamiento liberal-feminista y el sufragismo como movimiento.

Capítulo II
Societarismos y feminismo

Si la relación entre el feminismo y el liberalismo milleano es clara, por el contrario será bastante turbia la que se establece con los societarismos. Para el movimiento obrero cualquier liberalismo es sospechoso porque todos intentan lo mismo: encubrir con su palabrería de la libertad la escisión social existente entre propietarios y proletarios. Es más, el feminismo es percibido como amenazador en un doble sentido: por un lado contribuye a fragilizar aún más la ya precaria estima del varón obrero y, por otro, a romper la unidad de la lucha proletaria. «Es una sonda tramposa del liberalismo agonizante», se llegará a decir. Si bien el espectro del movimiento obrero es relativamente amplio, desde el mero sindicalismo ocasional a la teoría y práctica totales del anarquismo, la libertad liberal de las mujeres suscita en todo él idéntico rechazo. Frente al liberalismo sufragista el movimiento obrero afirma que cuando las oprobiosas cadenas de la explotación capitalista se rompan para todos, entonces ya habrá libertad de sobra para repartir. En tanto que tal cosa no suceda, que las burguesas deseen tener lo que sus burgueses tienen no es asunto que deba preocupar a las obreras, quienes, por el contrario, deben aprestarse a la faena de dejar de serlo.

En los socialismos resuenan los ecos de la violación del pacto de igualdad entre los varones que debe ser restaurado. O bien debe liberarse a las mujeres del trabajo fabril y sus miserias, o bien el sexo femenino ha de asumir colectivamente los servicios que presta por vía individual.

Todas las posiciones políticas resistentes a la ampliación de la ciudadanía a las mujeres, y lo son la mayor parte de las presentes en el espectro político, interpretan que bajo la petición del sufragio y la educación se oculta la negativa a aceptar la jerarquía sexual heredada junto con todos sus sobrentendidos. Las mujeres que exigen el voto en verdad no quieren ser mujeres. Es notable que tal suposición se amplíe afirmando que quieren un mundo al revés en el que los varones sean mujeres, como muestran las caricaturas de la época. Todo ello lleva a pensar que se hace difícil concebir un mundo no dual en el reparto de espacios de poder y espacios simbólicos. «O ellas, o nosotros» es una proclama agresiva avalada por el naturalismo científico y publicitada constantemente.

El socialismo, al igual que el conservadurismo, asume tales planteamientos: en la sociedad futura las mujeres seguirán haciendo de mujeres, pero serán libres para hacer por voluntad propia y sin miseria moral aquello que desean profundamente porque a ello están destinadas: ser madres, amas de su casa y dignas enamoradas. La temprana vinculación que Engels estableciera entre domino de las mujeres y opresión de clase no tuvo apenas consecuencias, ni teóricas ni prácticas. Aun admitida la teoría, ello no significa que la supresión de las clases haya de variar la división funcional y *natural* de los sexos. Morris en *News from Nowhere*[1] puede

---

[1] Editada en castellano: *Noticias de ninguna parte,* Madrid, Zero, 1972.

servir de buen ejemplo: abomina del sufragismo, al que supone capaz de acabar con la domesticidad, la maternidad y la belleza. La pésima condición social de las mujeres se debe a la opresión de clase; redimidas ya de ella en su amable sociedad utópica, gobiernan la casa, producen el contento familiar y cumplen, sin el agobio del temor al futuro, su misión: ser bonitas y cuidar de los demás. El mutuo respeto e inclinación entre los sexos se basa en que sus esferas estén separadas.

Existen en los societarismos los aspectos redentoristas también presentes en el feminismo sufragista, pero poco más. La idea de igualdad que manejan, siendo bastante más radical que la del segundo liberalismo, porque incluye el reparto de los bienes, o la desaparición de la propiedad privada, y, en ocasiones, del Estado, tiene respecto del sexo timideces y restricciones mayores. Es, se podría decir, más arcaica y rousseauniana. Hasta más conservadora, aunque parezca una ironía. Es una igualdad cuyos efectos pueden rastrearse sobre todo en su literatura utópica y en las prácticas sociales de la cultura obrera, que nunca se convierte en equipolencia para el caso de la dimorfia sexual. Es una igualdad mermada que asume la ideología de la complementariedad, la cual proviene del mundo político del doble pacto del que ya se ha hablado. Algunos societarismos, extremosos, llegan a jugar con la idea de «comunidad de las mujeres». Sólo la práctica irá poniéndole coto al desbridamiento de la imaginación societaria respecto de este asunto. Cuando las mujeres se impliquen abrirán su propia agenda.

Por el contrario es obvio que el liberalismo, con la extensión universal del principio de individuación, en su clave política, la ciudadanía, y sin mediación de género, ha de proponer la completa simetría política. Hasta qué punto lo hace sin la habitual compañía de la simbólica complementaria, es otro asunto. El refundado liberalismo milleano ha de pensar en términos de equipolencia simétrica en su sentido estricto, en la cual la única fuente admitida de desigualdad respecto de esta condición primera sea el mérito. La democracia se valida como meritocracia en el liberalismo. Los societarismos[2], sin embargo, desconfían de cualquier principio generador de desigualdades, a la vez que intentan no nombrar por su verdadero nombre a la más patente de ellas, la que divide a los sexos. No obstante, asumen el redentorismo como programa. Así se elimina la centralidad del cambio de la condición de todos provocada por el cambio en la condición femenina; y puede seguirse tratando la cuestión como una política marginal de ayuda en situaciones límite.

LA SOCIEDAD MASA

El completo sufragio masculino, que recibió el inapropiado nombre de sufragio universal, estaba admitido en la mayor parte de las primitivas democracias representativas en el cambio del siglo XIX al XX. La exclusión de las mujeres seguía argumentándose sobre la base de su deficiencia intelectual y moral innata. Desde la primitiva convención feminista de Seneca Falls (1848) y su vindicación de plenos derechos, casi sesenta años habían transcurrido sin que en el panorama de la ciudadanía de las mujeres parecieran haberse producido cambios. Sin embargo algunas cosas se movían. Unas pocas universidades habían comenzado a admitir mujeres en las aulas, si bien solamente en ciertas licenciaturas y sin derecho a obtener los títulos. Se habían creado un puñado de instituciones educativas medias exclusivas para el sexo femenino. En la mayor parte de los países occidentales se admitía plenamente su formación primaria —leer, escribir y saber cálculo aritmético—, que se encomendaba a nacientes cuerpos de maestras. En fin, sobre la base de la idea de meritocracia, estaban creándose los terrenos para la «produc-

---

[2] Y algunos hasta el día de hoy: G. Cohen, *Si eres igualitarista, ¿cómo es que eres tan rico?* (2000), Barcelona, Paidós, 2001.

ción de excepciones», esto es, mujeres fuera de las normas y estereotipos aceptados.

La filosofía política convencional y la naciente sociología continuaban, sin embargo, mirando hacia otro lado. Sirvan de ejemplo no sólo la popularidad de que gozaban los textos de los misóginos románticos, o la de obras como *La inferioridad mental de la mujer* de Moebius[3], sino la visión de conjunto presente en teorizaciones mucho más asentadas, solventes y agudas, pongamos el caso de la de Durkheim. Por su indudable relieve conviene considerarla por un instante.

La idea de que existen los fenómenos sociales como tales y que son independientes de la voluntad y la percepción individual, forma el núcleo de la naciente sociología, que pretende acotar un campo de resultados y un punto de vista independientes de la filosofía política normativa. Con tal idea Durkheim nos asegura que no estamos ante un conjunto teórico desiderativo, sino explicativo. Si los varones se suicidan más que las mujeres, los librepensadores más que los protestantes, los protestantes más que los católicos y éstos más que los judíos, alguna clave explicativa tendrá tal fenómeno que no dependerá de las creencias religiosas de tales grupos, sino de algo no detectado aún. La sociología naciente se nutre de los primeros registros de las a su vez emergentes administraciones públicas y ello le permite acotar el concepto de «hecho social». En su obra *El suicidio*

---

[3] Ese texto gozó de inmerecida popularidad y, en España, lo tradujo y prologó nada menos que Carmen de Burgos. Es relativamente corriente que las mujeres excepcionales se vean obligadas a dar este tipo de muestras de «falta de sectarismo». Este y otros textos similares se han venido reeditando cada vez que apunta un deseo feminista de cambio político, por ejemplo en los setenta italianos y los ochenta españoles. El que yo poseo es de Bruguera de 1982. La edición italiana, de Einaudi, de la que se tomó, también aparecía prologada por una mujer ansiosa de no parecer sectaria, Franca Ongaro. Hay algo que estudiar en todo ello. Porque los casos abundan.

Durkheim supone que el todo social es un complejo entramado de solidaridades. Son más frágiles aquellos individuos cuyas solidaridades sociales inmediatas sean más débiles. La familia es el encuadre social cuyas solidaridades son más sólidas, orgánicas. Las mujeres son la familia, esto explica su poca libertad y también el poco riesgo que corren. Otras solidaridades, las del trabajo, la profesión, la política, son más lejanas y mecánicas[4]. Si prevalecen sobre las primeras dejan a los individuos al descubierto y cada vez en posiciones más precarias. Si tal prevalencia se generaliza se produce el estado de anomia social. Regresando a los inicios del sorites, es claro que la libertad de las mujeres correlaciona negativamente con la estabilidad social. Durkheim no necesita hacer esa afirmación, le basta con señalar lo indeseable del resultado. La anomia social es la condición social errática cuyo peor no puede pensarse. Es una condición hacia la que el conjunto social avanza paso a paso, sin conciencia, situación que ya existe en algunas partes del tejido social y que, de generalizarse, lo destruye.

Con la obra de Durkheim, política y sociología comenzaban a llevar las vidas paralelas que les conocemos. Pero la afinidad del diagnóstico no debe escapársenos: es sobre todo la posición de las mujeres en el conjunto social la responsable de la estabilidad del mismo. Si cierto individualismo se generalizara, por ejemplo aquel que tienen en su programa ontológico el liberalismo milleano y sufragista, el resultado sería una suerte de septicemia social y moral. Si la distancia jerárquica que el sexo supone se neutraliza, todas las vinculaciones pasan a ser mecánicas. Si público y privado comienzan a tener fronteras borrosas la transmisión normativa se hace imposible.

Durkheim, que había dudado en llamar a lo que hacía ciencia de la moral o ciencia de la sociedad, supone que las religiones son fuente de solidaridades orgánicas decrecien-

---

[4] El propio Durkheim introdujo cambios en su terminología; utilizo la más extendida.

tes, más fuertes cuanto más étnicas, familiares y normadas. Ningún deísmo las puede sustituir en sus efectos sociales. Las mujeres ocupan ese núcleo de lo orgánico. Y no está de más recordar en paralelo a esto la temblorosa pregunta que se hace por entonces Nietzsche: si las mujeres han sido desde siempre las guardianas de la moral y ahora renuncian a ella, ¿qué va a suceder?

El feminismo estaba removiendo muchos más lodos de los que sus pretensiones simétricas racionalistas exhibían, porque en realidad estaba presentando las consecuencias casi completas del democratismo. En mi libro *Del miedo a la igualdad* (1993) intenté exponer el cúmulo de temores que dieron origen al pensamiento de la sociedad masa. Todos ellos están relacionados con las dos fuerzas temibles en presencia para el orden heredado: el feminismo y el socialismo. El socialismo podía ser reconducido hacia la aceptación de las reglas de juego de las mayorías, sin embargo el feminismo era otra cosa. Aparentemente levantaba menos sospechas, pero mucho más profundas. La progresiva aceptación de los partidos obreros de las reglas e instituciones de la todavía poco desarrollada democracia representativa tuvo como contrapartida exigida por éstos el reconocimiento de la esfera de individualidad del varón según el modelo antiguo. Carol Pateman[5] supone que con el movimiento obrero se llegó a un pacto: el salario familiar, pacto que con el feminismo no sólo no se cerró, sino que pretendía, por el contrario, cerrarle el camino. El salario que obtenía un varón en su trabajo debía permitirle en principio el mantenimiento de una familia. No era ése el caso para los salarios de las mujeres que podían mantenerse al mero nivel de la subsistencia indi-

---

[5] *El contrato sexual* (1988), Barcelona, Anthropos, 1995: «los varones se resistieron a transformarse en obreros... el empleo pleno del varón se convirtió en la demanda política central del movimiento de la clase trabajadora... Pocos esposos estaban dispuestos a renunciar a su derecho patriarcal a una sirvienta», pág. 190.

vidual. Tal pacto sobre el salario suponía su repercusión sobre el precio de los bienes, pero también que su objetivo último era apartar a las mujeres de las tareas productivas fabriles. No sé si las cosas fueron tan premeditadas y autoconscientes. Como marco general, el trabajo de las mujeres en la estructura productiva (no así en la servidumbre doméstica o el pequeño comercio) se consideró casi unánimemente indeseable. Las peores consecuencias de tal forma de verlo las sufrieron los propios sindicatos obreros femeninos. Olvidados ya los falansterios, fue objetivo de los reformistas el crear espacios convivenciales familiares, barrios obreros modelo, en los que se tradujera en la misma arquitectura el acuerdo al que se había llegado. En su disposición se expresaba el «cada individuo y su familia», según el dictado del principio de individuación propuesto por el primer liberalismo. Tales actuaciones reforzaban la jerarquía de los varones e intentaban reconducir al ideal de vida familiar las situaciones extremas producidas en la primera revolución industrial.

Ahora bien, para una parte del conjunto del sexo femenino eran irrelevantes. ¿Qué hacer con y para las mujeres declaradas aptas en la escasa capilarización del sistema educativo formal? Creo que se hicieron concesiones en la dinámica de la permisividad relativa para la emergencia de las excepciones, manteniendo el viejo rigor para el conjunto. Así como se esperaba tener interlocución con élites políticas obreras y que ello contribuyera a deflactar un movimiento temible por lo acéfalo, se esperó que un escaso número de mujeres cooptadas a las que permitir el acceso al saber se convirtieran en perfectos «becarios desclasados», utilizando la expresión de Amorós. Pero para ello no se estuvo dispuesto a aflojar la mano en lo que tuviera que ver con el sufragio o la simetría en derechos. Y mientras tales ajustes se hacían, el pánico a la sociedad masa siguió creciendo.

La extensión mayoritaria de bienes y derechos no sólo chocaba con los prejuicios corrientes y las deficiencias educativas, como ya el segundo liberalismo había supuesto, sino que parecía en sí misma atacar los mismos fundamentos meritocráticos del orden político. En la primera década de nuestro siglo comenzaron a expresarse sin subterfugios los temores, de corte platónico, al principio de mayorías. Se hizo normal afirmar que cualquier político suficientemente granuja y hábil estaba capacitado para seducir a una mayoría, no sólo inexperta, sino y sobre todo pasional. La suposición que se encontraba bajo tal aserto es llanamente ésta: a la mayor parte de los seres humanos la libertad les viene grande. La prueba de tal afirmación suele ser tan sucinta como la siguiente: Cualquiera que haya observado el comportamiento de la gente en una asamblea grande e informal, sabe que aquello puede convertirse en una concentración tumultuaria. Cuando el gregarismo funciona como principal fuerza vinculante, y así es siempre que otros vínculos no están presentes, la capacidad normativa y racional se anula. Los seres humanos así reunidos se dejan arrastrar por la emotividad y resulta fácil dirigir tal eclosión pasional hacia torpes fines. Allí no hay ciudadanos, ni gente, sino «masa», plebe.

El temor al «entusiasmo» como detonante de la acción colectiva ya fue expresado tan tempranamente como en el orto del siglo Ilustrado por Shaftesbury[6] y aún antes había sido caricaturizado genialmente por Shakespeare en su *Julio César*. La posibilidad real del establecimiento de la democracia avivó ese temor. La desconfianza hacia el gregarismo, rasgo siempre presente en las democracias, tuvo también su lugar en el pensamiento de Tocqueville, quien suponía que la democracia, por su casi inevitable tendencia a hacer del principio de igualdad pasión igualitarista, podía acabar rechazando cualquier criterio de excelencia. Pero en los inicios del siglo XX el argumento se engrosaba a la par que se aplanaba.

---

[6] *Carta sobre el entusiasmo,* 1707 (ed. esp. de Agustín Andreu, Barcelona, Crítica, 1997); Shaftesbury se fijaba en los efectos de las prédicas religiosas, pero su crítica apunta a todo movimiento que dé cuerpo a una multitud pasional.

Demasiada gente, se decía, podía decidir en asuntos de los que apenas entendía y decidir abruptamente por vías no racionales. «La tiranía de las mayorías», que era una expresión, en principio milleana, estaba cambiando de sentido rápidamente. Y en el nuevo y torcido, comenzaba a ser de circulación corriente en bastantes lugares del mundo de la cultura. En esos mismos se creó el concepto de «hombre masa». Se le supone una suerte de Frankenstein. El «hombre masa» es un ser a medio formar, enemigo de toda excelencia, egoísta, vacío y desconfiado, potencialmente violento que desprecia cuanto ignora. Esta ficción se superpuso sobre el ciudadano ideal, el gentleman, de la tradición democrático-aristocrática del primer liberalismo. La democracia de los caballeros y la democracia del sufragio completo masculino no contaban con la misma materia prima. El todo se degradaba a medida que se extendía y ningún «remedio demócrata» como la educación, podría evitarlo[7]. El «hombre masa» era mayoría. Si alguna vez tal individuo tomara conciencia de su poder meramente numérico, ningún orden resistiría. La masa formada por tales seres no quiere sino amos y sólo acepta a los que sean tan impresentables como ella misma. Ni que decir tiene que la inclusión de las mujeres en la masa no mejoraba la calidad de ésta[8]. Seres aún más indóciles a los dictados de la razón, puesto que la pura emotividad era su caldo natural de cultivo, animadoras de cualquier turbulencia, al menos no podían de momento llevarla a las urnas.

---

[7] G. Le Bon, el más destacado de los inventores de esa forma explicativa, con su *Psicología de las masas* (1895), mantiene que la masa no puede ser instruida; lo único que se logra con la extensión de los medios educativos es hacerla rebelde: «ofrece el peligro mucho más serio de inspirar a quien la recibe un violento rechazo de la condición en la que ha nacido y un intenso deseo de salirse de la misma», pág. 73, ed. esp., Madrid, Morata, 1983.

[8] «Las masas y las mujeres tienden inmediatamente a los extremos», «las masas son siempre femeninas», afirmaba también G. Le Bon, *op. cit.*, págs. 44 y 36.

Los teóricos de la «sociedad masa», cuyos ecos pueden encontrarse en pensamientos verdaderamente lejanos de los de Gustave le Bon, por ejemplo en Adorno, solían unir patente antidemocratismo y misoginia exacerbada. Decían luchar contra una marea que se presentaba como la característica misma del siglo: las masas estaban ahí, habían entrado en la historia, y nadie podría ya librarse de sus efectos. Cuando los medios de comunicación comenzaron a adquirir la capacidad y fuerza que ahora les conocemos, el temor lindó con el espanto. Los «medios de comunicación de masas» serían el aliado casi imbatible de la «tiranía de las mayorías». Se apagó todo ornato, elegancia y decoro: productos zafios y banales inundarían la escena pública en la que cualquier cosa respetable no podría hacerse oír. Comenzaba el repugnante reinado de costureras, cocineras y mozos de cordón. ¿Qué locos habían puesto la noble idea de igualdad a disposición de semejante canalla? Los socialistas, las feministas, los radical-liberales. A causa de la difusión de sus abstractas ideas, cualquier habitante de suburbio, buhardilla o tabuco exhibía en su mirada una soberbia delatora.

Las cosas no mejoraron cuando acabó la Primera Gran Guerra. Al contrario, nuevas naciones, por aplicación de la doctrina Wilson, poblaban los antiguos imperios y el voto para las mujeres, a quienes no había quedado más remedio que acudir para sostener toda la economía fabril y algunos sectores de la parte administrativa del aparato del estado durante la contienda, estaba consolidándose. La dinámica de educción de excepciones, que ya había dado sus frutos en algunas figuras señeras de la cultura e incluso alguna premio Nobel, de nada servía ya en los tiempos de predominio de la masa. Más bien la existencia de tales individualidades parecía reforzar las aspiraciones del conjunto.

Las mujeres, pensaron casi unánimemente los actores sociales implicados, nuevo rebaño de votantes, se dejarían seducir inevitablemente. Como es lógico, cada uno de los contendientes en el debate político pensaba que se dejarían seducir por su propio enemigo principal. La masa de las mujeres obreras o de familia obrera, sin formación ni expectativas, se uniría al izquierdismo, pensaban los conservadores, mientras que la izquierda se hacía cuentas de que, ineducadas y temerosas, votarían a los partidos reaccionarios. Con la entrada de las mujeres en lo público todo parecía haberse oscurecido aún más[9].

Ha de entenderse que todo este conspecto del miedo a las masas es sobre todo una característica dentro del pensamiento político europeo y está relativamente ausente en el norteamericano. Del mismo modo, los efectos prácticos derivados de la popularidad de este tipo de especulaciones se dejaron sentir con mayor virulencia en el viejo continente. La misoginia, la sospecha generalizada sobre la democracia, combinadas ambas con eugenismo, darwinismo social y visiones aterradas del imparable ascenso de los inferiores, formaron el caldo de cultivo de los fascismos, si bien varios de estos componentes por separado pueden encontrarse en casi todos los credos políticos populares de los años 30.

Fascismo y patriarcado

Debe señalarse que el ascenso al poder de los partidos fascistas, con todo lo que ello implicaba, raramente se validó en las urnas. Más bien les fue encargado el gobierno en situaciones confusas por mandato de las oligarquías tradicionales que se veían a sí mismas incapaces de controlar eficazmente las nuevas condiciones. Las diversas dictaduras,

---

[9] El debate del voto en España en las Constituyentes de 1931 es paradigmático. Los argumentos manejados sobre todo por los oponentes nunca desdeñan aludir a todo el sexo femenino como incapaz de discernimiento. El Debate, sus actas, fueron editadas por las Cortes en 2001, precedidas por un estudio realizado por mí.

mussoliniana, hitleriana o la de Primo de Rivera, fueron encargos. Y el falangismo español únicamente fue la extensión en periodo de guerra a «movimiento» de un grupo que no llegaba en origen a los seiscientos adherentes. Durante la vigencia de los fascismos algunas cuestiones globales fueron sometidas a referéndum, pero las convocatorias electorales como tales desaparecieron. Los fascismos se presentaron como nuevos modos de encuadre de la sociedad política buscando su extremo opuesto en los pensamientos que llamaron «demoliberales».

«Política demoliberal», «partitocracia», «plutocracia» y términos afines son los utilizados por el discurso fascista para referirse a la democracia representativa y sus supuestos. Los fascismos pretenden presentar una imagen completa e irenista del conjunto social, por fin en orden. Son además y por lo común societarismos nacionalistas. La patria, la nación-estado, es el fin y último tribunal al que deben someterse las tensiones y aspiraciones sociales. No puede tener más que una política, su engrandecimiento, y cualquier disputa interna la debilita; por lo tanto la regla de mayorías no le sirve, como tampoco tiene necesidad del sistema de partidos. La afiliación a la política debe hacerse en el trabajo: los sindicatos son la política auténtica y el estado fascista normalmente se define como estado sindical. Los productores, nuevo nombre que comienzan a recibir los obreros, han de tener un salario suficiente, familiar, para mantener una vida ordenada. Frente a la terrible broma de Wilde, «el trabajo es la maldición de la clase bebedora», la imagen social que se pretende proponer es familiar y organizada. Todo lo que contribuya a disolver ese orden ideal debe ser suprimido. El voto demoliberal no es necesario, ni el masculino ni el femenino, pero tampoco lo es el trabajo fabril o administrativo de las mujeres. Las mujeres tienen su destino marcado por la biología en la maternidad y el cuidado, y cuanto suponga apartarse de ese destino manifiesto debe impedirse. Necesitan la formación justa para llevar a cabo tal tarea, pero solamente ésa, la mínima. Por naturaleza no están hechas para competir, ni para el saber, ni para cualquier esfuerzo, físico o mental. Debe cultivarse su salud, a fin de que sean madres eficientes, y recordarse que todo esfuerzo intelectual mina la salubridad de sus órganos reproductivos. La patria espera de ellas orden doméstico e hijos sanos.

El fascismo se define a sí mismo como un «movimiento viril» y «neopatriarcal». La igualdad entre varones y mujeres es en sí indeseable, además de imposible de hecho. El voto y la educación superior, banderas del feminismo, son consignas desfasadas por motivos diferentes: el voto no es necesidad de nadie en el nuevo orden y la educación enferma o viriliza. En tales términos, ¿respecto de qué parámetros podrían ser iguales varones y mujeres? Es claro que son biológica y funcionalmente diversos, por lo tanto ha de suponerse que son desiguales y complementarios.

Reprimidas, pues, por medio de la adecuada formación ideológica las fuerzas disgregadoras, cualquier fallo de programación social ha de atribuirse al enemigo interno o externo. «La plutocracia judía internacional» junto con sus aliados políticos «demoliberales» son exportadores de costumbres ajenas al sentir patrio que conducen a la decadencia. De ese otro mundo llegan constantemente modelos que han de ser rechazados. Por ejemplo, los modelos de mujer del cine americano de los años 30 están bajo interdicto: pese al puritanismo o incluso pacatería del cine de esta época, que una mujer tenga o aspire a tener un trabajo, viva libremente su enamoramiento, sea independiente en sus juicios o incluso tenga sentido del humor es inficcionante. Quienes estén dispuestas a imitarla son casi traidoras y quienes las tengan por atractivas están a un centímetro de la homosexualidad. Sólo un varón inseguro de su virilidad, siendo ésta lo más grande que un varón posee, estaría dispuesto a tolerar a su lado a una mujer de tales características. Un varón no tiene por qué admirar a una mujer, eso no es viril, basta con que la proteja. Los varones se admiran entre sí y por ello son capaces de aceptar la jerarquía y el mando.

El sistema de autoridad supone la existencia de un líder carismático, conocedor directo del destino común, del que proviene toda legitimidad. Tal líder no se manifiesta como quien somete sus decisiones a diálogo o consenso, sino apodícticamente. No pregunta, ordena. Es cuasi-divino y en correspondencia recibe la latría adecuada. Por lo mismo que salvaguarda la masculinidad del conjunto, de aquellos que ha llevado desde sus existencias desorganizadas al estatuto de padres de familia, él no necesita por lo común ser un modelo familiar. En realidad está matrimoniado simbólicamente con la propia patria, de la que además es padre vigilante e hijo predilecto. El estado es la gran familia que surge de tal trinidad relacional y quienes se llaman entre sí camaradas se autoconciben como fraternidad masculina cuya autoridad deriva del gran-hermano y padre. Toda la parafernalia de uniformes, correajes, colores, banderas, concentraciones, desfiles, cánticos, acampadas, etc., patentiza sistemáticamente esta primitiva a la vez que retorcida imagen social.

Si bien algunas de estas características fueron algo atemperadas en aquellos lugares en que la iglesia mantenía su poder, estuvieron, sin embargo, presentes en todos los regímenes fascistas. Pese a su hipermasculinidad, los partidos fascistas encuadran también mujeres. La dinámica que permite tal encuadre es de nuevo la excepcionalidad. De una parte, al crear sus propias organizaciones juveniles, algo debe hacerse con las niñas presentes en el sistema escolar. No se las puede dejar al cuidado de «los restos del pasado». El estado es el único educador admitido. Si las niñas han de ser instruidas alguien debe hacerlo: un cuerpo femenino especial ideológicamente correcto, que inculque en ellas las ideas patrióticas y las costumbres higiénicas correctas. Se crea entonces una estructura paralela encargada de ordenar el ámbito femenino, estructura cuyas integrantes no tienen acceso sin embargo al poder explícito del estado. Las mujeres no están llamadas al mando.

Cuando, para desentrañar el tipo de pensamiento y regímenes políticos que los fascismos fueron, se olvida el componente sexista, toda la explicación queda en el aire. Tales políticas no eran «además» sexismos, eran sobre todo sexismos y de ahí extraían la mayor parte de sus otros rasgos. Ninguna de sus políticas concretas puede aislarse de su pretensión básica de fundamentar el nuevo orden sobre la familia «neopatriarcal» y la división entre los espacios público y privado que esto comporta. Con independencia de que no pudieran plasmar en los hechos en bastantes casos su imagen ideal sociopolítica y de que, como tantas veces sucede, de algunas de sus acciones surgieran las consecuencias contrarias a las que esperaban (como sucedió por ejemplo en el encuadre de mujeres, que dio al traste con la domesticidad predicada), se constituyeron como tradicionalismos populistas, resistentes al poder disgregador por individualista de la democracia liberal avanzada, en fin, a la ontología política del feminismo.

Intentaron, por el contrario, reafirmar el pacto elemental de la fratría masculina y hacer vivir esa simbólica arcaica en el seno del estado moderno administrativamente complejo. Para ello podaron el desarrollo institucional y suplieron, mediante arbitrios paternalistas sometidos a los moldes de mando y jerarquía, las deficiencias de presentación de voluntad que tales recortes institucionales producían. A fin de poder llevar a término todo ello se vieron en la necesidad de suprimir las libertades políticas corrientes de asociación, reunión, opinión y prensa. Ninguna voz disidente debía tener la mínima oportunidad. Llevando a extremos paranoicos la idea de orden, consiguieron tan sólo frenar durante un par de décadas los cambios que se apuntaban en el contexto de las sociedades industriales, de los cuales, el cambio de situación de las mujeres, la progresiva neutralización de la jerarquía sexual, los efectos de ello en la familia, las leyes, los mores y los valores admitidos eran sin lugar a dudas los más significativos.

Feminismo y democracia

Los fascismos fueron derrotados en la Segunda Guerra Mundial, por lo que no cabe ni plantearse cuánto habrían subsistido por sí mismos. Entre los aliados victoriosos, Estados Unidos se consagró como gran potencia, mientras que Francia y Gran Bretaña decayeron. La Unión Soviética, gobernada por Stalin, se interesó únicamente en preservar su aislamiento y sus nuevas zonas de influencia en la Europa central. A tenor de tales zonas de influencia, las políticas de los diversos países tomaron sus rumbos: vuelta a las democracias representativas en la mayor parte de ellos, coincidiendo con el mantenimiento de tiranías en otros, tranquilamente aceptadas en virtud de la dinámica de bloques que se estableció en los cuarenta años siguientes de guerra fría. En los diez años posteriores a la paz las mujeres consiguieron el voto en prácticamente todos los estados que eran formalmente democracias, así como se levantaron por fin las restricciones todavía pendientes en el acceso a las altas instituciones educativas. Los dos objetivos por los que el feminismo sufragista había empeñado su acción se habían conseguido en un siglo.

Los Estados Unidos tras la gran crisis del 29 habían tomado además nuevos rumbos económicos aplicando la doctrina keynesiana. El «New Deal» se propuso el mejoramiento masivo de la riqueza por medio del consumo y el cambio del sistema tributario para asegurar cotas relativamente eficaces de redistribución. El esfuerzo bélico que supuso para el país la Segunda Guerra ralentizó estas pretensiones, pero en cambio volvió a producir una nueva entrada masiva de mujeres en el mundo fabril y administrativo. Finalizada la contienda, el contingente de nuevas ciudadanas insertas en las instituciones y la economía era cuantitativamente significativo por primera vez. Se consideró entonces que la situación bélica había sido urgente y excepcional y que el contexto social creado por las condiciones de guerra había de ser reconducido a los antiguos moldes familiares.

Cada vez que se habla de familia se habla obviamente de las mujeres y sus expectativas, pero sin la necesidad de citar al colectivo y darle así, aunque sea indirectamente, empuje. Las mujeres fueron desalojadas de los puestos que habían desempeñado no por la razón de que no hubieran sido capaces de desenvolverse bien en ello —el éxito bélico y el mantenimiento perfecto del país durante el conflicto probaban lo contrario—, sino porque la paz exigía de ellas que volvieran a sus antiguas y complementarias responsabilidades. Fueron disuadidas de resistirse al abandono de los lugares conseguidos mediante políticas salariales activas, pero también y sobre todo, fueron animadas a regresar a los espacios domésticos por obra de una maniobra publicitaria sin precedentes: *la mística de la feminidad*. Genialmente analizada y diseccionada por Friedam, supuso un conglomerado de técnicas operacionales cuya finalidad era redefinir el ámbito doméstico y convertirlo en atractivo para un nuevo tipo de ciudadana que, con instrucción y voto, se pretendió que renunciara a los ejercicios normalizados de ciudadanía. A la vez supuso nuevos desarrollos del sistema productivo y la fabricación masiva de bienes —las líneas blancas—, que tecnificaran tal ámbito. Se complementó con la sobrerrepresentación de modelos familiares y de feminidad a través de la cultura de la imagen. Se implicó con la democracia participativa por medio de la promoción asociativa de las mujeres amas de casa. Y, por último, la cultura hegemónica estadounidense lo exportó a todos los países desarrollados que cayeron bajo su zona de influencia.

La teoría social y la filosofía política no permanecieron inactivas: puede afirmarse que la sociología de Parsons responde a las claves que el modelo proponía, así como que los énfasis familiares de la teoría de la democracia de los años 50 también eran acordes con él. Lo que más sorprende en la filosofía política y la teoría social de los años 50-60 es que el rasgo que más estaba influyendo en el profundo cambio de los ámbitos sociales, el sistema productivo y el consumo, esto es, la salida cuantitativamente significativa de las mujeres de sus espacios tradicionales, no llega a ser ni mencionado. Es como si cerrando los ojos las cosas no ocurrieran. Semejante táctica berkeleyana, que también podría ser llamada por el nombre del avestruz, desde este nuestro nuevo siglo, resulta cada vez más asombrosa y difícil de justificar. Solamente si se trabajaba en la confianza de que todo en las relaciones de género volvería a su cauce, cobra algún sentido. Y, naturalmente, da cuenta de la miopía con la que algunos expertos observaban los fenómenos sociales.

La tercera ola del feminismo, gestada en muchos sentidos (no sólo el cronológico) en los aledaños del 68, tuvo sus precursoras en Beauvoir y Friedam, cuyas obras fueron ignoradas por la teoría política en el sentido estricto. Del mismo modo fue ignorado el movimiento feminista que en los años 70 sacudió Occidente. La bibliografía extensa que el momento produce sobre el tema del cambio social, por lo general ignora el más profundo de ellos. Hoy, cualquiera admite que ha sido el cambio en la posición social de las mujeres el rasgo principal del siglo xx, del mismo modo que reconoce su motor de legitimación en el feminismo y a éste como uno de los elementos fuertes de la tradición política moderna. Sin embargo se ha pretendido ningunearlo por todos los medios, incluido el de llamar a este enorme proceso «revolución silenciosa», por la única buena razón de que se intentó y se intenta guardar silencio sobre él.

Cómo se las han arreglado la sociología y la filosofía política para no dar cuenta del elemento que estaba cambiando de hecho los procesos supuesto objeto de su análisis, debe ser en el próximo futuro motivo de análisis. Si lo hacemos bien probablemente durante la investigación descubriremos y aprenderemos mucho sobre cómo se produce la educción de «verdad» en las ciencias humanas, así como sobre la interacción de deseos, expectativas y paradigmas.

Sólo a partir de los años 80, es decir, una vez ocurridos los cambios legislativos procedentes de la tercera ola de vindicación feminista, el propio feminismo y sus políticas activas comenzaron a tener presencia institucional y pública. Cierto que la situación no fue tampoco esta vez pacífica: de nuevo se alzó contra él el viejo espantajo naturalista. En los años 70 y 80 se acudió sobremanera a la sociobiología como recurso prepolítico, del mismo modo que habían funcionado en el pasado la misoginia romántica y el darwinismo social. Se hizo una fuerte llamada al marco naturalista. Pero no llegó a cuajar. Se jugaban otros continentes de libertades y derechos poco homologables con la vida de los insectos, las jerarquías de las grajillas o las proyecciones acerca de la conducta de los grandes primates. Si bien la resistencia, sin embargo, no ha desaparecido, nunca hay que desdeñar el que estos discursos recurrentemente resuciten y salgan a la palestra en momentos de fuerte y debatida vindicación. Ahora, inmerso el mundo en el proceso acelerado de globalización, aunque las resistencias no hayan cambiado de lugar, los debates serán otros.

Capítulo III
Qué es y qué retos plantea el feminismo

Feminismo es aquella tradición política de la Modernidad, igualitaria y democrática, que mantiene que ningún individuo de la especie humana debe ser excluido de cualquier bien y de ningún derecho a causa de su sexo[1]. El feminismo parte de pensar normativamente como si el género no hubiera de tener consecuencias particulares[2]. Pero, puesto que el feminismo se opone al uso del sexo como medida, se opone a los abusos en función del sexo: no es *lo contrario del machismo,* pero es *absolutamente contrario al machismo.* Por tanto el feminismo es una de las tradiciones políticas fuertes igualitarias de la modernidad, probablemente la más difícil

---

[1] Ahora el feminismo prefiere utilizar en vez de *sexo* una categoría analítica, *género,* por sus menores connotaciones naturalistas. Como este tema se desarrollará separadamente en el capítulo X, permítase simplemente que aquí se apunte.

[2] Al menos hasta que emplea el principio rawlsiano del *maximin,* lo que no ocurre hasta la petición de aplicación de la discriminación positiva, en los años 80 del siglo xx.

además, puesto que se opone a la jerarquía que bien sabemos la más ancestral de todas. También la más patente y menos cuestionada y, por tanto, no deslegitimada.

Incluso cuando casi todas las jerarquías se han puesto en cuestión —y momentos de acracia han existido varios a lo largo de la historia política—, la jerarquía entre los varones y las mujeres se ha mantenido como inapelable. Ése es su verdadero *quid,* la injusticia de la propia jerarquía sexual, no algunas de sus indeseables consecuencias.

Subrayo esto porque, como ya he dicho, el que las mujeres deban estar sometidas a los varones ha sido difícil de impugnar. En algunas épocas, se pudieron poner en cuestión algunas de las consecuencias del dominio masculino, las más onerosas, pero oponerse de modo concreto a la jerarquía en sí, declararla ilegítima, preguntarse por su porqué y su hasta cuándo no fue posible hasta que a su vez no se produjo el adecuado marco de ideas.

Hace falta haber llegado al siglo XVII y que se esté presentando en el panorama una noción como la nueva de individuo que se plantea en la filosofía política barroca: el individuo que es abstracto y carece de cualquier determinación. Sólo entonces cabe decir que tales individuos abstractos deben existir en la legislación, también encarnados en las prácticas morales, en los cuerpos civiles, en las costumbres. En fin, concurre cuando aparece la posibilidad, siquiera sea teórica, de la ciudadanía en su sentido moderno. El fundamento de la democracia y el feminismo es el individuo abstracto de la filosofía política liberal. Ese individuo que es esencialmente libre y que, por serlo, es igual a todos los demás individuos.

El feminismo, como filosofía política y también como práctica, ha tenido tres grandes etapas: feminismo ilustrado, feminismo liberal-sufragista y feminismo contemporáneo. La primera abarca desde sus orígenes barrocos hasta la Revolución Francesa; la segunda, desde el manifiesto de Seneca (1848) hasta el fin de la Segunda Guerra Mundial, y en la tercera, que comienza en el 68, seguimos viviendo ahora que entramos en el siglo XXI. El feminismo ilustrado se presenta como una polémica, sobre todo acerca de la igualdad de los talentos y las vindicaciones de educación y elección de estado; el liberal continúa la lucha por la educación a la que añade los derechos políticos, elegir y ser elegida, y se centra por consiguiente en el acceso a todos los niveles educativos, las profesiones y el voto. El feminismo contemporáneo comienza como una lucha por los derechos civiles para irse centrando en los derechos reproductivos, la paridad política y el papel de las mujeres en el proceso de globalización.

FEMINISMO E ILUSTRACIÓN

El feminismo comienza cuando, dentro del escenario de ideas del racionalismo, es capaz de articular su discurso. ¿Cuál es el origen del feminismo como filosofía política? El feminismo viene de la Ilustración, aunque arranca previamente de la filosofía barroca europea[3]. Pero es en el Siglo de las Luces cuando toma su primer gran impulso. Ese siglo, que es una larga polémica en torno a la más variada tópica (el lujo, el gusto, las artes y las ciencias, la superstición, los textos sagrados, las formas de estado, los temperamentos... y tantas otras), inaugura como polémica la igualdad de ingenio y trato para las mujeres. El XVIII, que es el origen de nuestro mundo de ideas, de gran parte de nuestro marco institucional y de bastantes modos de vida actuales, es también la fuente de nuestro horizonte político e incluso del horizonte de reformas sociales y morales en el que todavía estamos viviendo. Ese siglo singular presenta el primer feminismo como una de las partes polémicas del programa ilustrado.

---

[3] Más concretamente, del Preciosismo, pero previamente encontramos al menos una obra a medio camino, interesante pese a su brevedad: *Égalité des hommes et des femmes* (1622), de Marie Le Jars de Gournay, discípula y heredera intelectual de Montaigne.

Subrayar el origen ilustrado del feminismo pienso que consigue distinguir lo que es literatura política feminista de una serie de pensamientos, también polémicos, que se producen recurrentemente en la tradición europea desde el siglo XIII. En los albores de la Baja Edad Media y en el entorno del nacimiento y expansión del gótico ciudadano y las formas civilizatorias bajomedievales, nacen toda una serie de nuevos modos e ideas que suelen resumirse bajo el nombre de Amor Cortés[4]. En tal entorno surge una literatura peculiar que llamaré «discurso de la excelencia de las nobles mujeres» que tiene sus cultivadoras y cultivadores así como usos sociales inequívocos. Sirve para proporcionar modelos de autoestima y conducta a las mujeres de las castas nobles. Glosa a reinas, heroínas, santas y grandes damas del pasado y, a través de ellas, ofrece modelos de feminidad que contribuyan a la creación de cortesía en el grupo de poder[5]. Este *discurso de la excelencia* no se produce sin disenso: tiene como paralelo continuado una literatura misógina, por lo común clerical pero también laica, que, a su vez, viene de remotos orígenes. Ambos, el discurso de la excelencia y el misógino, compiten hasta el Barroco en forma casi ritualizada[6]. Uno exalta las virtudes y cualidades femeninas y da de ellas ejemplos. Otro se ensaña en los defectos y estupidez pretendidamente ingénitos del sexo femenino con una plantilla de origen que habría de remitirse a los Padres de la Iglesia o incluso a Aristóteles. Filóginos y misóginos repiten los mismos ejemplos y argumentos sin llegar jamás a acuerdo —ni quizá pretenderlo— en una disputa tan ritualizada como la

---

[4] Sobre este periodo abundan los estudios. Uno de los clásicos es el de D. De Rougemont, *El amor en Occidente* (1939).

[5] Tiene cultivadores tan grandes como Cristine de Pizan en su clásico *La ciudad de las damas*. El objetivo es la civilidad. Véase N. Elias, *El proceso de la civilización,* México, FCE, 1987.

[6] Amorós demuestra que en el feminismo ilustrado desaparecen las genealogías de las ilustres mujeres y su tipo de legitimación, *Tiempo de feminismo,* Madrid, Cátedra, col. Feminismos, 1997.

de Don Carnal y Doña Cuaresma. Unos y otros no ponen tampoco en duda el marco común: que las mujeres han de estar bajo la autoridad masculina, sino que discrepan en lo que toca al respeto que haya de acordárseles. Porque es eso, el derecho a la dignidad y al respeto de seres esencial y funcionalmente separados, lo que se pone en común. En el mejor de los casos la pretensión más alta a la que cabe apelar, si la disputa se resuelve a favor de las mujeres, es la que resume Calderón en *El alcalde de Zalamea:* «Puesto que de ellas nacemos, no digas mal de mujer»[7].

LA PRIMERA OLA: LA POLÉMICA ILUSTRADA

El feminismo se diferencia de esta tópica discursiva de forma radical. Es un pensamiento político típicamente ilustrado: en el contexto de desarrollo de la filosofía política moderna, el feminismo surge como la más grande y profunda corrección al primitivo democratismo. No es un discurso de la excelencia, sino un discurso de la igualdad que articula la polémica en torno a esta categoría política. Esta primera ola de feminismo dura más de un siglo. Tiene su primer gran precedente en Poullain de la Barre, un cartesiano que escribe *De la igualdad de los dos sexos* (1673) durante el Preciosismo y su obra clásica en la *Vindicación* de Mary Wollstonecraft (1792), un alegato pormenorizado contra la exclusión de las mujeres del campo completo de bienes y derechos que diseña la teoría política rousseauniana, escrito durante la Revolución Francesa. La *Vindicación* decanta la polémica feminista ilustrada, sintetiza sus argumentos y, por su articulación proyectiva, se convierte en el primer clásico del feminismo en sentido estricto.

---

[7] Remito al impecable análisis de C. Amorós en «Interpretaciones a la democracia paritaria», en *Democracia paritaria,* Gijón, Les Comadres, 1999, págs. 79 y ss.

Wollstonecraft contra Rousseau

El pensamiento ilustrado es profundamente práctico. Se plantea educir mundo: frente al que existe, prefiere imaginar un mundo como debe ser y buscar las vías de ponerlo en ejecución. Sin embargo de lo dicho no cabe deducir que la Ilustración es de suyo feminista. Es más, pienso que el feminismo es un hijo no querido de la Ilustración. Rousseau, uno de sus teóricos principales, había escrito:

> En efecto, es fácil ver que, entre las diferencias que distinguen a los hombres, muchas que pasan por naturales son únicamente obra del hábito y los diversos modos de vida que los hombres adoptan en la sociedad. Así, un temperamento robusto o delicado, la fuerza o la debilidad que de él dependen, muy a menudo provienen más de la naturaleza dura o afeminada en que se ha sido educado, que de la constitución primitiva de los cuerpos. Lo mismo pasa con las fuerzas del espíritu... Sin prolongar inútilmente estos detalles, cada uno debe ver que los lazos de la servidumbre, que no están formados más que por la dependencia mutua de los hombres y las necesidades recíprocas que los unen, es imposible señorear a un hombre sin antes haberle puesto en el caso de no poder prescindir de otro; situación que, no existiendo en el estado de naturaleza, deja a cada cual libre del yugo y hace vana la ley del más fuerte[8].

Pues bien, este filósofo radical que ni siquiera admite la fuerza como criterio de desigualdad en el estado presocial, que considera injusto todo privilegio posterior, que en el mismo texto citado también afirma «es difícil demostrar la

---

[8] «Discours sur l'inegalité», en *Œuvres Complètes,* vol. II, Seuil, L'Integrale, 1971, págs. 226-227.

validez de un contrato que no obliga más que a una de las partes, que pone todo de un lado y nada del otro», que considera que la libertad es un tipo tal de bien que nadie está autorizado a enajenar, asevera que, por excepción a todo lo dicho, la sujeción y exclusión de las mujeres es de todo punto deseable.

La democracia viril

El democratismo rousseauniano es excluyente. Y, además, no lo oculta. La igualdad entre los varones se cimienta en su preponderancia sobre las mujeres. El estado ideal es una república en la cual cada varón es jefe de familia y ciudadano. Puede argüirse que éste es también el contrato de Locke. Pero, lo que lo hace diferente, es que Rousseau está planteando, por primera vez, argumentos políticos contra un feminismo polémico que ya tiene algún espacio discursivo conquistado. Por ello Rousseau es tan concluyente. Todas las mujeres, con independencia de su situación social o sus dotes particulares, son privadas de una esfera propia de ciudadanía y libertad. Rousseau decantaba así la polémica feminista del XVIII. Figura intelectual de gran talla, pero por origen social fuera de la corriente de las filosofías de salón, no se sentía obligado a mantener ni siquiera un precario «feminismo galante». Las mujeres son un sexo segundo y su educación debe garantizar que cumplan su cometido: agradar, ayudar, criar hijos. Para ellas no están hechos ni los libros ni las tribunas. Su libertad es odiosa y rebaja la calidad moral del conjunto social.

Puede que ambos sexos fueran, en el inicio remoto precivil, aproximadamente iguales. Sin embargo:

> El hábito de vivir juntos hizo nacer los más dulces sentimientos que los hombres conocen, el amor conyugal y el amor paternal. Cada familia se volvió una sociedad

pequeña, tanto más unida cuanto que el vínculo recíproco y la libertad eran sus únicos lazos; y entonces se estableció la primera diferencia en la forma de vivir de los dos sexos, que hasta aquí no habían tenido más que una. Las mujeres se volvieron más sedentarias y se acostumbraron a guardar la cabaña y los hijos, mientras que el hombre se iba a buscar la subsistencia común[9].

Y, a fin de garantizar este idílico estado familiar, el Rousseau pedagogo escribirá en el libro V del *Emilio:*

> En lo que se relaciona con el sexo la mujer es igual al hombre: tiene los mismos órganos, las mismas necesidades y las mismas facultades; la máquina tiene la misma construcción, son las mismas piezas y actúan de la misma forma... En lo que se refiere al sexo se hallan siempre relaciones entre la mujer y el varón y siempre se encuentran diferencias... Estas relaciones y diferencias deben ejercer influencia en lo moral. Consecuencia palpable, conforme a la experiencia, y que pone de manifiesto la vanidad de las disputas acerca de la preeminencia o igualdad de los sexos... en lo que existe de común entre ellos, son iguales, pero en lo diferente no son comparables. Se deben parecer tan poco un hombre y una mujer perfectos en el entendimiento como en el rostro... El uno debe ser activo y fuerte, el otro pasivo y débil. Es indispensable que el uno quiera y pueda y es suficiente con que el otro oponga poca resistencia. Establecido este principio, se deduce que el destino especial de la mujer consiste en agradar al hombre... el mérito del varón consiste en su poder, y sólo por ser fuerte agrada.

El varón es, con relación a la mujer, marido y tiene sobre ella preeminencia por naturaleza.

---
[9] *Ibíd.*, pág. 229.

Democracia y feminismo

Cuando afirmo que el feminismo tiene su nacimiento en la Ilustración y es un hijo no querido de ésta, no hago más que poner de relieve que, como resultado de la polémica ilustrada sobre la igualdad y diferencia entre los sexos, nace un nuevo discurso crítico que utiliza las categorías universales de su filosofía política contemporánea. Un discurso, pues, que *no compara ya a varones y mujeres* por sus respectivas diferencias y ventajas, *sino que compara la situación de privación de bienes y derechos de las mujeres con las propias declaraciones universales*. Estas declaraciones se compusieron usando las líneas y terminologías acuñadas por Rousseau, de ahí que el papel de su pensamiento sea tan importante para entender el propio feminismo como teoría política[10].

El feminismo es la primera corrección fuerte y significativa al democratismo ilustrado. Proviene, cómo no, de la fase polémica anterior, pero se fragua y solidifica en contraste con las prácticas políticas —declaraciones de derechos americanas y francesa— y con las teorías políticas que les sirven de fundamento. Porque Mary Wollstonecraft es demócrata rousseauniana, porque estima que tanto *El contrato social* como el *Emilio* dan en la diana de cómo debe edificarse un estado legítimo y una educación apropiada para la nueva ciudadanía, no está dispuesta a admitir la exclusión de las mujeres de ese nuevo territorio. Sólo a partir de la asunción completa del nuevo paradigma sociopolítico cabe argumentar contra sus insuficiencias. Justo porque entiende bien que cada sujeto ha de ser libre y dueño de sí y sus derechos,

---

[10] Para este análisis, véase Rosa Cobo, *Fundamentos del patriarcado moderno: J. J. Rousseau,* Madrid, Cátedra, 1995.

que no ha de ser guiado por su exclusivo interés, sino que debe realizar un contrato con la voluntad general, que esta voluntad general no coincide con la voluntad de todos, ya que posee elementos normativos propios, porque acepta que cada sujeto debe autodominarse para la vigencia de los objetivos comunes, y, por último, que el estado ha de ser quien represente tales objetivos y bienes comunes, Wollstonecraft no puede digerir que el sexo excluya a la mitad de la humanidad de este anhelo de la razón. Porque, al fin, sólo de eso estamos hablando mientras construye su alegato y lo publica en 1792. Si bien *El contrato social* funciona como modelo para la Revolución Francesa, es tan sólo un modelo en trámite. Sin embargo, las exclusiones que mantiene están siendo respetadas punto por punto.

La Declaración de 1789, dedicada «a la generación naciente» está repleta de expresiones rousseaunianas; las cenizas del filósofo se depositan, con toda pompa, en el Jardín Nacional. Mientras, los «Cuadernos de quejas» enviados por algunas mujeres a la Asamblea, que piden instrucción, modestos ejercicios de voto, reforma de la familia y protección, no son tenidos en cuenta[11]. La *Vindicación de los derechos de la mujer* no nacía sola. Estaba avalada por el difuso sentimiento igualitarista que fluía en el conjunto social en el momento previo a la Revolución y que la Ilustración había cultivado. Transmitía también las actitudes de bastantes mujeres que, generalmente por su origen y encuadre social, habían conseguido acceder a grados incluso amplios de cultura. Buscaba un público atento en las élites políticas y del pensamiento que, ocasionalmente, había ya manifestado es-

---

[11] Esta singular literatura, en la que se mezclan vindicaciones con arbitrios, es aún poco conocida, como por otra parte sucede casi con la completa polémica feminista de las Luces. Una excelente recogida de textos para introducirse en ella es la realizada por A. Puleo, *La Ilustración olvidada: la polémica de los sexos en el siglo XVIII*, Barcelona, Anthropos, 1993.

tar a favor. En 1790 Condorcet había repetido lo ya escrito en 1787:

> ¿Acaso los hombres no tienen derechos en calidad de seres sensibles capaces de razón, poseedores de ideas morales? Las mujeres deben, pues, tener absolutamente los mismos y, sin embargo, jamás en ninguna constitución llamada libre ejercieron las mujeres el derecho de ciudadanos[12].

Sin embargo, la *Vindicación,* a pesar de sus muchas e inmediatas ediciones desde su publicación en 1792, a pesar también del uso de un lenguaje contrastado y acomodado a su política de origen, no logró traspasar sus ideas más que a algunos pequeños círculos intelectuales[13]. Lo mismo había sucedido con la mucho más breve *Declaración de los derechos de la mujer y de la ciudadana* que, redactada por Olimpia de Gouges, había aparecido en 1791. La autora de esta última recibió en premio a su pluma y fama ser guillotinada dos años después, así como Wollstonecraft fue objeto de difamaciones y sarcasmos. De la más que fría acogida de los círculos políticos afines, tenemos una prueba reveladora: de uno de los grupos más radicales presentes en la escena revolucionaria procede el panfleto *Proyecto de una ley por la que se prohíba a las mujeres aprender a leer*[14]. Entre las inven-

---

[12] Condorcet, *Cartas de un burgués de Newhaven a un ciudadano de Virginia,* en A. Puleo, *op. cit.,* pág. 95. En *Sobre la admisión de las mujeres al derecho de ciudadanía,* Condorcet afirma: «O bien ningún individuo de la especie humana tiene verdaderos derechos, o todos tienen los mismos.»

[13] Para el mejor conocimiento de texto y contexto remito a I. Burdiel, en su excelente «Introducción» a la edición española de la *Vindicación,* Madrid, Cátedra, 1994.

[14] Su autor fue probablemente Sylvain Maréchal, perteneciente al grupo de «Los Iguales», cuya figura más descollante fue Babeuf. Si sorprende que el igualitarismo acendrado fuera compatible con la completa exclusión, es porque quizás no se manejen las claves de interpretación

ciones y propuestas novedosas que pulularon en aquel ambiente político, el feminismo fue una de las más desamparadas. Lo único que tenía a su favor era el artículo XI de la *Declaración de los Derechos del Hombre y el Ciudadano:* algunas individuas e individuos podían defender y expresar libremente pensamientos y opiniones, «uno de los derechos más preciosos del hombre», pero poco más. A tales opiniones se oponía una firme barrera de prejuicios bien instalados en las prácticas sociales y políticas. A esas inercias Rousseau les dio nueva solidez y decoro. Porque su pensamiento no se limitó a argumentar la exclusión de las mujeres de su visión genial y anticipadora del nuevo ámbito de lo público, sino a ofrecer modelos de feminidad pregnantes y exitosos.

La mujer desigual y deseable

En la negativa rousseauniana a la ciudadanía de las mujeres y en su instrumentación por parte de la política revolucionaria coexistían varias líneas de fuerza que, en conjunto, permitían secularizar el desigual trato dispensado al sexo femenino al librarse de las desfasadas argumentaciones mítico-religiosas. La argumentación política se doblaba de otra que era moral y ambas se mantenían sobre un fundamento inexplícito de interés. Se ha visto parte de la argumentación excluyente rousseauniana, la que concierne al origen y fundamento de la exclusión en la naturaleza y que hace de todos los varones maridos y, del mismo modo, esposas de todas las

---

adecuadas. En palabras de Celia Amorós, la igualdad de los ciudadanos de hecho se solapó con la igualdad conspiratoria de la fratría masculina: «Espacio de Los Iguales y espacio de las idénticas», Madrid, Arbor, noviembre-diciembre de 1987; este trabajo fue retomado y ampliado por su autora en «Igualdad e Identidad», en A. Valcárcel (ed.), *El concepto de Igualdad,* Madrid, Pablo Iglesias, 1994. Para el comentario detenido del sarcástico panfleto de Maréchal, G. Fraisse, *Musa de la razón,* Madrid, Cátedra, 1991.

mujeres. La familia es la sociedad original y es jerárquica; esa jerarquía tiene efectos.

Del molde rousseauniano brota también el nuevo modelo de feminidad que la división de papeles políticos sacraliza. Si las mujeres no pertenecen al orden de lo público-político es porque pertenecen al doméstico-privado. Ese reparto y esa segunda esfera ha de permanecer como fundamento y condición de posibilidad del todo político. Las mujeres, ni por cualidades de su ánimo, esto es, vigor moral que comporta inteligencia, honorabilidad, imparcialidad, ni por cualidades físicas, sabida su manifiesta debilidad corporal, pueden pagar el precio de la ciudadanía. Regidas por el sentimiento y no por la razón, no podrían mantener la ecuanimidad necesaria en las asambleas y, físicamente endebles, no serían capaces de mantener la ciudadanía como un derecho frente a terceros. Ni las asambleas ni las armas les convienen. Siendo esto así, no se puede ser mujer y ciudadano, lo uno excluye lo otro. Pero esta exclusión no es una merma de derechos, ya que no podrían ser acordados a quien no los necesita porque es la propia naturaleza la que se los ha negado. Las mujeres son, consideradas en su conjunto, la masa pre-cívica que reproduce dentro del Estado el orden natural. No son ciudadanas porque son madres y esposas.

El Estado está formado por los varones, los cuales tienen responsabilidades y derechos y colaboran a la edificación de la voluntad general y a los objetivos del interés común. Las mujeres, vinculadas como están a un orden previo, ni siquiera pueden pensar ese orden. Su incapacidad de realizar el contrato que cada individuo hace con la voluntad general nace de su situación en la esfera familiar, que no es política, sino natural. Como colectivo deben ser mantenidas bajo la autoridad real y simbólica de los varones: la real radicada en que cada una de ellas debe abnegación y obediencia a un varón concreto, la simbólica en que todas deben reverencia al sexo capaz de mantener el orden político. Y esto, que podría entenderse como una exclusión injusta, no lo es, sino que, muy al contrario, la separación de esferas conviene que sea nítida para el propio bien de las excluidas. No debe cargarse al sexo familiar con el peso de la cosa pública: dada su naturaleza, o no soportarían sus exigencias o introducirían su incapacidad en los asuntos graves tergiversando los fines generales. En este reparto no hay ni debe haber excepciones. En una frase que Rousseau escribe en el «Manuscrito de Ginebra» del *Contrato social* y luego descarta (lo que manifiesta algo sobre su deseo de no provocar en exceso a la cultura de los salones), escribe: «En un Estado libre, los varones, a menudo reunidos entre ellos, viven poco con las mujeres.» Y en el *Discurso sobre el origen y los fundamentos de la desigualdad entre los hombres,* la división de tareas entre los sexos aparece en la dedicatoria:

> ¿Podría yo olvidar a esta preciosa mitad de la república que hace la felicidad de la otra, cuya dulzura y sabiduría mantienen la paz y las buenas costumbres? Amables y virtuosas ciudadanas, la suerte de vuestro sexo siempre será gobernar al nuestro... Sed siempre, pues, lo que sois, las castas guardianas de las costumbres y de los dulces vínculos de la paz; y continuad haciendo valer en toda ocasión los derechos del corazón y de la naturaleza en beneficio del deber y de la virtud[15].

La existencia segregada de los sexos aparece en el primer texto como un acompañante de la libertad y en el segundo como garantía de la paz. Sin embargo, la existencia de dos esferas tampoco significa el reconocimiento de dos fuentes de autoridad. Sólo los varones son capaces de igualdad y libertad en el Estado, lo que supone reconocerse entre ellos las jerarquías legítimas, y también detentan la autoridad en el orden familiar. Y ello en el mismo pensador que no admite que ningún individuo pueda empeñar ni renun-

---

[15] *Œuvres Complètes,* ed. cit., pág. 208. Del *Manuscrito, ibíd.,* pág. 422.

ciar a la libertad propia. Pero debe sobrentenderse que el individuo es, a todo efecto, masculino. La diferencia entre varones y mujeres es ínfima, escribe en otro texto, pero significativa:

> Por muchas razones que vienen de la naturaleza de la cosa, el padre debe mandar en la familia. Primeramente, la autoridad no debe ser igual entre el padre y la madre; hace falta que el gobierno resida en uno y que, en las divisiones de opinión, haya una voz preponderante que decida. 2.º Por ligeras que se quieran suponer las incomodidades particulares de la mujer, como son para ella siempre un intervalo de inacción, son razón suficiente para excluirla de esta primacía: porque cuando la balanza es perfectamente igual, una paja basta para hacerla bascular. Además, el marido debe tener inspección sobre la conducta de su mujer porque le importa asegurarse de que los hijos que está forzado a reconocer y alimentar no pertenezcan a otro que él. La mujer, que no tiene nada parecido que temer, no tiene el mismo derecho sobre el marido[16].

Párrafos de este y parecido tenor llevan a Wollstonecraft al borde de la cólera. En ocasiones su prosa encoge el ánimo; sobre todo cuando lamenta el destino amargo de las mujeres que por nadie son amparadas y no tienen recursos para defenderse. Mujeres a quienes se les niega el uso de sus capacidades, se las hace dependientes o víctimas, se las empuja a una dependencia que las pone al arbitrio de la buena o mala voluntad de un individuo que tiene sobre ellas derechos casi completos. Esto sin duda entristece, pero todavía más enco-

---

[16] Del artículo «Economía Política», véase *Œuvres Complètes*, ed. cit., pág. 277. No me resisto a recordar en este punto que Rousseau, como padre, por mucha seguridad que tuviera sobre su paternidad en los hijos habidos de Teresa, no se sintió en el deber de reconocerlos ni alimentarlos, sino que él mismo relata en sus *Confesiones* que sistemáticamente los envió a la inclusa.

leriza que aquellos con cuyos pensamientos ofrecen modos de romper las cadenas de todas las inmemoriales servidumbres estén, sin embargo, dispuestos a asegurar la opresión femenina. Quienes como Rousseau sueñan mejores metas para la humanidad están decididos a dejar que las mujeres no puedan escapar a su destino impuesto.

Democracia o patriarcado

Wollstonecraft decanta la polémica de los sexos ilustrada mediante el uso de categorías universales políticas cuya fuente se encuentra en el derecho natural racional. Pero a la vez inaugura la crítica de la condición femenina. Supone que bastantes de los rasgos de temperamento y conducta que son considerados propios de las mujeres son en realidad producto de su situación de falta de recursos y libertad. Desde su visión ilustrada niega que la jerarquía masculina sea otra cosa que un privilegio injusto avalado por prejuicios inmemoriales.

> No quiero —escribe— hacer alusión a todos los autores que han escrito sobre el tema de los modales femeninos —de hecho sólo batiría terreno conocido, porque, en general, han escrito con el mismo estilo—, sino atacar la tan alardeada prerrogativa del hombre; la prerrogativa que con énfasis se llamaría el férreo cetro de la tiranía, el pecado original de los tiranos. Me declaro en contra de todo poder cimentado en prejuicios aunque sean antiguos[17].

La situación de las mujeres no tiene otro origen distinto del abuso de poder en que se funda el orden de la nobleza de sangre que abatir. Ambas dominaciones, la de clase y la

---

[17] *Vindicación,* ed. cit.

de sexo, son políticas y no se puede estar contra una de ellas y dejar a la otra intacta. Lo que los varones ejercen sobre las mujeres no es una autoridad natural —no hay ninguna de este tipo— sino un privilegio injusto: «si se prueba que este trono de prerrogativas descansa sólo en una masa caótica de prejuicios sin principios de orden inherentes que los mantengan juntos... se pueden eludir sin pecar contra el orden de las cosas»[18].

El dar el moderno nombre de privilegio a la ancestral jerarquía entre los sexos era la radical novedad teórica que el primer feminismo ilustrado ejercía. Era posible gracias al empleo de las categorías conceptuales y discursivas de la Modernidad, pero traspasaba los usos para los cuales habían sido concebidas. El feminismo aparecía como un hijo no deseado de la Ilustración. Implicaba la subversión de un orden que muy pocos querían ver producirse. Parecía amenazar a los mismos pilares de la nueva respetabilidad burguesa. La negativa a aceptar la estirpe, de la que provenía el orden de privilegio de la nobleza de sangre, implicaba una nueva forma de familia en la que la jerarquía sexual era básica. Ello entrañaba redefinir los nuevos papeles masculinos y femeninos.

He afirmado que también tiene su origen en Rousseau el nuevo modelo de feminidad. En *La Nueva Eloísa*[19] y en el *Emilio* se forja un molde de mujer que lleva aparejados sensibilidad, maternidad, sumisión y sacrificio. E. Badinter ha investigado la fabricación de este modelo de mujer-madre y la consiguiente abrogación de las prácticas anteriores: crianza mercenaria, nodrizas y hospicios[20]. Cada individuo varón

---

[18] *Ibíd.*, págs. 249-250.
[19] Novela esta que fue, junto con la *Pamela* de Richardson, una de las obras más leídas y editadas del XVIII y que tuvo enorme influencia en la modificación de los hábitos sentimentales.
[20] E. Badinter, *¿Existe el amor maternal?* (1980), Barcelona y Buenos Aires, Paidós, varias ediciones (se cita por la de 1984).

es concebido como un virtual *pater familias* cuyo alto fin es, en paridad con los demás, conformar la voluntad general que es el Estado. Cada mujer debe existir y ser formada para esposa. A ellos corresponde el ámbito público, a ellas el privado. «Con independencia de las dotes y capacidades particulares.» Cada género tiene marcado un destino por nacimiento. La *complementariedad* se transforma en la palabra clave y de ella está excluida la justicia simétrica. No es conveniente ni deseable que los sexos neutralicen sus características normativas, sino que las exageren. Ello es garantía de orden. No son iguales, sino *complementarios*. Así lo ha querido la naturaleza y el nuevo orden sociopolítico no debe alterar su voluntad. El feminismo planteaba que la dominación masculina era política. La respuesta fue naturalizarla dotando a cada sexo de principios de acción y de excelencia particulares[21]. Pero bajo la pretendida complementariedad subyace la verdadera división: en nuestro mundo humano una parte es cultura, esto es, ideas, hábitos, conceptos, instituciones, ritos, racionalidad, es decir, todo aquello que nos conforma como distintos de las demás especies naturales, y otra parte es naturaleza, absoluta identidad que a sí misma se reproduce y en sí misma se mantiene. En esta división fundamental, los va-

---

[21] Como resume agudamente Badinter: «No es un azar que las primeras mujeres que escucharon los discursos masculinos sobre la maternidad fueran burguesas. Ni pobre, ni particularmente rica o brillante, la mujer de las clases medias vio en esta nueva función la oportunidad de una promoción y una emancipación que la aristócrata no buscaba... se convertía en el fundamento central de la familia... la madre es consagrada como "soberana doméstica". La maternidad se transforma en una función gratificante porque ahora está cargada de ideal. El modo en que se habla de esta "noble función", con un vocabulario sacado de la religión, señala que a la función de madre se asocia un nuevo aspecto místico. La madre es comparada de buena gana con una santa y la gente se habitúa a pensar que una buena madre es "una santa". La patrona natural de esta nueva madre es la Virgen María cuya vida testimonia la dedicación a su hijo.» Badinter, *op. cit.*, págs. 183-184.

rones son cultura y las mujeres naturaleza. El destino de las mujeres es reproducir la especie y así debe seguir siendo. Parafraseando a Rousseau: «deben seguir siendo lo que son». Así ha sido siempre y tal destino no tiene razón para cambiar. No es voluntad de nadie que sea como es, sino decreto inmemorial del mundo. Cuantos cambios sean deseables y se produzcan en el ámbito humano, incluida una nueva vivencia de lo público, una nueva política que es justamente la más alta expresión del espíritu y la razón, no tienen por qué afectar al estatuto del completo colectivo de las mujeres. Ellas se mantienen y han de ser mantenidas en su propio orden, el seno indiferenciado de la naturaleza «con independencia de las capacidades y dotes particulares», como llegaría a escribir Hegel. Si en el núcleo profundo de lo humano hay una división entre naturaleza y espíritu, las mujeres son naturaleza y por lo tanto lo que en sus vidas se produzca no es político ni resultado de padecer las consecuencias de un privilegio injusto. Lo político no se debe jamás pensar como propio ni iluminar ese mundo, ni mucho menos pretender variarlo.

LAS CONQUISTAS DEL FEMINISMO ILUSTRADO

Recapitulando: si el primer feminismo que surgía como decantación de la polémica ilustrada había conseguido formular en clave política sus demandas, con estos dos pilares, concepto viril de la ciudadanía y nueva definición de la feminidad, se comenzó a edificar la democracia excluyente. Pasado el momento revolucionario, realizar la nueva legislación civil y penal napoleónica e institucionalizar el modelo educativo curricular burgués fueron sus dos grandes tramos.

Conocemos por el nombre genérico de codificaciones napoleónicas aquellas nuevas formas de derecho positivo que sustituyeron al antiguo orden del derecho parcial de castas, oficios y estamentos. El derecho tomó la universalidad por patrón y por modelo al derecho romano. Acabó con el mosaico disperso de los derechos antiguos y en su lugar instituyó un derecho civil homogéneo y un derecho penal suavizado según los principios ilustrados que habían sido defendidos por Beccaria. En las nuevas codificaciones civiles, con la ayuda fundamental del modelo del derecho romano, la minoría de edad perpetua para las mujeres quedaba consagrada. Eran consideradas hijas o madres en poder de sus padres, esposos e incluso sus hijos. No tenían derecho a administrar su propiedad, fijar o abandonar su domicilio, ejercer la patria potestad, mantener una profesión o emplearse sin permiso, rechazar a un padre o marido violentos. La obediencia, el respeto, la abnegación y el sacrificio quedaban fijadas como sus virtudes obligatorias. El nuevo derecho penal forjó para ellas delitos específicos que, como el adulterio y el aborto, consagraban que sus cuerpos no les pertenecían. A todo efecto ninguna mujer era dueña de sí misma, luego todas carecían de lo que la ciudadanía aseguraba, la libertad.

De otra parte, la institucionalización del currículum educativo de la nueva sociedad también las excluía. El nuevo estado liberal tomó para sí la responsabilidad de la educación y estabilizó los tramos educativos corrientes que conocemos: educación primaria, media y superior. El currículum educativo se convertía en la llave que permitía acceder a los ejercicios profesionales. La universidad del antiguo régimen cambió y pasó a depender para sus títulos del aval estatal. El Estado también reguló los tramos medios y creó su propia red de centros y funcionariado. Incluso la formación primaria se estabilizó y dejó de depender de la familia o la escolarización no regulada. De lo que un individuo sabía o no sabía, de su competencia curricular, el estado se volvía juez y garante. Las mujeres quedaron excluidas formalmente de los tramos educativos medios y superiores y su enseñanza primaria se declaró graciable.

Sin capacidad de ciudadanía y fuera del sistema normal educativo, quedaron las mujeres fuera del ámbito completo de los derechos y bienes liberales. Por ello el obtenerlos, el conseguir el voto y la entrada en las instituciones de alta educación, se convirtió en el objetivo del sufragismo.

El feminismo como tal es uno de los pilares más fuertes de una democracia, y una democracia cuando funciona es feminista, y cuando no lo es, se le puede reprochar: no puede mantenerse sorda ante la acusación de que está ejerciendo una discriminación deliberada sobre tal punto o en tal parte. Sin embargo, si un pensamiento o movimiento se opone a una de las dominaciones menos puestas en cuestión y más ancestrales, es fácil suponer que no va a ser recibido con albricias y aplausos. La filosofía política del primer liberalismo lockeano convivía con la esclavitud, con tensiones, naturalmente, pero con ajustes también: los individuos libres e iguales, más o menos, son... los amos. Para los demás, la teoría no es conveniente. Del mismo modo, la individualidad, la libertad y la igualdad no rezan para las mujeres, ni siquiera para las afortunadas madres, hijas y esposas de los privilegiados.

Ningún sistema de dominación disfruta con ser puesto en trance de abrogarse, ni los que lo mantienen se alegran de que por fin se ilegalice. Los amos de una situación, y a veces también los que la padecen, no suelen congratularse de que se la ponga en peligro. No sucede que ante la luz de la clara razón exclamen: «¡Qué gozo sentimos al ver que no nos creéis ni superiores, ni excelentes, ni sabios, ni siquiera maravillosos... gozo sólo paralelo a que nos pongáis ante el reto de creer que no hemos tenido razón en manteneros siempre en una posición inferior y humillada!» Y tampoco ocurre que, encantados de saberlo, cambien magnánimamente de usos.

Quien parece poner en peligro un orden no obtiene de ello palmas y alfombras rojas. Demócratas y feministas tuvieron críticos y enemigos virulentos. Pero el feminismo, dado que ponía en cuestión algo considerado privado, la sumisión sexual y doméstica, fue atacado por los moralistas e ignorado, aparentemente, por la política.

El siglo ilustrado le dio carta de naturaleza cuando algunos de sus máximos representantes polemizaron sobre él en términos precisamente políticos. Obvio es decir que no todos los demócratas eran feministas, aunque sí todas y todos los feministas eran demócratas. El feminismo, que es un hijo no querido del racionalismo y la Ilustración, quiso siempre convertir en público, en objeto de leyes y acuerdos, lo que sus enemigos querían a toda costa que no saliera de la esfera privada. Se le acusó de corromper las costumbres porque, en efecto, quería abolir bastantes leyes y usos que las refrendaban. Se enfrentó al fundamentalismo religioso, adalid profundo de la tradición, a la soberbia del estado y a la hipocresía de la sociedad. Denunció como miserias cosas que otros consideraban sacras. Se amparó para ello, exclusivamente, en la fuerza del buen sentido. Y aún lo hace, sin haber dejado de recibir sobre sí, desde sus inicios hace tres siglos, constantes andanadas y oleadas de vejaciones, violencia e insultos. Cerró en esta su primera ola su fase polémica con lo que nos pueden parecer tímidos, por no decir nulos, resultados de agenda. Pero había logrado lo principal: la variación del marco conceptual que hizo posible proseguir la argumentación.

Capítulo IV

La segunda ola: el feminismo liberal sufragista

El siglo XIX, y no sin retrocesos y sobresaltos, fue consolidando el modelo sociopolítico liberal. Pese a los intentos de restauración del orden antiguo, el napoleonismo y la naciente sociedad industrial habían alterado el panorama en tal grado que ni los más nostálgicos podían mantener su propósito de vuelta atrás. Cuando las potencias reunidas en el Congreso de Viena acordaron el restablecimiento de los viejos moldes y el apoyo mutuo de los monarcas restaurados contra posibles insurrecciones revolucionarias, sabían que mantener su acuerdo era casi imposible[1]. La aceptación progresiva de los principios liberales y los modelos de alternancia

---

[1] De hecho sólo se produjo una intervención que fue primera y única. «Los Cien mil Hijos de San Luis» entraron en España llamados por el ultramontano Fernando VII, que los usó contra los liberales españoles. Ellos mismos se retiraron asqueados del tipo de violencias en que se les quería hacer participar y esta su única intervención dio al traste con la mera posibilidad de repetirla en cualquier otro lugar.

política se fueron estabilizando. La teoría política en que se fundó el primer liberalismo resultó de una amalgama de los principios abstractos rousseaunianos con las elaboraciones sólidas de la teoría estatal de Benjamin Constant. La separación de esferas pública y privada, familia y estado, en que consistía el fundamento del concepto de estado rousseauniano fue admitida completamente por la filosofía política liberal. El primer liberalismo concibe al ciudadano como un «pater familias» y utiliza las ideas de contrato social y voluntad general. Estas dos últimas fueron rechazadas y atacadas por la tradición conservadora y ultramontana, pero es excusado decir que el acuerdo sobre la primera se mantiene en todos los autores. Cuando Hegel escribe la *Fenomenología* y más tarde la *Filosofía del Derecho* deja claro cuál es el sentir más probado de los tiempos: bien está la abolición de las estirpes porque pueden convertirse en dueñas del estado; mal concebir el estado como un contrato, y peor aún concebir el matrimonio como un contrato. La familia es la garantía del orden y en ella la separación de los sexos y sus funciones es el fundamento último e inamovible de la eticidad.

La misoginia romántica

Las conceptualizaciones de Rousseau acerca de lo que varones y mujeres tenían derecho a esperar de la política fueron decisivas para entender las claves del siglo XIX. El Rousseau contractualista fue atacado pero convivió con el Rousseau inatacado, el que había dictaminado que existían dos territorios inmiscibles, el político espiritual para los varones y el natural para las mujeres. Esta división del mundo había sido dictada por la filosofía y eso requiere una explicación.

En nuestro mundo actual el feminismo tiene cierta proclividad a aliarse con la filosofía pero no distinta de aquella que ha vinculado a la filosofía con la misoginia. Quiero decir que la filosofía no es en sí liberadora. Y esto se demostró cumplidamente a lo largo del siglo XIX. Cuando la Ilustración desfundamentó el viejo discurso religioso, en el que la inferioridad femenina obtenía una validación en clave de justicia —las mujeres heredaban la condena de Eva y su posición de inferioridad era resultado de la aplicación de la justicia divina a la falta originaria de la primera de ellas— estos argumentos religiosos quedaron también desfundamentados. Pero la voluntad que los sostenía no había perdido vigencia, de manera que la exclusión encontró nuevas formas de argumentarse. La vieja madre Eva no podía resultar convincente para casi nadie en el mundo del progreso técnico, el telégrafo, el ferrocarril, la anestesia y el libre cambio. Había cumplido su función y se necesitaban explicaciones de mayor fuste: la filosofía las dio.

Obviamente la exclusión pudo mantenerse pero no sin el conocimiento de la existencia de las voces discordantes del primer feminismo, Wollstonecraft, Gouges, Condorcet. Contra ellas, contra las esperanzas que habían levantado siquiera fuere en grupos de opinión muy pequeños, se construyó el monumental edificio de la misoginia romántica: toda una manera de pensar el mundo cuyo único referente es la conceptualización rousseauniana y que tuvo como fin reargumentar la exclusión. Así la filosofía tomó el relevo a la religión para validar el mundo que existía e incluso para darle aspectos más duros de los que existían.

Los filósofos que trato en los dos capítulos que en *La política de las mujeres* dedico a la misoginia romántica no son en absoluto figuras de segunda o tercera fila, escondidos en los recovecos de la historia de la filosofía. Fueron las principales cabezas del siglo XIX las que teorizaron por qué las mujeres debían estar excluidas. Hegel, Schopenhauer, Kierkegaard, Nietzsche, son figuras cuyo nombre inmediatamente reconoce cualquiera que no sea ducho en la materia. Y esos nombres suenan rodeados del respeto condigno. Estos pensadores tuvieron una indiscutible influencia en todo lo que fue la formación de los nuevos discursos científicos, técnicos y humanísticos. La medicina, la biología, todas las ciencias nacientes que en el XIX comenzaron a asentarse, así como la psicología, la historia, la literatura o las artes plásticas, dieron por buenas las conceptualizaciones de alguno de ellos.

El primero en abordar la reconceptualización de los sexos fue Hegel, pero no fue el más influyente: era un filósofo oscuro, su terminología era complicada e incluso lo hizo con demasiada finura. En la *Fenomenología del espíritu* explica el porqué de los sexos: son realidades del mundo de la vida, del mundo natural, pero en la especie humana están normados. Cada uno tiene un destino distinto. El destino de las mujeres es la familia, el destino de los varones es el estado. Ese destino no puede contradecirse. Lo que entendemos por historia y dinámica de las comunidades humanas es el cómo los dos sexos se relacionan entre sí. Aunque que cada sexo es un destino, no se impone como un destino biológico, sino que para nosotros existe una dimorfia ética y política y es la que explica las esferas separadas de ambos. Y es tal que está por encima de las cualidades contingentes del sujeto; esto es, si un sujeto se adecua a lo que se predica de todos ellos, mejor para él, y si no, peor para él porque la normativa se le impondrá como su verdad. La verdad es la del sexo al que se pertenece y no la que subjetivamente, como cualidades y rasgos de carácter, haya traído al mundo. En todo caso el sexo es un destino público para los varones, privado para las mujeres y los intentos de éstas de subvertir tal orden son la ruina de las comunidades.

Pero como he dicho, Hegel era demasiado complicado. El filósofo cuya misoginia evidente marcó la impronta del XIX fue Schopenhauer. Al contrario que Hegel, se expresa con enorme fluidez y en términos que cualquiera puede entender, por ello fue muy influyente. Toda persona que en la segunda mitad del siglo XIX se consideraba medianamente culta lo tenía como una de sus lecturas de cabecera. Los *Parerga und Paralipomena* rebasaron el marco de la disciplina filosófica y dieron ideas a la literatura, la política, la medicina... en fin, su pensamiento modelizó el campo de lo pensable. Pues bien, su misoginia forma la parte esencial de su pensamiento y no se esconde. Sobre la teorización rousseauniana y hegeliana añadió algo significativo: no sólo el sexo masculino encarna el espíritu mientras que la naturaleza es el sexo femenino, sino que además la continuidad en la naturaleza es la característica fundamental de la naturaleza. Y esto tiene bastante rendimiento.

Lo femenino dicho en general es una estrategia de la naturaleza para reproducir el ser. En verdad llamamos femenino, a causa de una tergiversación espiritualista, a lo que en términos propios hay que llamar «lo hembra». La naturaleza es ella misma hembra y persigue perpetuarse porque ese es el fin único que tiene, dado que en ella ni hay ni puede haber una ulterior teleología. La naturaleza es en sí misma inconsciente e inconsciente de sí misma. Esa inconsciencia en que la naturaleza se mueve es la misma inconsciencia de «lo hembra» y está presente en la especie humana a través de las mujeres que tienen todas y cada una las características generales de «lo hembra». Esto es, «lo hembra» es inconsciente, ininteligente, corto de miras, incapaz de formar representaciones o conceptos, incapaz de prever el futuro, incapaz de reflexionar sobre el pasado, en fin, un puro existir sin conciencia de sí mismo. Y como «lo hembra» es una continuidad a lo largo de la naturaleza se sigue que una vaca, una perra, una gallina y una mujer se parecen mucho más entre sí que una mujer y un varón, que sólo aparentemente son de la misma especie. Lo que aleja a las mujeres de la especie humana es que precisamente son hembras. Aunque a veces parecen seres humanos, hablan, se comportan, parecen seguir normas, esto es pura apariencia. La sabiduría consiste en poder fijar una mirada más profunda y ver cómo a través de ese aparente ser humano lo que en verdad sucede es el surgir de una estrategia de la naturaleza para perpetuarse. Las perfecciones de este ser son falsas y utilitarias: belleza, gracia o atisbos de inteligencia sólo tienen por fin la reproducción y la prueba es que ese ser las pierde en el momento en que se reproduce. Mientras que los varones tienen madurez, las mujeres florecen y se agostan. La naturaleza, que las utiliza, se venga de ellas. Cuando esta filosofía no desdeña en sus mismos textos fundantes volverse coloquio de cafetín, nada tiene de extrañar que fuera bien recibida en esos lugares. Schopenhauer decanta la misoginia popular y sus tópicos y la dota de una apariencia imponente y respetable. Todas las mujeres son la mujer, en el fondo «lo hembra», y ninguna de ellas tiene derecho a un trato que no sea el de sexo segundo. Lo que avergüenza a las culturas europeas ante culturas más sabias como el oriente o el islam es la apariencia de individualidad que una estúpida galantería concede a las mujeres. La dama europea es un ser fallido y ridículo y en buena lógica debería hacerse desaparecer porque todas las mujeres debieran ser seres de harén. Las mujeres, el sexo inestético, deben mantenerse alejadas de toda voluntad propia y todo saber. De entre los muchos dislates de Schopenhauer, quizá uno sirva de muestra y conclusión. Llega a afirmar que la naturaleza quiere, como estrategia, que las mujeres busquen constantemente a un varón que cargue legalmente con ellas. Esto es, parece que la naturaleza prevé la juridicidad. Pero dislate o no, el formidable edificio de la misoginia romántica tuvo en Schopenhauer uno de sus más anchos pilares.

Cabe preguntarse el porqué de un arma tan fenomenal contra una vindicación, la de igualdad, que se había presentado sólo en círculos elitistas. La existencia de la misoginia romántica prueba que se pensó que esa vindicación podía prender y transformarse en una característica que volviera al todo social incomprensible o incontrolable. Sabemos lo que es el miedo y las sociedades también lo sienten. Los mundos tienen miedo cuando se ven abocados a un cambio y quieren defenderse de él. La misoginia romántica se utilizó contra la segunda gran ola del feminismo, el sufragismo.

La Declaración de Seneca Falls

Las protestas contra este nuevo orden fueron escasas y provinieron de individualidades disonantes. Sin formación y sin poder, pocas mujeres podían pretender abanderar la defensa política o moral de su sexo e igual sucedía con los varones comprometidos en la querella política sin fijar la atención en otra mujer que aquella que ficcionaba el primer romanticismo. George Sand, Stendhal y algún otro, de una parte, y de otra, las figuras femeninas románticas de la perfecta inocente. Del lado político, el sistemático enfrentamiento de liberales y ultramontanos bajo cuyos pies estaba creciendo, sin que ellos llegaran a advertirlo, el movimiento obrero.

En 1848 Europa se conmocionó por un nuevo proceso revolucionario que prendió en varios países a la vez. Hay que hacer notar que, aunque la Ilustración estuvo casi ausente en varias naciones europeas, el Romanticismo fue el primer movimiento de cultura que cubrió el mapa completo europeo. La sociedad de la primera mitad del xix era más homogénea y funcionaba con mayor sinergia que la del siglo xviii.

El año 1848 fue un año de agitaciones y manifiestos. Suele recordarse el manifiesto comunista y prestarse menos atención a la declaración de Seneca Falls. Cierto que ésta se produjo al otro lado del Atlántico, pero no sin que repercutiera en todas las sociedades industriales. En 1848, setenta mujeres y treinta varones de diversos movimientos y asociaciones políticas de talante liberal, se reunieron en el Hall de Seneca y firmaron lo que llamaron «Declaración de Sentimientos».

El modelo de declaración de Seneca era la declaración de Independencia. La declaración consta de doce decisiones e incluye dos grandes apartados: de un lado, las exigencias para alcanzar la ciudadanía civil para las mujeres, y, de otro, los principios que deben modificar las costumbres y la moral[2]. El grupo que se había reunido en torno a Seneca provenía fundamentalmente de los círculos abolicionistas. Varones y mujeres que habían empeñado sus vidas en la abolición de la esclavitud llegaron a la conclusión de que entre ésta y la situación de las mujeres, aparentemente libres, había más de un paralelismo. Desde postulados iusnaturalistas y lockeanos, acompañados de la idea de que los seres humanos nacen libres e iguales, firman: «decidimos que todas las leyes que impidan que la mujer ocupe en la sociedad la posición que su conciencia le dicte, o que la sitúen en una posición inferior a la del varón, son contrarias al gran precepto de la naturaleza y, por lo tanto, no tienen fuerza y autoridad». El gran precepto de la naturaleza que invocan es el resumen de igualdad, libertad y persecución de la propia felicidad. Era el mismo que se había invocado contra el mantenimiento del tráfico, venta y tenencia de esclavos. A medida que Inglaterra se decantó por posiciones abolicionistas, fue condenando el tráfico y por último llegó a perseguirlo; el abolicionismo tampoco había permanecido quieto en los Estados Unidos. Los grupos más concienciados, pese a la pequeña calidad de sus victorias, decidieron incluir la servidumbre femenina en su tabla vindicativa. Pero lo hicieron porque en estos grupos las mujeres activistas eran mayoría. E. Cady y L. Mott, que «de facto» comandaron la declaración de Seneca, formaban la punta de lanza de lo que llegó a conocerse como movimiento sufragista. Las que más tarde serían editoras y compiladoras de un texto clásico del sufragismo, *La Biblia de la mujer,* iniciaron sus lides públicas en esta declaración[3].

El sufragismo fue un movimiento de agitación internacional, presente en todas las sociedades industriales, que tomó

---

[2] A. Miyares, «1848. El manifiesto de Seneca Falls», *Leviatán,* primavera de 1999.

[3] Todavía la más joven de las asistentes pudo llegar, en su ancianidad, a celebrar la obtención del voto. E. Cady (ed.), *La Biblia de la mujer,* Madrid, Cátedra, 1997.

dos objetivos concretos: el derecho al voto y los derechos educativos, y consiguió ambos en un periodo de ochenta años, lo que supone al menos tres generaciones militantes empeñadas en el mismo proyecto, de las cuales obvio es decirlo, al menos dos no llegaron a ver ningún resultado.

El derecho al voto y los derechos educativos marcharon a la par apoyándose mutuamente. A medida que los requerimientos para el derecho del sufragio de los varones se hicieron más sencillos —no pararon de suavizarse a lo largo del XIX hasta la obtención del completo sufragio masculino—, la situación resultante se agravaba de tal forma que ni siquiera los frecuentemente repetidos argumentos misóginos lograban invisibilizar su aspecto chocante. Primero los poseedores de una determinada renta votaban, pero no las escasas poseedoras de la misma condición. Después el voto se aseguraba con la autosubsistencia, pero no para las mujeres, aun empleadas. Por último, todo varón podía ejercerlo con independencia de su condición, pero ninguna mujer fuere cual fuere la suya. Y en este cambio de condición los derechos educativos tuvieron un gran papel.

En un primer momento algunas mujeres se aseguraron la enseñanza primaria reglada. La razón aducida para obtenerla fue conforme al canon doméstico: para cumplir adecuadamente las funciones de esposa y madre, los conocimientos de lectura, escritura y cálculo parecían necesarios. Tal petición tan conforme a la sumisión doméstica no podía ser rechazada, de manera que escuelas primarias para las niñas fueron creadas al amparo de esta femenina disposición. Poco más tarde, algunos grupos de mujeres reclamaron su entrada en los tramos medios de la enseñanza. La razón aducida también se protegió con el respeto al modelo vigente: pudiera darse el caso de que algunas mujeres, conociendo que sin duda su destino era el matrimonio y la maternidad, por adversas circunstancias de fortuna no pudieran cumplirlo. La orfandad, la falta de recursos para pagar una dote conveniente y otros acaeceres imprevistos podían quizá dejar a un porcentaje de mujeres de excelente intención fuera de la vida matrimonial. ¿No sería bueno que pudieran subsistir ejerciendo una profesión digna y no se vieran condenadas a la dependencia de sus parientes o, lo que es peor, a la caída en el oprobio? Para asegurar su virtud y el buen orden, la demanda de escuelas de institutrices en primer lugar y de enfermeras después, se presentó, y de nuevo hubo de ser aceptada. Las enfermeras decían no hacer otra cosa que extender socialmente una virtud femenina privada, el cuidado. Y del mismo modo lo hicieron las maestras. ¿No era más adecuado que las niñas fueran educadas por mujeres y no por maestros varones que, con mayores expectativas, sin duda podían proporcionar mejores conocimientos a los alumnos varones? Y más aún, ¿no era mejor para la decencia que las mujeres educaran a las niñas o extendieran su capacidad maternal a la educación de los niños impúberes? Y así hasta el presente esas dos profesiones siguen siendo mayoritariamente femeninas. Fueron las primeras que se abrieron y permitieron una existencia relativamente libre a las mujeres de las clases medias. Pero quedaba un tramo, el más difícil: las instituciones de alta educación.

LOS DERECHOS EDUCATIVOS

Asegurada la entrada en la educación primaria y ciertas profesiones medias, un grupo selecto de mujeres había logrado cumplimentar las exigencias previas a la entrada en las universidades. ¿Permanecerían éstas cerradas? Tomemos el caso paradigmático de las relaciones de Concepción Arenal con la universidad española. Esta que es, sin lugar a dudas, una de nuestras mejores juristas, solicitó su ingreso en la carrera de derecho avalada por su excepcional talento y por una familia de académicos y rectores que confiaba en ella. Tales eran las disposiciones y presiones que se decidió admitirla, sin embargo las características que tuvo esta admisión dicen mucho de las barreras que se oponían a la formación universitaria de las mujeres. Concepción Arenal fue admitida como oyente en leyes siempre que su presencia en los claustros universitarios no resultase indecente. En la práctica, esto se tradujo en la obligación de acudir a las aulas vestida de varón. Imaginemos, pues, que aquella sociedad pudibunda y timorata consideraba menos grave el travestismo que el hecho de que una mujer escuchara enseñanzas que le estaban, en principio, vedadas. El rito era el siguiente: acompañada por un familiar, doña Concepción se presentaba en la puerta del claustro, donde era recogida por un bedel que la trasladaba a un cuarto en el que se mantenía sola hasta que el profesor de la materia que iba a impartirse la recogía para las clases. Sentada en un lugar diferente del de sus aparentes compañeros, seguía las explicaciones hasta que la clase concluía y de nuevo era recogida por el profesor, que la depositaba en dicho cuarto hasta la clase siguiente. Con soberana paciencia, Concepción Arenal terminó sus estudios de derecho y se acomodó a estos rituales. Ahora bien, proseguir determinados estudios implicaba para el caso de las mujeres que se les reconocía que meramente los habían cursado, esto es, que no tenían derecho a obtener el título ni mucho menos a ejercer la profesión para la que estos estudios validaban. De manera que bastantes mujeres que prosiguieron estudios a lo largo de la segunda mitad del XIX y hasta la década de los 20 de este siglo, que aparecieron citadas en las actas de fin de carrera, nunca obtuvieron los títulos. En ocasiones se les hizo renunciar explícitamente a ellos[4].

---

[4] Hace unos años la prensa, en la sección de sueltos graciosos, daba esta noticia: una mujer británica, en el día en que cumplía cien años, recibía dos alegrías. La primera, la que recibe todo centenario en esa monarquía: la reina le envió el telegrama de felicitación. La segunda, la de que la Universidad de Oxford en que había cursado sus estudios de historia le remitió el título que en su día no le había expedido.

87

A partir de 1880 algunas universidades europeas, pocas, comenzaron a admitir mujeres en las aulas. La idea que permitió esto fue la de excepcionalidad. En castellano estamos acostumbrados a oír que «la excepción confirma la regla» y así parece ser en este caso. Es de sentido común que una verdadera regla, esto es, una regularidad observable, si tiene excepciones no es tal regla. Si todo «x» es «y», que exista un «x» que no sea «y» invalida la primera proposición. Pero aquí hablamos de otro tipo de reglas. La regla es que para las mujeres una formación superior es inaceptable excepto... en casos excepcionales. La existencia misma de las excepciones como tales confirma que la regla está bien tomada. Una mujer con formación superior ni es ni puede ser una mujer corriente, por lo tanto su capacidad o su trabajo revierten sólo sobre ella misma y para nada cambian la opinión que haya de mantenerse sobre el resto. Ella es una excepción y las demás son lo que son. Bajo esta «dinámica de las excepciones» algunas mujeres consiguieron por primera vez abrirse un puesto en el seno de la cultura formal. Lou Andreas Salome, Marie Curie y otras de parecida envergadura pertenecen a esta generación de las excepciones.

Hay que tener en cuenta, sin embargo, que pese a que para estas excepciones la obtención de títulos fue generalizándose, ello no significó que pudieran optar a los ejercicios profesionales corrientes. Aquellas primeras mujeres que obtuvieron títulos encontraron la negativa cerrada de los colegios profesionales a que pudieran ejercer como médicas, juristas o profesoras. Esto explica por qué las dos primeras generaciones de mujeres con educación superior obtuvieron éxitos en tareas investigadoras. Apartadas por ley y costumbre de los ejercicios profesionales y docentes, encontraron en la investigación un nicho salvador. De su exclusión se siguieron algunas de las primeras premios Nobel, en un momento en que la investigación podía aún realizarse casi solitariamente y con pequeños equipos.

La lucha por el voto

El espinoso camino educativo se conectaba directamente con el de los derechos políticos. A medida que en efecto la formación de ciertos grupos selectos de mujeres avanzaba, se hacía más difícil negar la vindicación del voto. El movimiento sufragista aprovechó internacionalmente esta tensión. A lo largo de la segunda mitad del siglo XIX y principios del XX multiplicó sus convenciones, reuniones, actos públicos y manifestaciones. Al movimiento sufragista le debe la política democrática dos grandes aportaciones de estilo. Una es una palabra, «solidaridad». Otra, los métodos y modos de la lucha cívica actual. La palabra fue elegida para reemplazar al término fraternidad que, teniendo su raíz en «frater» —hermano varón— poseía evidentes connotaciones masculinas. De hecho ahora nunca decimos libertad, igualdad, fraternidad, excepto para referirnos al tríptico histórico de la Revolución Francesa. La solidaridad, ese término acuñado por el sufragismo, ha pasado a ser de uso corriente. La aportación en métodos de lucha tiene aún mayor envergadura. El sufragismo se planteó las formas de intervenir desde la exclusión en la política y estas formas tenían que ser las adecuadas para personas no especialmente violentas y relativamente carentes de fuerza física. De modo que la manifestación pacífica, la interrupción de oradores mediante preguntas sistemáticas, la huelga de hambre, el autoencadenamiento, la tirada de panfletos vindicativos, se convirtieron en sus métodos habituales. Hoy entendemos esto como la forma normal de lucha ciudadana que por lo general prescinde de atentados, incendios o barricadas. El sufragismo innovó las formas de agitación e inventó la lucha pacífica[5]. Los desfiles

---

[5] Ignoro por qué este hecho es, a menudo, obliterado y se hace recaer la invención de la lucha pacífica en las supuestas raíces pacíficas an-

sufragistas se transformaron en procesiones civiles en las que mujeres vestidas con sus togas académicas, llevando en las manos sus diplomas, seguían a los estandartes que reclamaban el voto. Harriet Taylor y su marido John Stuart Mill pusieron las bases de la teoría política en que el sufragismo se movió.

La profunda reforma del primer liberalismo llevada a cabo por S. Mill es el marco teórico que sirvió para pensar la ciudadanía no excluyente. En gran parte consistió en una renovación del iusnaturalismo combinada con una ontología individualista profundamente liberal que encontraba la clave de su articulación comunitaria en la noción e interés común más que en la de voluntad general. Pertrechado por la sólida doctrina del segundo liberalismo, el sufragismo reclamó y obtuvo justamente los derechos liberales: voto y educación. El feminismo no ha perdido hasta la fecha ninguna de las batallas en que se ha empeñado. Ha tardado más o menos en conseguir sus resultados pero ha mantenido sus objetivos invariables. Los dos objetivos que el sufragismo se había propuesto fueron conseguidos en un lapso de tiempo más o menos largo —unos ochenta años— pero al final se obtuvieron. En algunos países y en algunos Estados de la Unión las mujeres habían obtenido derecho al voto en los aledaños de la Primera Guerra Mundial. Al final de la Segunda todos los estados que no eran dictaduras reconocieron este derecho a su población femenina.

El esfuerzo bélico no fue ajeno a esta victoria. Cuando las grandes guerras se produjeron en la primera convulsa mitad del siglo XX, los varones fueron llamados a filas y llevados al frente. Los países beligerantes tuvieron entonces que recurrir a las mujeres para sostener la economía fabril, la industria bélica, así como grandes tramos de la administración pública y de los subsistemas estatales. La economía no falló,

---

cestrales del hinduismo de Mahatma Gandhi. En todo caso, éste las tomó del sufragismo, y él mismo lo afirma.

la producción no descendió y la administración estatal pudo afrontar sin lagunas momentos muy críticos. Quedaba entonces claro que las mujeres podían mantener en marcha un país. En tales condiciones, que siguieran excluidas de la ciudadanía carecía de todo sentido. Ni siquiera las voces más misóginas pudieron oponerse a la demanda del voto. Simplemente se limitaron a augurar los efectos catastróficos que la nueva libertad de las mujeres tendría para la familia. Porque el sufragismo ciertamente había engañado o se había autoengañado asegurando frecuentemente que el uso de esa nueva libertad por parte de las mujeres para nada alteraría las relaciones familiares. Posiblemente muchas militantes lo creyeran de buena fe, pero el panorama resultante de su acción se encargó de asegurarse de que en efecto fuera así.

La pertinaz lucha y agitación sufragista de casi un siglo, una lucha en la opinión y en el cambio de posiciones de las mujeres en la educación y los empleos, llegaba a su fin. Los bienes liberales habían sido conseguidos y tanto el sufragismo como la misoginia romántica habían cubierto su tramo. Las cosas eran ahora diferentes. ¿Pero lo eran?

Capítulo V
Interregno: la mística de la feminidad

En las democracias surgidas tras la Segunda Guerra Mundial, y por primera vez, se obtuvo el sufragio universal y, también por primera vez, los derechos educativos se aseguraron para toda la población. Esto significaba para las mujeres que comenzaba una nueva era, aquella que surgía de las conquistas sufragistas. Un notable contingente de ciudadanas tenían ante sí oportunidades desconocidas en el pasado.

Lo que entonces ocurrió fue el conglomerado que recibe el nombre de «mística de la feminidad». Por una parte los gobiernos, por otra los medios de comunicación de masas cuyo papel aumentó de forma considerable hasta llegar a ser como hoy los conocemos, se comprometieron en una maniobra, esta vez consciente, que permitiera obtener un doble objetivo: alejar a las mujeres de los empleos obtenidos durante el periodo bélico devolviéndolas al hogar y diversificar la producción fabril. Betty Friedan, en la obra que sirvió de punto de arranque al feminismo de los años 70, *La místi-*

ca de la feminidad[1], analizó de forma magistral los diversos ejes de este periodo. En los años 50 las mujeres con derecho a voto y oportunidades educativas debían ser reconducidas al hogar y se pretendió que aceptaran la división de funciones tradicional, que, para tal efecto, fue reacuñada. Esto implicaba que renunciaran a hacer ejercicios verdaderos de sus nuevos derechos. Por una parte los varones que regresaron del frente reclamaban sus antiguos empleos, lo que implicaba que las mujeres los desalojaran y volvieran al hogar, bajo el sobrentendido de que lo habían abandonado de modo provisorio por causa de fuerza mayor. Para hacer esto posible el hogar mismo debía renovarse y el papel femenino tradicional adecuarse al nuevo estado de cosas. Mujeres con derechos ciudadanos recientemente adquiridos y una formación elemental o media, en número significativo, debían poder encontrar en el papel de ama de casa un destino confortable.

De los puestos obtenidos como reemplazo de los varones fueron expulsadas sin más. De aquellos que ellas mismas se habían asegurado se intentó desalojarlas por medio de una disuasión optimista en la cual las revistas femeninas tuvieron un gran protagonismo.

Las revistas femeninas habían aparecido en la década de los felices 20, pero la extensión y tirada que les conocemos se consolidaron en los años 50. Todas ellas propusieron un modelo de mujer nueva que oponer a la abuela ignorante y caduca. «Antes» y «ahora» se convirtieron en las palabras clave. «Antes» las abuelas hacían inconscientemente y por lo general mal una larga serie de cosas, por falta de perfeccionamiento y de oportunidades: no criaban bien a sus hijos,

---

[1] El libro se publicó en 1963 y se convirtió muy pronto en un superventas. En España se tradujo en 1974 con una introducción de Lilí Álvarez. Todo lo que le rodeó está expuesto con aguda memoria por su autora en *Life so far* (2000), traducido y publicado poco después en la colección Feminismos de Cátedra bajo el título *Mi vida hasta ahora*.

no conocían las buenas reglas de higiene, no sabían que llevar una casa exigía una licenciatura en asuntos domésticos. «Ahora» las «mujeres modernas», que eran ciudadanas y tenían formación, eran libres y competentes. Libres de elegir permanecer en su hogar y no salir a competir en un mercado laboral adusto. Competentes para llevar adelante la unidad doméstica mediante una planificación cuasi empresarial. El nuevo hogar tecnificado en el que los electrodomésticos libraban de algunas de las tareas más trabajosas y humillantes necesitaba a una *ingeniera doméstica* al frente. Una mujer que sabía que el éxito provenía de una correcta dirección de la empresa familiar.

Cada ama de casa era una directora gerente de la que dependía el éxito completo de la familia nuclear. No tenía sentido salir a competir en el mercado por un puesto de cualificación media o baja cuando se podía ser su propia jefa. Una «mujer moderna» no sólo tenía a punto su hogar tecnificado, sino que establecía las relaciones por las cuales el marido podía progresar: reuniones, asociaciones, cenas, partys, que hincharan las velas del progreso familiar.

Los modelos de mujer cambiaron, tanto en el cine como en la publicidad y las revistas. Frente a la soltera independiente de los años 30, apareció la simpática madre de cuatro hijos de los años 50, Catherine Hepburn o Doris Day. En la televisión, cuya influencia se iba extendiendo sin cesar, el modelo de mujer que pudiendo hacerlo todo decide hacer de ama de casa, tuvo ejemplos sobresalientes en series de gran éxito. *Embrujada* es un perfecto resumen de todas ellas. La protagonista no es una vieja bruja como su madre, sino una esposa cariñosa que renuncia de buena gana a sus poderes y se desvive por la vida profesional de un marido mediocre y simpático.

Antes de la emergencia de esta enorme maniobra publicitaria, inmediatamente antes, se había producido una obra fundamental para el feminismo, *El segundo sexo* de Simone de Beauvoir. Esta filósofa, hija de «la dinámica de las excepciones», puso su talento al servicio de una nueva forma de hacer feminismo. Ya no se trataba de las vindicaciones, como había sido el caso de las ilustradas y las sufragistas, sino de las explicaciones. La obra de Beauvoir es difícil de clasificar. Siempre se duda si considerarla un colofón del sufragismo o la apertura a la tercera ola del feminismo. En cualquier caso, cayó relativamente en el vacío, pues se produjo en el mismo momento en que la mística de la feminidad se estaba forjando. Pertenecía además al tramo de la alta cultura, mientras que el modelo de mujer que la mística proponía era el modelo medio. Esto es, «la mística de la feminidad» seguía operando dentro de «la dinámica de las excepciones».

El nuevo modelo doméstico preveía que masivamente las mujeres retornaran a la antigua división público/privado, esta vez no naturalizada, sino concebida complementariamente. Algunas mujeres sin duda podían no desear tal destino, pero tendrían que probarlo. Y en todo caso, con ellas se haría una excepción. La propia Beauvoir relata que ella se creía de buena fe una de tales excepciones. Igual que se creía de buena fe que el trato inicuo para las mujeres sólo se producía en el mundo capitalista y que por el contrario en el estado soviético la igualdad estaba ya alcanzada. Porque la mística de la feminidad coincidió y fue uno de los momentos normativos de la guerra fría. Dos modelos sociales y políticos, dos modelos femeninos. La realidad era muy otra. La mística de la feminidad estaba produciendo graves trastornos en la población femenina sobre la que se ejercía. La pretendida igualdad soviética funcionaba con un sobreesfuerzo sólo exigido a las mujeres, que dejaba intacto el trabajo doméstico y suprimía las libertades públicas.

Si el modelo propagado era duro para las excepciones —implicaba normalmente la soltería, la vigilancia sobre la moral sexual y una economía emocional casi insostenible—, para aquellas que intentaron adaptarse a él resultó igualmente repulsivo. La familia nuclear no era ya un centro productivo, como lo había sido la tradicional en el pasado, sino de consumo. En un primer momento los énfasis en la natalidad

—por otra parte esperables después de un periodo bélico al que siempre sucede un repunte natalista— ocuparon el tiempo disponible de las nuevas amas de casa, pero con márgenes de perfeccionismo que tensaron en demasía las relaciones familiares. Se exigía de las «mujeres modernas» una dedicación al trabajo y al agrado a menudo incompatibles[2]. Por otra parte, el único mecanismo de encuadre político previsto fueron las asociaciones de amas de casa, con escasos horizontes de intervención en la comunidad. Mantener ocupada a una mujer con formación media y ciertas expectativas profesionales dentro de un hogar tecnificado y ocupar su cabeza con el arreglo personal y doméstico compulsivo, así como satisfacer sus deseos de participación con reuniones acerca del mejor modo de envasar los alimentos, o dirigir su vida de consumo social hacia la compra de productos cosméticos a domicilio, todo ello, debía tener consecuencias personalmente desastrosas. Sin independencia económica, sin quehaceres domésticos relevantes, sin horizontes de relación o de cultura fuera de los que las revistas femeninas planteaban, el relativo ocio doméstico propiciado por la tecnificación —e incluso por la existencia de ayuda en los estratos altos de la población— comenzaba por gastarse de modo errático —manualidades, consumo de infraliteratura, televisión— y terminaba por producir soledad, cuadros depresivos y cuadros médicos que fueron calificados de «típicamente femeninos».

---

[2] Como ejemplo diré que se llegó a escribir en los *libros de belleza* que la época hizo populares, que una esposa perfecta debía levantarse de la cama una hora antes que su marido a fin de arreglarse, de modo que éste no la viera nunca sin maquillar a lo largo de su vida. Del mismo modo se podían aconsejar ejercicios para afinar la cintura mientras se pelaban patatas. En el bachillerato español las jóvenes estábamos obligadas a estudiar la asignatura de «economía doméstica», en cuyo texto podíamos encontrar interesantes lecciones sobre las partes cárnicas de los animales, así como completos desarrollos del tema «cómo mantener perfectamente ordenado un armario». Guardo ese libro como un tesoro.

A mediados de los años 60 llegó a ser meridianamente claro para las hijas de esta generación que las conquistas sufragistas no habían logrado producir apenas cambios en la jerarquía masculina. El malestar crecía y no se veían los cauces individuales para darle salida. Un nuevo movimiento colectivo estaba a punto de aparecer.

El feminismo sesentaiochista. La tercera ola

La mística de la feminidad de Friedan fue una descripción magistral del modelo femenino avalado por la política de los tiempos postbélicos y contribuyó decisivamente a que a la nueva generación de mujeres se le cayeran las escamas de los ojos. A partir de ella se podía nombrar al «malestar que no tenía nombre»[3], porque así llamaron las feministas de los setenta al estado mental y emocional de estrechez y desagrado, de falta de aire y horizontes en que parecía consistir el mundo que heredaban. Las primeras feministas de los setenta realizaron un ágil diagnóstico: el orden patriarcal se mantenía incólume. «Patriarcado» fue el término elegido para significar el orden sociomoral y político que mantenía y perpetuaba la jerarquía masculina. Un orden social, económico, ideológico que se autorreproducía por sus propias prácticas de apoyo con independencia de los derechos recientemente adquiridos.

El nicho político de nacimiento de la tercera ola del feminismo fue la izquierda contracultural sesentaiochista. Del mismo modo que el feminismo ilustrado había utilizado sus categorías políticas contemporáneas y el sufragismo había usado y renovado las liberales, el feminismo de la tercera ola hizo lo propio con su conceptología política contemporánea. El cambio en las concepciones de lo político que supuso la

---

[3] La expresión es de la misma Friedan, que nombró así al primer capítulo de *La mística*.

agitación de mayo del 68 todavía permanece insuficientemente tematizado, así como lo que aquel movimiento representó por sí mismo. En él se conjugaron un relevo de élites que sustituyeron a las formadas y heredadas de la Victoria Aliada, un nuevo diseño del estado de bienestar, una revolución en la transmisión de los saberes, cambios profundos en las formas de vida y aparición de un nuevo horizonte utópico y valorativo. Dado que seguimos habitando en la estela de estos cambios, ponderarlos en toda su extensión es aún difícil.

Los rebeldes setenta

El feminismo de los años 70 supuso el fin de la mística de la feminidad y abrió una serie de cambios en los valores y las formas de vida que todavía se siguen produciendo. Lo primero que realizó fue una constatación: que aunque los derechos políticos —resumidos en el voto— se tenían, los derechos educativos se ejercían, las profesiones se iban ocupando —sin embargo no sin prohibiciones explícitas aún para algunas[4]—, las mujeres no habían conseguido una posición paritaria respecto de los varones. Continuaba existiendo una distancia jerárquica y valorativa que en modo alguno se podía asumir como legítima. De tal constatación surgió el análisis de lo que estaba ocurriendo y la articulación de los nuevos objetivos a alcanzar.

Se diagnosticó, y con certeza, que por una parte, la obtención del voto para nada había supuesto el cambio en los esquemas legislativos heredados por lo que tocaba a grandes

---

[4] Por ejemplo, en España permanecía vedado por ley el acceso a las magistraturas, la diplomacia, el ejército, el clero; y, por supuesto, el acceso de facto a las profesiones prestigiosas, la política, las ingenierías, la arquitectura, la medicina, la economía y un largo etcétera donde las mujeres se mantenían siempre a título de excepciones.

partes del derecho civil y de familia. Por otra, el conjunto completo de lo normativo no legislado —moral, modales y costumbres— apenas había sufrido cambios. Se hacía imperiosa, pues, una revisión de la legislación a fin de volverla igualitaria y equitativa. La igualdad de derechos era sólo aparente mientras no se fijara en nuevos textos. El feminismo de la tercera ola no se podía contentar con el solo derecho al voto, sino que inició la tarea de repaso sistemático de todos y cada uno de los códigos a fin de detectar en ellos y posteriormente eliminar los arraigos jurídicos de la discriminación todavía vigente.

En todos los países avanzados, en la década de los 70, coincidiendo con los momentos más agitativos de las protestas feministas, se produjeron revisiones y reformas legales que permitieran a las mujeres el efectivo uso de su libertad, que hasta entonces sólo en abstracto se les concedía. Pero no era voluntad del feminismo de los setenta detenerse ahí. Desde el principio había planteado la subversión del orden normativo heredado, que no se limitaba a lo estrictamente legal. Por este expediente las reformas legislativas fueron completadas con la entrada en la juridicidad de ámbitos hasta entonces considerados privados[5]. El feminismo estaba comenzando a borrar las fronteras tradicionales entre lo privado y lo público.

En el terreno legislativo el trabajo principal se realizó en una década, la de los 70 y primeros años de los 80. Pero la tercera ola feminista había previsto también que los ámbitos normativos no legales ni explícitos habían de ser alterados. La revolución en la moral, las costumbres y los modales, el conjunto que solemos conocer por *mores,* se iba produciendo en paralelo con la renovación legislativa. Lo que resultaba más notorio y producía mayor escándalo eran los nuevos juicios sobre su sexualidad y las nuevas libertades sexuales

---

[5] Pongo como ejemplo la violación en el seno del matrimonio, figura impensable en el momento en que fue planteada.

de las mujeres «liberadas». Se presentó la agenda de los derechos sexuales y reproductivos.

Las relaciones prematrimoniales se hicieron por lo menos tan frecuentes como lo habían sido en el pasado, pero quienes las mantenían se negaban a culpabilizarse o ser culpabilizadas por ellas. El empleo de anticonceptivos, dispositivos uterinos, espermicidas, la comercialización y uso semilegal de «la píldora» permitían a las mujeres de las avanzadillas estudiantiles una disposición sobre sí mismas desconocida.

El cambio en los *mores* se iba produciendo en parte por difusividad y en parte con independencia del núcleo militante. Para éste, los dos grandes temas fueron «abolición del patriarcado» y «lo personal es político». El primero designaba el objetivo global y el segundo una nueva forma de entender la política que tenía sus claves no en la política gerencial, sino en el registro contracultural. Se impuso un concepto mucho más amplio y en ocasiones poco manejable del término político, heredero directo de la filosofía frankfurtiana —política es todo aquello que entrañe una relación de poder— sobre todo a través de Marcuse. Tal acepción, a la que posteriormente se añadieron aditamentos foucaultianos, permitía volver a tematizar la veta más clásica y profunda del feminismo desde sus orígenes: el injusto privilegio. Pero ahora el análisis, pese a la utilización de un término tan amplio, se afinaba. Los nuevos datos y aportaciones del psicoanálisis, la antropología cultural, la sociología... y, en fin, la panoplia corriente de la cultura política contracultural, permitían diagnósticos otrora imprevisibles. La nueva filosofía feminista se estaba formando según el consejo kantiano de elevar lo particular a categoría.

Kate Millet, S. Firestone, J. Mittchell, C. Lonzi, cada una a su manera, receptaban un minucioso trabajo previo, el de los grupos de mujeres que por todas partes habían ido surgiendo al amparo de el ya citado «lo personal es político». Literalmente aquellos primitivos grupos ponían en común experiencias personales para someterlas a contrastación y debate[6]. Dificultosa y aún dolorosamente, sus integrantes iban rehaciendo con los hilos de sus vidas particulares toda la trama de la opresión común. De este humus previo, ahormado por el lenguaje político prevalente en la izquierda contracultural, surgieron las obras de cabecera de este periodo: la *Política sexual* de Kate Millet y la *Dialéctica del sexo* de Sulamith Firestone.

A medida que los análisis se pormenorizaban e iban abarcando situación legal, laboral, medios de comunicación, educación, salud, sexualidad, pareja, *El segundo sexo* de Beauvoir, sobre el cual había depositados más de veinte años de olvido, se fue haciendo también relevante. Cierto que no estaba articulado en un lenguaje inmediatamente político, pero daba, a su estilo, explicaciones convincentes de algunos fenómenos globales. Había iniciado en solitario la entrada del feminismo en la «filosofía de la sospecha». No sin ciertas reservas fue añadido a los anteriores. Éstas eran mayores en aquellos grupos más radicalizados que recibieron como algo propio el *Manifiesto del SCUM* de Valerie Solanas.

LOS DEBATES DEL INICIO

En cualquier caso la totalidad del movimiento era contemplada desde fuera como una protesta radical y en ocasiones incomprensible, tanto por su tipo de demandas como por su modo de presentarlas. Y esto no sólo era así en los ámbitos conservadores, sino que también las tensiones se agudizaron con los propios compañeros de viaje. El «hijo no que-

---

[6] Para un análisis más pormenorizado de estas formas organizativas remito a mi libro *Sexo y filosofía, sobre mujer y poder,* Barcelona, Anthropos, 1991. Del mismo modo lo hago para el debate fundamental acerca de «la contradicción principal» o el feminismo español, que aquí no podré reproducir pormenorizadamente por imperiosa necesidad de síntesis.

rido de la Ilustración», que con el sufragismo se había vuelto el incómodo pariente del liberalismo, ahora se percibía como el indeseable, por inesperado, compañero del 68. Ahora, cuando se estaba a punto de tocar el cielo utópico y derribar el «sistema», ¿a qué venía la revuelta de las mujeres? ¿No se daban cuenta de que fragmentaban «la lucha final»?

Acostumbrados a operar también con la dinámica de las excepciones, incluso los reductos políticos más extremos intentaron desviar aquella potencia acéfala. Por la parte de la teoría, con el asunto previo de «la contradicción principal»; por la de la práctica, mediante engañosas ofertas de cooptación. «¿Para qué necesitas tú ser feminista?» fue una pregunta que bastantes mujeres oyeron. Sobrentendía que el feminismo servía como vehículo para las incompetentes. Las «que valían» podían intentar vías de acceso a la élites grupusculares sin semejante equipaje.

Como heredero directo que es del igualitarismo, el feminismo siempre ha contado con una tensión propia: la que se establece entre la *filía* y el liderazgo. Esto a menudo hizo caer al movimiento en lo que ha llegado a llamarse «la tiranía de la falta de estructuras». En efecto, el feminismo es de suyo un igualitarismo tan básico que ello mismo entorpece en ocasiones, tomado el movimiento en toda su extensión, su acción colectiva. El feminismo de los setenta podía confiar en la novedad de sus demandas y en su capacidad de agitación, cuantitativamente entonces asombrosa. Pero casi no contaba con liderazgos y muchas veces tampoco los deseaba. Los grupos se formaban por afinidad a la par militante y amistosa y funcionaban precisamente por esta amistad ética y políticamente dirigida para la que el término griego *filía* resulta adecuado. Este modo de fraguarse era muy adecuado, dado el género de discurso y experiencias que había que abordar en la primera fase: elevar la anécdota a categoría implicaba a veces revelar cosas personales e incluso íntimas, lo que se facilitaba con la *filía* por apoyo. Sin embargo, tanto el diagnóstico como la concepción de objetivos eran políticos.

De modo que se pretendía incidir en lo público desde un espacio que se construía como semiprivado. Pero es que el feminismo buscaba también la transformación de cada militante en una mujer distinta, liberada. En las lizas por la jerarquía, que no tardaron en aparecer, se formó una pequeña élite de mujeres que no había sido convalidada por sus varones homólogos ni provenía de las estructuras relacionales masculinas y que pretendía interlocuciones políticas directas. Querían llevar por ellas mismas adelante los cambios apetecidos en todo lo que la política vigente estuviera dispuesta a ceder.

Esto chocaba con el problema paralelo de la doble o única militancia[7], pero aún lo complicaba, dado que los liderazgos a que me refiero igual surgían en grupos de doble adscripción como en otros radicales de única militancia. Por este expediente el feminismo tuvo que replantearse el tema del poder. Estas tensiones, con todo, no deben equivocarnos sobre la cuestión principal: aun en medio de ellas la selección de síntoma. el diagnóstico y la localización de objetivos siguieron funcionando a buen ritmo. En los años 80 el feminismo, aunque fuera de forma muy tímida, comenzó a capilarizar la política formal. En todos los países occidentales fueron creados organismos específicos para la condición femenina. Por lo general, posibilitaron la finalización de las reformas legales todavía en curso y la evaluación de las ya realizadas.

En los ochenta fue quedando patente que la imagen social global seguía connotando poder, autoridad y prestigio del lado varonil, sin que las reformas ya obtenidas estuvieran variando esa inercia de modo sensible. Así que la visibilidad se convirtió en el objetivo. En otros términos, el feminismo, un movimiento profundamente antijerárquico e igualitarista enfrentaba el problema de transformarse también en una teoría de las élites con la voluntad de no perder sus señas de

---

[7] De nuevo me veo obligada, para no desdibujar el hilo principal expositivo, a remitirme a mi libro *Sexo y filosofía* ya citado anteriormente.

identidad en el empeño. Ello tuvo bastante que ver con la aparición de la tensión igualdad-diferencia.

El debate se presentó en los últimos setenta, pero tuvo vigencia durante una década más, al menos. Tenía claves internas, pero también respondía al propio proceso de toma de conciencia del movimiento. Creo que la conciencia de género es una razón, ella misma, para la existencia de un feminismo diferencialista. Todo grupo que se ve capaz de actuar emite un «nosotros» meliorativo. El feminismo también lo hace. Aunque está poco estudiado y reflexionado todavía, cierto esencialismo acompaña casi necesariamente a la acción. Y a lo largo del proceso de paridad, la conciencia de un «nosotras» surge como un agregado necesario de la acción y los logros conseguidos. Este precipitado toma diversas formas, pero algún esencialismo lo acompaña siempre. Y ése también debe ser admitido y analizado. Esto puede verse claro en la actualidad, pero sobre la marcha y con la polémica completamente viva, era imposible.

REACCIÓN Y NUEVA AGENDA

Del mismo modo que a la obtención de las conquistas sufragistas le siguió la mística de la feminidad, los ochenta vieron aparecer una formación conservadora reactiva que intentó volver a poner las cosas en su lugar a fin de deflactar las vías abiertas por los nuevos espacios legales. Se produjo durante la vigencia del conservadurismo Regan-Thatcher. Ha sido perfecta y admirablemente descrita por S. Faludi en su libro *Reacción*[8]. De nuevo la maniobra fue orquestada en sinergia por los poderes públicos, la industria de los medios y la moda y la red asociativa conservadora de la sociedad civil. Sin embargo tuvo mucha menos capacidad que su predecesora. Por una parte el panorama internacional no era homogéneo

---

[8] 1991; ed. esp. en Anagrama, 1993.

y por otra el feminismo en los ochenta se estaba transformando en una masa de acciones individuales no dirigidas.

Mientras que en algunos países se intentó suprimir o reconducir a los organismos de igualdad a fin de que contribuyeran a positivar un modelo femenino conservador, en otros, por su distinto signo político, el pequeño feminismo presente en los poderes públicos reclamó la visibilidad mediante el sistema de cuotas y la paridad por medio de la discriminación positiva. Internacionalmente el feminismo, que de suyo siempre ha sido un internacionalismo, llegó a lugares antes impensables, las sociedades en vías de desarrollo, y se encarnó en prácticas «de género» que nunca habían existido, reclamando su entrada en la construcción de las democracias.

El feminismo de los últimos años 80 y la década de los 90 encontró en el sistema de cuotas y sus modos argumentativos el útil que permitía a las mujeres adquirir visibilidad en el seno de lo público. Previamente, había diagnosticado que la visibilidad social de las mujeres estaba interrumpida precisamente porque sus nuevas habilidades y posiciones no tenían reflejo en los poderes explícitos y legítimos. En los hechos esto significaba el fin de la dinámica de las excepciones.

Los repasos cuantitativos se afirmaron como perentorios. Cuántas mujeres había en cada sector relevante y encontrar el porqué de su escaso número fue la tarea de conteo que se emprendió. El diagnóstico fue que existía un «techo de cristal» en todas las escalas jerárquicas y organizacionales, puesto que, a medida que se subía de nivel, con formación equivalente, la presencia de las mujeres iba reduciéndose. Avanzaba el convencimiento de que los mecanismos de selección sólo eran aparentemente neutrales. Entonces comenzó a pensarse en la conveniencia de promover medidas que aseguraran la presencia y visibilidad femeninas en todos los tramos: discriminación positiva y cuotas se acercaban ya a la formulación de la agenda de la paridad.

En este terreno los mejores resultados se han obtenido por ahora en el seno de los poderes públicos, pero queda el reto de trasladar este tipo de acciones al mercado, lo que exigiría acuerdos políticos y sindicales bastante amplios. Ambos mecanismos, discriminación positiva y cuotas, pertenecen de suyo a las democracias cuando éstas prefieren incrementar los saldos igualitarios[9]; por lo mismo suelen quedar fuera de los contextos liberales o ultraliberales. Son instrumentos, en el caso de las cuotas, para asegurar la llegada a los lugares seleccionados de aquellos colectivos que son sistemáticamente preteridos; es decir, imponen por cuota aceptar ventajas para un grupo minorizado o en el punto de salida o en el de llegada. Dependen del principio rawlsiano del «maximin». La discriminación positiva intenta la igualación en el punto de salida o en el de llegada; individuos afines pueden no ser tratados de modo afín para asegurarles un pequeño margen a favor en el inicio de la competición. *La paridad lo que se propone, por el contrario, es el cumplimiento de la meritocracia cuando la cooptación pura y simple no la asegura.*

El feminismo de los noventa se vio abocado a estudiar la dinámica organizacional, lo que no quiere decir que abandonara los temas de filosofía política general, sino que tuvo la necesidad de iluminar, cada vez con instrumentos más finos, la micropolítica sexual. Nódulos y puntos de los poderes efectivamente existentes, formas económicas y relacionales, autopresentaciones y capacidad de expresar autoridad, etc., se convirtieron en parte de sus análisis, lo que dio origen a trabajos minuciosos y sumamente informativos[10]. Por este

---

[9] Derivan, en efecto, de la aplicación autoconsciente del principio de imparcialidad, uno de cuyos más sobresalientes teóricos es Rawls en su *Teoría de la Justicia,* uno de los clásicos del pensamiento político contemporáneo.

[10] Véanse numerosos ejemplos de este tipo de trabajos en la bibliografía específica acarreada por Bourdieu en *La domination masculine,* París, Seuil, 1998.

expediente, el feminismo previo al año 2000 consolidó su complejidad. Continuó siendo en esencia un igualitarismo doblado de una teoría de las élites. Por lo mismo, todavía continúa siendo un resorte agitativo global que al mismo tiempo se está convirtiendo en una teoría política experta.

Ahora vivimos la agenda de la paridad. Para ella los mecanismos de implementación son condición necesaria, pero no suficiente. Se ha producido un salto. El salto cualitativo, tan habitual en el discurso dialéctico de los setenta, necesita de los acúmulos cuantitativos, que ahora suelen llamarse «masa crítica»[11], pero no se resume en ellos. Finalizada la dinámica de las excepciones, sería una trampa caer en patentizaciones exclusivamente cuantitativas. Éstas dejan incólume el principio de excelencia que es, bien al contrario, un valor del que hay que apropiarse.

---

[11] En E. Uriarte y A. Elizondo, *Mujeres en política,* Barcelona, Ariel, 1997. Las autoras apuntan el significativo tema del treinta por ciento: hasta este porcentaje, y dentro de la dinámica organizativa, las mujeres tienden a realizar labores conjuntas y solidarias de toma de decisiones y espacios. Por encima de él tales actividades cesan.

Capítulo VI
Los cuatro Escalones de la Sabiduría

Confucio dijo: «El que no conoce los ritos no puede ser un hombre de firme carácter. El que no sabe el significado de las palabras no puede conocer a los hombres.» Los ritos y las palabras dan forma al mundo. Los ritos a que se refería el viejo maestro de la estabilidad cubrirían sin duda y ante todo las ceremonias. Sin embargo podemos hoy hablar con sentido y conocimiento de causa de que lo que la noción de *rito* abarca es mucho más amplio que fiestas, ceremonias y calendarios. Pero sigue siendo cierto que quien no conoce los ritos no puede tener un mapa mínimo de en qué consiste ser un ser humano.

De entre los más relevantes, que interesa mucho saber, hay al menos tres tipos: *de pertenencia, de reconocimiento y de paso*. La vida humana individual está marcada por la pertenencia a grupos, de sexo, de edad, profesionales. El sistema de pertenencias sincrónicas y sucesivas a cada uno de esos grupos define un entramado bastante complejo de escalas y estancias. Cada uno de sus grados posee rituales de acceso, de presencia, de abandono que definen y hacen visible el puesto en que se está, la estancia que se ocupa. También hay tránsitos entre unas y otras, pasillos que comunican tramos de carreras vitales diferentes. Cada individuo vive, a lo largo de su vida biológica, la inclusión en algunas de esas escalas, lo quiera o no. Va de unas a otras por sucesivos ritos de paso, se acomoda en ellas mediante las ceremonias de pertenencia, se mantiene en su lugar mediante los ritos de reconocimiento. Somos mujeres o varones, niños, adolescentes, adultos o ancianos, así como los hijos de alguien, los padres de alguien, los vecinos de otros, los colegas de tales, los amigos de cuales... y entre esas nuestras identidades los ritos median constantemente. Si son conformes autorizan a portar la identidad que el sujeto pretende; si fallan o no son completos, ponen en entredicho la autopresentación del yo.

Pero los ritos, sobre todo, hacen ser y ser percibido. Prueban la bondad de los principios clasificatorios con los que operamos: permiten interactuar y conocer, que viene a ser cosa similar. Comprometen aprendizajes tan tempranos que ni siquiera los recordamos conscientemente: posturas, andares, ademanes, distancias, miradas... y otros tan sutiles como el lenguaje, incluyendo prosodia, sintaxis, tonos de voz, modulaciones. Los ritos explícitos encuentran su fundamento y su posibilidad en esta enorme masa sumergida de aprendizaje previo. Quien no tiene buena postura o apostura, no posee una voz educada, no sabe mantener la mirada adecuada, o cualquier otro fallo de fundamento, difícilmente *llegará*. Su cuerpo es una prueba contra él. Sólo sobre esos saberes primeros y profundos se asientan los demás. Cultura viene de cultivar, de plantar semillas de saberes singulares en una tierra que tiene que estar previamente preparada.

Los ritos explícitos se corresponden con conductas tan aparentemente simples como el saludo, las maneras de mesa o el cómo mostrar emociones y llegan hasta la complicación, también aparente, de las ceremonias. Están por todas partes, nos rodean y nos acompañan durante toda nuestra vida. Son interactivos: no tiene mucho sentido decir «fulano, en solitario, mantenía tal rito», aunque a veces se diga, sino de un modo metafórico; vale lo mismo afirmar que «fulano» acostumbraba a hacer tal y tal cosa. Por intermedio de los ritos nos conocemos unos a otros. Y, por lo mismo, porque sirven para reconocer el caso individual, sirven también para hacer clasificaciones.

Los principios generales

Nadie podría interactuar sin una planilla general que limite sus esfuerzos. Sabemos, siempre en grado de tentativa, cómo tratar a cada quien, pero sabemos, sobre todo, como tratar en general. Sin embargo esta generalidad no es universal, sino que se atiene a unas cuantas conductas estereotipadas que nos permitan hacer una primera discriminación. No hablamos igual a un niño que a un anciano, a un poderoso o a alguien insignificante. A un hombre o a una mujer. En las interacciones con desconocidos prima la plantilla general y su sistema simple y aproximativo de clasificaciones. Un trato tópico, un conocer que no es reconocer. De ahí que, de vez en cuando, si alguno ha tratado a otro con ella y llega repentinamente a un conocimiento mejor, suela expresar «perdona, no te había conocido», con lo que quiere decir *reconocido*. Las formas del trato tópico son muy significativas y las mujeres sabemos bien de ellas porque frecuentemente las padecemos, aunque en esto la revolución de los modales en los últimos veinte años ha sido notable.

Se dice que la cortesía trata a todos por igual, pero no es del todo cierto. Por un lado funciona según el principio de indiferencia, «a todos por igual y sin distinciones», pero por otro introduce la corrección «a cada señor su honor». Y no es experto o experta en su manejo quien no sepa conjugarlos. Las formas corteses son, por lo general, ritos estereotipados: a la pregunta «¿cómo estás?» se responde «bien, muy bien» con independencia de la verdad del asunto, por ejemplo, y sólo si hay suficiente confianza se arriesgan respuestas desviadas como «regular», «tirandillo», etc. Las formas elementales del trato, ya se afirmó, consisten en una serie limitada de plantillas y difieren en ocasiones de unas culturas a otras. Por lo que concierne al sexo la divergencia puede ser espectacular.

En la cultura cristiana occidental, por herencia de las formas surgidas en la clave del *Amor Cortés,* en principio las mujeres son *damas* y esto quiere decir que se tienen hacia ellas miramientos especiales que en otros ámbitos culturales sorprenden: ceder el paso o el asiento, levantarse, tratar con deferencia, etc. En otras geografías se mantiene una segregación estricta de género, las mujeres siguen a los varones, que siempre las preceden, y ellas no se sientan en su presencia. Pero nada de esto compromete el fondo de la cuestión: mediante esos u otros ritos se manifiesta que pertenecen a un grupo distinto y más débil. Los ritos, las conductas corteses estereotipadas, sirven para clasificar; actúan como principios pragmáticos generales en las interacciones. Discriminan en razón de un grupo principal de pertenencia y significan esa pertenencia. Igualan. Ahorran con ello incertidumbre. Conocerlos y saber aplicarlos produce seguridad. Son, dentro del conjunto de los saberes previos, los primeros y elementales.

Los saberes segundos y las palabras

Continuando la glosa confuciana, las palabras permiten, en más de un sentido relevante, conocer. Por el lenguaje, y sobre todo también por la escritura (un arte reciente), se nos trasladan saberes de otro orden, aquellos que suponemos en posesión de quienes reciben el nombre de «cultos» o personas cultas. Son éstos un grupo selecto de gentes que, como tal, tiene a su vez ritos y ceremonias de paso, de pertenencia y de reconocimiento. Como grupo intentan mantener una posición hegemónica, si bien no en el poder explícito, la *Potestas,* sino que se vinculan con la *Auctoritas,* esto es, con el trasfondo último de legitimación de cualquier otro poder en presencia. En el pasado, y aún hoy en algunas partes del mundo, se marcan como grupo por medio de indumentarias especiales a las que sólo sus miembros tienen derecho. Piden, por lo común, ser atendidos, escuchados y, en último término, obedecidos, pero en razón no de su capacidad ofensiva, sino del respeto que se les debe. En vez de resortes explícitos de poder, prefieren tener *peso*, esto es, capacidad de consejo e influencia. Dicen situarse más allá de las potestades pasajeras, en una cierta intemporalidad que les viene dada por el uso de saberes precedentes, valiosos, difíciles; saberes que ellos aumentan y que transmitirán a futuras generaciones. Aunque entre ellos existan tensiones, se comportan, con éxito grupal, corporativamente en la mayor parte de los casos.

En realidad este grupo de sabedores es heredero, en su papel, de las castas sacerdotales. Comenzó a gestarse en la baja Edad Media, impulsó decididamente el Renacimiento y logró excluir a las antiguas élites clericales durante el brillante periodo ilustrado. Institucionalizó su relevancia en paralelo con la reforma de la universidad burguesa. En el presente tan sólo ellos pueden autorizar cualquier saber. Son, no individual, sino corporativamente, sabios. Se ocupan de los tramos altos y especializados de la educación. El Estado avala ese saber, así como expide los títulos que ellos garantizan. Esos títulos habilitan para los ejercicios profesionales medios y altos. Durante largos siglos, todas las mujeres, con independencia de sus dotes, cualidades o nacimiento, estuvieron excluidas de sus espacios.

EL FEMINISMO Y EL SABER DE LAS MUJERES

La primera ola del feminismo, la polémica feminista ilustrada, coincidió en el tiempo y en los conceptos de uso culto con el momento en que esta nueva élite tomó la delantera. Terminada la *Querelle des Anciens et des Modernes,* aquie-

113

tada Europa por la fecunda Paz de Westfalia, abonada por la filosofía barroca, la Modernidad comenzó un paso firme. El Siglo de las Luces convirtió en programa lo que todavía permanecía, en el Pensamiento Barroco, en el mero limbo especulativo.

De hecho, con la polémica en torno a la educación de las damas, había comenzado a desarrollarse la tradición de pensamiento a la que damos el nombre de feminismo. Significativamente, *La educación de las damas* es el título de uno de sus libros fundadores, el segundo de Poulain de la Barre[1]. El asunto se remontaba a la propia cultura barroca, al *Preciosismo*. Acabado el conflicto de la Fronda, nuevos modos sociales cultos se instalaron en la sociedad aristocrática francesa y buena parte de ellos fueron responsabilidad de un conjunto significativo de damas que fueron conocidas como *las preciosas*[2]. Las preciosas comenzaron por algo que ya estaba transitado, literatura y afinamiento del gusto, pero prosiguieron por la filosofía y las ciencias. Mujeres de ingenio, autorizadas para ello, pretendieron dar el paso a la sabiduría. Y en ese momento el frente de la cultura cayó sobre ellas: conocemos mucho mejor *Las preciosas ridículas, La escuela de las mujeres* y *Las mujeres sabias,* las farsas en que Molière las crucificó, que sus inocentes incursiones en el campo de los saberes y las bellas letras. Se convirtieron en un fácil objetivo que abatir mediante los argumentos de la misoginia tradicional: su saber era tan sólo parlero y, además, cualquier saber de las mujeres debía tener el límite de la honestidad y del agrado. Incluso Poulain de la Barre, cuando

---

[1] El primero, al que cabe llamar la primera obra clásica del feminismo, ya ha sido citado, *De la igualdad de los dos sexos,* publicado en 1673.

[2] Como afirma A. Amorós Puente en su introducción a esa obra, «las preciosas se convierten en el blanco preferido de los detractores de la igualdad de las mujeres», de aquellos que propugnaban un modelo de domesticidad burguesa. Introducción a *De la educación de las damas,* Madrid, Cátedra, 1993, pág. 39.

diserta a favor de la educación de las damas, aprovecha para denostar a las preciosas[3].

En el tema de la educación femenina, su utilidad y sus usos, se ventiló parte de la agenda teórica de la primera ola del feminismo; otra tuvo un objetivo que ahora nos parece modesto, pero también capital: la libertad en la elección de estado, el matrimonio sentimental. La gran polémica ilustrada logró pasar a debate temas que o en el pensamiento o en las costumbres se daban por hechos irrefutables desde siempre. Dotó de terminología política a la obligada sumisión femenina y abolió o puso en tela de juicio algunos usos del pasado que entendió como abusos: el matrimonio forzado o la reclusión obligada en los conventos[4]. Cartesianamente, el hecho de que algo se venga haciendo o pensando desde tiempo inmemorial no contribuye a tenerlo por cierto ni por bueno. La primera ola trató la dominación masculina primero en clave de ancestral prejuicio, después avanzó hacia los planteamientos políticos: algunos querían que así siguieran las cosas, cuando era claro para cualquiera sin prejuicios o intereses que no eran justas.

Cuando Wollstonecraft respondió con su *Vindicación* al *Emilio* de Rousseau, la polémica había recorrido ya gran trecho. Ella misma se había ocupado previamente de escribir

---

[3] «Hay tan poca distancia de sabia a preciosa... que se pasa insensiblemente de la una a la otra. Conozco a varias damas del primer tipo, pero no sé de una sola que no pertenezca también al segundo. Es cierto que todas ellas tienen talento e incluso buen gusto para las cosas bellas, pero su inteligencia está, por decirlo así, tan preciosistamente conformada, su gusto tan condicionado por sus maneras, que os provocarían rechazo. Son tan orgullosas como si de diosas se tratara y se creen de una especie distinta a sus semejantes... Sus gestos son afectados, sus palabras rebuscadas. Se escuchan a sí mismas con admiración y a los demás con indiferencia.» Poulain de la Barre, *De la educación de las damas*, ed. cit., pág. 56.

[4] Y por eso en clave feminista han de leerse dos obras bastante dispares: *El sí de las niñas* de Moratín y *La religiosa* de Diderot.

un libro, de los que abundaban, sobre la mejor manera de educar a las jóvenes. El tema estaba en la palestra. Lo había hecho contra diversas obras menores de diferentes autores que defendían para las niñas una educación guiada exclusivamente a los fines de la domesticidad.

El derecho de las mujeres a adquirir una educación formal, esto es, unos conocimientos contrastados y avalados, fue el derecho más frecuentemente exigido por las primeras y los primeros feministas. Normalmente imaginaban una educación segregada, si bien la cultura de los salones había forzado el debilitamiento de la rígida pauta de separación de sexos en la vida social. Las clases elevadas y urbanas estaban relativamente acostumbradas a las reuniones mixtas, para el ocio y para la cultura. No sucedía lo mismo en estratos sociales más bajos o en la vida rural, donde el uso del espacio en función del género era, y aún hoy es en bastantes casos, prevalente.

Apuntaba también ya en el XVIII la dinámica de las excepciones: algunas grandes damas, Mme. de Chatelet por ejemplo, se dedicaban a las ciencias; otras a las artes, como Mme. Vigée-Lebrun; alguna otra entró a formar parte de las Reales Academias. Éstas eran en origen fundaciones reales o con el amparo regio, cuyo prestigio las situaba por encima de las instituciones heredadas de alta educación, rebajado como lo tenían su crédito algunas universidades por la presencia todavía en ellas de elementos escolásticos. Las Reales Academias fueron una apuesta de los déspotas ilustrados por la renovación del saber. Pero la cuestión era ¿debía reconocerse para todas las mujeres afectadas (pueblo llano excluido por tanto), la misma capacidad, derecho y ambición que para aquellas que se consideraban realmente excepcionales?

La respuesta del primer feminismo fue afirmativa. Y ello sigue siendo la veta fundamental del feminismo como teoría política: cargar con todo el sexo femenino a las espaldas, universalizar, con independencia de las situaciones particulares; lo que la valía y el mérito de una mujer prueba, queda probado para el sexo en su conjunto. En paralelo, lo que una padeciere queda impugnado por el sexo en su conjunto. A todas las mujeres deben reconocérseles las mismas oportunidades, cualidades y disposiciones que se prediquen meliorativamente del género humano. El feminismo ilustrado dobló esta seguridad con un remate: lo que hasta entonces se suponían cualidades y disposiciones innatas de las mujeres, eran, por el contrario, los resultados de la educación a la que se las sometía. Esta novedad también está presente en Wollstonecraft y no cabe duda de que se aparta del innatismo[5]. De este modo y con tales argumentos el feminismo ilustrado combatió mientras pudo el nuevo modelo de domesticidad burguesa que se acabaría imponiendo. Cuando el cambio de época sobrevino, fueron, por el contrario, las codificaciones que solemos llamar napoleónicas las que consagraron en el nuevo derecho civil y el penal la exclusión de las mujeres de la ciudadanía y la educación formal. El nuevo estado que promovía la unificación legislativa y normalizaba tanto los tramos educativos como sus accesos y los títulos, excluyó a todas las mujeres, sin excepción, de los derechos civiles, de los políticos y del acceso al sistema educativo. Las excepciones, ya no avaladas por el nuevo orden, tuvieron que cultivarse en el seno de la autodidaxia.

El sufragismo y la educación

La segunda ola del feminismo, el movimiento sufragista, recuperó los énfasis educativos del feminismo ilustrado. Tampoco podía ser de otro modo. Al principio y tímidamente algunas mujeres vindicaron la creación de escuelas elementales en las que pudieran formarse institutrices. La razón ale-

---

[5] No precisamente cartesiano, en este caso; la crítica de Wollstonecraft adelanta la de Beauvoir: la mujer se hace, no nace, es construida por su educación y su falta de expectativas.

gada tenía que ser, y lo fue, coherente con el orden de domesticidad que al colectivo se le exigía. Si para las amas de casa se consideraba oportuno que supieran «lo adecuado e imprescindible para el buen gobierno doméstico», esto es, lectura, escritura y cálculo elemental, alguien debía poder enseñárselo a las niñas. Y era conveniente que ese alguien tuviera una certificación, aunque fuera modesta, de su aptitud.

Admitiendo que el matrimonio era el destino natural y moral de las mujeres, su gloria, pudiera suceder que, sin culpa por su parte, algunas no pudieran llegar a tan aceptada meta. Muchas casualidades inconvenientes podrían impedirlo: la falta de dote, un físico endeble o inadecuado, la orfandad, el no casarse por debajo de la propia clase social para no decaer, una enfermedad que curara cuando ya no se estaba en edad de ser elegida, con veinte o más años... en fin, una larga cantidad de imponderables. En esos casos, ¿no sería conveniente que las mujeres de cierta posición tuvieran una manera de lograr recursos propios que les evitaran caer en la pobreza vergonzante, la dependencia indeseable de parientes ya cargados o poco compasivos, o, lo que era peor, lo innombrable, precipitarse en el vicio, para poder subsistir?

Resultaba difícil resistirse a demandas tan bien fundamentadas en el propio orden patriarcal burgués. Algunos centros que formaban institutrices comenzaron a actuar. Permitir que algunas se instruyeran, poco, no ponía en cuestión la recta opinión sobre la congénita debilidad intelectual del sexo femenino, sino que era casi un favor que, individualmente, se les hacía. Este favor, por el contrario, salvaguardaba la moral y las buenas costumbres.

Conseguido este primer escalón, el primero que rebasaba la formación elemental y primaria, la demanda, sin cambiar el registro argumentativo, creció. Visto lo útiles que resultaban los centros de formación y colegios de institutrices, ¿no lo sería igualmente que fueran maestras las que se encargaran de la educación de los niños en la primera infancia?

Así, argumentaron, se conseguirían dos buenas cosas más. Por una parte se descargaría a los varones de tener que desperdiciar sus talentos en una fase de la educación tan elemental e incómoda; ellos quizá deberían reservar sus méritos para empresas de mayor relieve e importancia. Y, por otra, las mujeres podían solucionar bien esas fases educativas: no en vano se las podía suponer casi una extensión de su papel de madres. Señoritas maestras, de moralidad acrisolada, que quizá no pudieran tener hijos propios jamás, emplearían su celo maternal en las criaturas ajenas, como devotas abejas obreras, libando la miel para las reinas del hogar, las mujeres que, afortunadas, habían podido conseguir cumplir el modelo doméstico. Cierto que, para ello, sería menester que la formación y títulos de las futuras maestras se acomodaran a aquellos que el Estado preveía para sus homólogos varones, quizá, sin embargo, rebajando algún contenido intelectual e intensificando, en consecuencia, la formación práctica en aguja, música y modales. Pero el caso es que el título fuera conforme. Las Escuelas de Maestras fueron el segundo escalón educativo alcanzado y reemplazaron a los colegios de institutrices.

Por similares razones algunas mujeres vindicaron la formación profesionalizada como ayudantes de enfermería. Argumentaron que compasión y cuidado eran predisposiciones espontáneamente femeninas, pero, lo significativo, era que querían títulos y salarios para ponerlas por obra, y no la desinteresada devoción que hasta el momento regía esas profesiones[6]. Maestras y enfermeras fueron las primeras profesiones que se abrieron a las mujeres. Ello, y no quizá explicaciones en clave de la moral femenina del cuidado como característica esencial, puede dar razón suficiente de que sigan siendo todavía las profesiones que contienen mayor

---

[6] Florence Nightingale, por ejemplo, contribuyó a la profesionalización de la enfermería abriendo un continente profesional a las mujeres de clase media.

porcentaje de la población asalariada, que no ocupada, femenina.

A mediados del siglo XIX las mujeres habían logrado asegurarse la entrada en los tramos medios oficiales del sistema educativo, pero las instituciones de alta educación les permanecían vedadas. Entonces comenzó la dinámica de retroalimentación entre derechos educativos y voto.

La función del conocimiento en el sufragismo

Sufragismo fue, en la década de los felices 20, el término popular por el que se conoció a la segunda ola del feminismo, la que abarca desde el Manifiesto de Seneca en 1848 hasta el fin de la Gran Guerra (y sus múltiples consecuencias, legales, políticas, educativas, culturales y estéticas). Abarca unos ochenta años de agitación, asociaciones, ligas, programas, debates y manifestaciones que se suceden con mayor o menor intensidad en todos los países occidentales, en especial en aquellos que son formalmente democracias representativas. El sufragismo es un movimiento internacional que intenta dotarse de programas, demandas y estructuras organizativas también internacionales. Aprovecha para ello las exposiciones universales y las convenciones políticas internacionales[7].

Los dos objetivos que presiden la lucha sufragista son el voto y la educación. El derecho al sufragio, que acabará dando nombre al movimiento, es una vindicación relativamente poco asumida por el propio movimiento en sus inicios. Debe recordarse que fue el único punto del Manifies-

---

[7] Así lo hacen las autoras de *La Biblia de la mujer (op. cit.)*, cuando acuden a las convenciones antiesclavistas británicas, o Pardo Bazán, que da cuenta de las reuniones feministas que se realizan a la par de la Exposición de 1894. Véase *La mujer española y otros escritos,* Madrid, Cátedra, 1999.

to de Seneca que se aprobó por mayoría y no por unanimidad. En verdad y en los inicios el interés de esta segunda ola estuvo más centrado en los derechos civiles y educativos. Las diversas ligas femeninas y las ligas del sufragio se nutrieron en buena parte de mujeres en trance de profesionalización que hacían valer sus todavía escasas victorias en la obtención de títulos para fundamentar su derecho a la ciudadanía plena. La situación, cuando el completo sufragio masculino se hizo norma, se volvió más y más explosiva. Las y los sufragistas argumentaron sobre un punto evidente: el completo sufragio masculino permitía el derecho de voto a cualquier varón, incluidos iletrados, dementes, analfabetos, insanos y viciosos, y a ninguna mujer, incluidas honestas madres de familia, maestras, enfermeras, universitarias y aun doctoras.

Porque, en efecto, en las décadas en que la lucha por el sufragio se recrudeció, un número escaso pero significativo de mujeres comenzaba a permeabilizar las instituciones educativas superiores. Primero hubo de afianzarse la enseñanza secundaria, pero, una vez logrado, unas pocas intrépidas estudiantes se plantearon la entrada en las aulas universitarias que les estaban prohibidas. Algunas universidades europeas comenzaron a admitir selectivamente alumnas en los años 70 y 80 del XIX, si bien con restricciones respecto a los títulos a cursar y en la mayor parte de los casos con renuncia expresa de la alumna que los cursara a obtener el título para el que sus estudios la habilitaban.

Obtener títulos conformes fue una lucha previa a la que siguieron las dificultades para la colegiación. Esto es, reconocidos los estudios cursados, los títulos no daban paso al ejercicio profesional, como normalmente sucedía con los varones, sino que éste seguía vedado por instancias diversas[8].

---

[8] Para conocer más cercanamente el caso es sumamente recomendable Consuelo Flecha, *Las primeras universitarias en España,* Madrid, Narcea, 1996.

Si a principios del siglo XX encontramos un número relativamente relevante de mujeres dedicadas a las tareas de investigación, ello no era tanto vocacional como obligado: realizar investigación no exigía entonces las inversiones en grandes equipos a las que estamos acostumbrados y podía hacerse relativamente en soledad. Muchas de las primeras licenciadas y doctoras no tuvieron otra posibilidad que llevar su trabajo a la investigación porque los ejercicios profesionales corrientes les estaban vedados[9].

En cualquier caso, el sufragismo hizo correlatar los méritos con los votos. Las nuevas habilidades y saberes de las mujeres probaban su derecho a una ciudadanía plena y la injusticia de la merma de sus derechos civiles y políticos. Por el contrario desde el bloque institucional se intentó durante largo tiempo resistir en directo a la exigencia de voto y ceder excepcionalmente en los nuevos derechos educativos. En la segunda década del siglo XX bastantes universidades seguían sin expedir títulos cuando el estudiante era mujer, en alguna tenían prohibida la entrada en las bibliotecas y la mayor parte de los ejercicios profesionales de las mujeres tituladas tenían que mantenerse en la esfera privada. El sufragismo concitó todos los diversos frentes hacia la demanda articulada del voto. Sus manifestaciones nos sorprenden todavía hoy: son ordenadas procesiones civiles en las que ocupan un lugar destacado las universitarias portando sus togas y birretes, en largas filas, llevando en ocasiones en las manos los títulos que no las habilitan ni para votar ni para ejercer. Ellas eran, empíricamente, la demostración palmaria del abuso masculino de poder. Para el feminismo sufragista no ya la educación, sino el reconocimiento de los derechos educativos, lo fue todo. Entendieron perfectamente cómo estaban vinculadas democracia y meritocracia y cómo, por lo tanto, las posiciones conseguidas debían usarse para alcanzar metas ulteriores.

---

[9] Y ello tuvo como consecuencia buenas investigadoras en biología, por ejemplo, o química, cuyo ejemplo más reconocido es Marie Curie.

La dinámica de las excepciones

Como resultado de la primera y tenue capilarización del cerrado sistema educativo algunas pocas mujeres habían conseguido, al doblar el siglo XX, diplomas y títulos. Eran excepciones y se las consideraba excepcionales. Excepciones a su sexo, porque para el común de sus congéneres el orden antiguo sigue vigente. Excepcionales porque, por lo común, sólo temperamentos muy decididos e inteligencias obstinadas eran capaces de enfrentar tantas y sucesivas barreras. Además, colocadas en escaso número bajo la vista pública, cuanto realizaran era objeto de curiosidad y juicio.

Estas pocas mujeres se saben excepciones y se sienten excepciones. En una universidad que todavía es muy pequeña y donde el acudir es difícil, excepciones han de sentirse cuantos allí se formen. Pero en el caso de las mujeres esto se dobla con una torsión añadida: ellas son, además y quizá sobre todo, excepciones a su sexo. Schiller, un siglo antes, hablando por carta a Goethe de Mme. de Staël, escribe que «se sale de su sexo, pero sin llegar al nuestro». Parece pensar que las mujeres con talento son distintas de las mujeres en general, pero que no por ello pueden medirse con los varones, aunque sea con aquellos que no lo poseen. El que una mujer posea un talento excepcional la convierte en una excepción sobre todo a su sexo, pero, precisamente por ser considerada una excepción, no obliga a variar el escaso aprecio que se tenga del talento del sexo femenino en su conjunto.

La dinámica de las excepciones es perversa. En ella «la excepción confirma la regla», según reza el vetusto refrán. Si en buena lógica debemos siempre afirmar que una excepción echa por tierra a la regla que no la contemplaba, en la lógica peculiar de los estereotipos esto nunca ocurre. Si alguien se sale de lo acordado para todo su género, ello no parece obligar a cambiar la consideración global que sobre aquél se tenga, sino a «salvar» momentáneamente a ese individuo discordante. La regla se podrá seguir usando para el conjunto sin un ápice de inseguridad.

Y quien se vive a sí mismo o a sí misma como excepción también paga su tributo: asimilar la denostación de su grupo de origen sin poder por ello asimilarse a quienes por derecho propio la utilizan. Las primeras mujeres que fueron cooptadas en las redes masculinas de importancia se vieron en la tesitura de actuar como becarios desclasados[10]. Beauvoir nos dice de ella misma que se acostumbró a pensar que poseía «un cerebro de hombre en un cuerpo de mujer»[11]. Otras mujeres sometidas a la misma dinámica obran como si lo creyeran a pie juntillas. Que nadie pueda ser más duro que ellas con las supuestas debilidades de su sexo. Ellas no son contraejemplos de las opiniones misóginas vulgares, sino sus valedoras[12]. Sólo algunas aprovecharán los talentos que les han sido autorizados para poner al descubierto el orden que a todas excluye.

Por último no cabe silenciar otro aspecto especialmente irritante de la dinámica de las excepciones: justifica plenamente el orden que la usa y lo hace pervivir, puesto que lo presenta como magnánimo. No hay mejor prueba de que no

---

[10] Amorós usa desde hace tiempo esta expresión que ahora le tomo. Resulta muy gráfica.

[11] En *Memorias de una joven formal,* Beauvoir hace la autobiografía de sus años de formación y es obra utilísima para conocer cómo se gesta la dinámica de las excepciones.

[12] En la crónica ya citada de Pardo Bazán también escribe: «Uno de los muchos errores en que incurrimos es creer que esto del feminismo es cosa de literatas. Entre las más celebradas de Francia varias son opuestas resueltamente al feminismo. Aquí el feminismo lo impulsan mujeres capaces de escribir y de hablar en público, más bien que escritoras», *op. cit.,* pág. 255. Ninguna mujer de renombre está presente —nos indica—, sino una mesocracia culta. Las que han conseguido descollar casi siempre son resueltamente antifeministas, porque justifican su excepción en que ellas son excepcionales.

existe injustificable ginofobia en una corporación que el hecho de cooptar para una sociedad casi completamente masculina, a una o dos mujeres. Con ello se consigue la anuencia de las cooptadas y también la general. La prueba de la imparcialidad es clara: están las mujeres que merecen estar, sin exclusiones; si no hay más, eso no significa que no se las tenga en cuenta, sino que no se lo merecen. Así lo ha querido *Deus sive natura;* simplemente hay menos mujeres con talento que varones sobreabundantes en él. La convicción excluyente de base se mantiene intocable. De nuevo la excepción confirma la regla.

La autorización para el saber y sus ritos

Tenemos así autorizadas a saber y para el saber sólo a aquellas que muestren y demuestren que no piensan «conceder nada gratis» a las de su mismo sexo. Serán, por el contrario, notablemente más duras que cualquiera con él; ellas son la prueba de que ese orden es justo. Vigilarán que se mantenga. Sospecharán de quienes quieran incorporarse. Restringirán su capacidad de innovación a fin de no presentar frentes dentro de sus disciplinas donde han sido tan duramente aceptadas. Se les ha concedido el estar, pero probablemente no el ser; de que estén con los sabios no se sigue que sean sabias. Eso sí, suplirán con aplicado y constante trabajo la capacidad de innovación que se les niega.

En el mundo culto habitan entonces mujeres a las que se permite el ejercicio de la paciente investigación, de la ordenada erudición y, dentro de ese sobrentendido son, en corto número, aceptadas. Eso quiere decir que «Fulana» es una buena trabajadora, que es cuidadosa y ordenada, que sabe muchas cosas... pero no es una sabia. «Fulana» en el fondo es limitada... como por otra parte corresponde a su sexo. Fulana ni siquiera es del todo excepcional: lo es por referencia a las otras mujeres, pero se mantiene como una aceptable medianía en el mundo de los varones. Forma parte, en la vida del espíritu, de la clase de tropa, de los eficientes y discretos, en fin, del segundo escalón.

Lo significa ella y se lo hacen significar de diversos modos. A no ser que la situación interna sea complicada o que haya que probar algo y sea urgente hacerlo, ninguna corporación sabia destaca a una mujer a la primera línea. Las mantiene, por el contrario, como «presencias amigas»[13], eficaces gestoras de segundo nivel, ayudantes de altura, afanosas hormigas intelectuales[14]; y si no cumplieran con tal estereotipo su estatuto completo podría peligrar. Es una nota a su favor decir de un personaje de la cultura que es «algo bohemio» o incluso que es definitivamente «un bohemio»; la tendencia bohemia, en el caso de una mujer, es una acusación sin más de falta de sentido o de incompetencia. Está decayendo y se la ayudará a caer; los lazos de solidaridad corporativa con ellas son siempre más débiles.

Por este estado de cosas «la sabia sabía que la savia subía», es la única ocurrencia que del término «sabia» solemos encontrar; o más bien solíamos encontrar, porque los dictados escolares también han cambiado y la ortografía se enseña con otros ejemplos.

Volviendo a Confucio, «quien no sabe el significado de las palabras no puede conocer a los hombres». Saber el significado de las palabras implica también saber por qué no existen algunas palabras. Hasta hace muy poco, pongamos por caso, las palabras que designaban profesiones respetables no tenían femenino. Abogadas, médicas, ingenieras y juezas, decanas y rectoras, presidentas y coronelas eran

---

[13] Esta vez la expresión es del papa Woityla en su *Mulieribus Dignitate*.
[14] Una figura fantásticamente recreada por Byatt en su novela *Posesión;* me refiero a su personaje Beatrice.

barbarismos. Algunas lo siguen siendo. Como si le faltaran frentes, el feminismo se comprometió también con la lucha por el cambio del lenguaje y sabemos las batallitas y hasta batallas que también en ese terreno ha tenido que lidiar. Quienes no estaban dispuestos a admitir las nuevas palabras comenzaron por declarar que no eran necesarias, precisamente porque sólo se trataba de cuestiones insignificantes de gramática. Los géneros gramaticales eran los que eran y no se atenían nada más que a procesos internos del propio lenguaje[15]. Hubiera resultado quizá más sencillo argumentar que no teníamos palabras para designar posiciones hasta entonces inexistentes; pero, claro, eso comprometía a crearlas y eso era lo que provocaba precisamente la resistencia. Ni que decir tiene que el escasísimo número de cooptadas en las redes de la sabiduría admitida se alinearon en contra de cualquier cambio: no entendían su pertinencia, por descontado. Y así tenía que ser: ellas estaban justamente orgullosas de ser cosas que sólo se podían nombrar en masculino.

De momento, al fin y al cabo, estamos hablando de profesiones, aunque sea de las que producen respeto y algún privilegio. Mal que bien, los nuevos usos se estabilizan. Investigar cuáles lo hacen y cuáles no y también con qué prontitud lo hacen es un buen filón para conocer el actual estado de cosas por lo que toca a la paridad femenina en los espacios relevantes. Pero quiero ahora presentar un caso notable de palabra inexistente: la genia[16].

---

[15] De todos modos el debate ha tenido y tiene momentos chuscos: recuerdo a alguno, especialmente gramático, que aseguró que, dado que el femenino es precisamente en gramática el género marcado, pretender pertenecer a un género marcado era muy mala vindicación, esto es, que se podía estar orgullosa de ser obrera, pero no de ser médica, por razones gramaticales.

[16] Que, naturalmente, mi programa de ordenador rechaza, como tantas otras palabras femeninas si contienen matiz meliorativo.

El genio de las mujeres

Recupero de nuevo este título, que es el de un debate mantenido con Victoria Camps[17], con quien me une una gran amistad, porque la cuestión sigue abierta. Frente a las posiciones de Camps, similares a las mantenidas por Carol Gilligan[18] —las mujeres como grupo tienen una valiosa especificidad moral que ha de ser defendida y mantenida, los valores del cuidado, y ése es su genio propio—, mantenía yo que «genio» se dice de modo individual, no colectivo, y para otros usos. No hay constancia —y desde luego menos lingüística— de la existencia pasada o presente de genios femeninos, de genias, y esto por buenas razones, las que yo aportaba en el texto y que no voy a repetir aquí; pueden ser fácilmente encontradas en los trabajos reseñados en la nota anterior. Ahora bien, yo puntualizaba, de pasada y adrede, mi examen del asunto con esta frase: «Al genio hay que reconocerle el poder de lograr transformar la tradición heredada y eso, por razones más que generales, no se le reconocerá a una mujer»[19]. Ahora deseo aclararlo un poco más.

En el proceso general del saber, de su formación, acumulación y cambios de paradigma, hay delicados equilibrios entre innovación y repetición. Las personas de que se nutren los cuerpos cultos expertos, que han de ser convalidadas por sus superiores, formal o informalmente, son evaluadas también en lo que «pueden dar de sí»; esto significa que de al-

---

[17] Ella empleó ese concepto en su libro *Virtudes públicas,* Premio Espasa de Ensayo, en 1990; yo la contradije en mi artículo «¿El genio de las mujeres?», en *Isegoría, Revista de Filosofía Moral y Política* del CSIC, en 1992. Me respondió en su libro *El siglo de las mujeres,* Madrid, Cátedra, 1998, mientras que yo a mi vez había hecho del primitivo artículo el epílogo a mi libro *La política de las mujeres,* Madrid, Cátedra, 1998.
[18] *In a different voice,* Harvard, 1982.
[19] A. Valcárcel, *La política de las mujeres,* pág. 228.

gunos, quizá la mayoría, se espera que sean excelentes repetidores, contrastados, y de otros se espera —y a veces hasta se teme—, que no se conformen con eso, sino que añadan algún insumo propio al saber que se tiene en común. Por último, sólo de una escasísima minoría se tiene la impresión de que, si pueden, lo cambiarán, lo volverán del revés, iniciarán en él una revolución; no hay por qué animarlos —todas las academias formales e informales son naturalmente conservadoras—, pero, si apuntan a sus metas con verosimilitud, habrá que incorporarlos. Estos últimos son los genios.

Tenemos, pues, un primer escalón de «competentes», un segundo de «eruditos», un tercero de «sabios» y un cuarto de «genios», cada uno de ellos, por lógica, más escaso y selecto que el anterior. El lugar último se ocupa muy raramente, pero existe, su término lo denota. Hay genios en todas las esferas, en las ciencias, las humanidades, la filosofía... genios científicos, artísticos, políticos forman el canon que se traslada de unas generaciones a otras; los nombres que hay que recordar, el Olimpo propio de la Humanidad. Si apenas puede emplearse la palabra «sabia», es empírico que no tenemos ninguna ocurrencia lingüística del término «genia».

Schopenhauer afirma que el genio vive en un mundo aparte del de todos los demás. Una de sus características, y desagradable, es la arrogancia. No están conformes con los juicios comunes, se adelantan a su tiempo, desprecian lo que tiene pública buena nota y producen lo que nadie espera[20]. Obsesionado por el genio desde muy pronto, Schopenhauer nos da otra característica suya: «Un erudito es el que ha aprendido mucho; un genio es aquel del que la humanidad debe aprender algo que hasta entonces no conocía»[21].

Frente a la noción común desde la nueva cultura ilustrada de República de las Letras, Schopenhauer afirma que los

---

[20] *Manuscritos Berlineses,* selección de R. R. Aramayo, Valencia, Pre-Textos, 1996, pág. 138.
[21] *Ibíd,,* pág. 244.

genios forman una república propia, de gigantes, que se hablan entre sí a través de los siglos; y de eso, la humanidad corriente, los pigmeos normales, nada entienden. Por último, otra característica: la genialidad tiene sexo[22]. Era de prever. Todas las características anteriores de la genialidad hablan con el lenguaje de la libertad en sumo grado; no pueden entonces concurrir en un individuo de un sexo que la tiene limitada. ¿Desde cuándo la que sólo está autorizada para aprender humildemente y como mucho ordenar como excelente ayudante lo enseñado por otros, que son mejores que ella, va a dar a nadie, y menos a la humanidad completa, lecciones? Aprendemos de los que previamente son grandes, no de cualquiera que tiene su propia maestría en estatuto vacilante. Y quizá en los asuntos técnicos transigimos alguna vez, pero nunca en los saberes fundantes. Así ha de ser. Somos animales jerárquicos[23]. ¿O no? Así que no hay genias ni atisbos de que las haya en algún tiempo.

El feminismo sufragista logró, penosamente, la entrada en las instituciones de educación, en casi todas, pero esto es meramente la *conditio sine qua non,* no significa, ni con mucho, la autorización plena para la detentación de los saberes ni la autoridad que les está reconocida. De los cuatro escalo-

---

[22] «Las mujeres no pueden tener propiamente genio; a lo sumo talento.» Citado por R. Safranski, *Schopenhauer y los años salvajes de la filosofía,* Madrid, Alianza, 1991.

[23] Y no los únicos: cuando terminada mi licenciatura comencé mi verdadera formación, me interesé mucho por los datos, entonces nuevos, de la etología. Recuerdo el caso de unos primates confinados en una finca en Colorado. Se trataba de cincuenta individuos, rodeados por una cerca, de modo que, relativamente libres, establecieron rápidamente la territorialidad y la jerarquía; ello es que les daban alimentos inusuales, que no sabían abrir; alguna simia del común aprendió por sí misma a hacerlo, pero el grupo no quiso aprender de ella, pese a la evidente ventaja de la nueva conducta. Siguieron, sin embargo, todos la nueva habilidad cuando los dominantes, al serles enseñada por los humanos, la aprendieron.

nes de la sabiduría, el recorrido realizado hasta la actualidad indica que se han obtenido dos, o quizá solamente uno y medio, si nos fijamos en las cifras. Pero ¿por qué hay que fijarse en las cifras? Estamos picando alto, en la excelencia, que se supone puramente cualitativa, ¿qué pintan aquí las marcas cuantitativas?

Capítulo VII
El salto en formación de los años 70

En los años 70 del pasado siglo el proceso general de escolarización aumentó su ritmo de forma asombrosa; no sólo en los entonces llamados «países desarrollados» se escolarizó por primera vez a toda la población en edad de serlo, sino que los niveles medios de la enseñanza comenzaron a ser grandes, casi masivos. Ello respondía a la demanda social, pero también a las nuevas necesidades de la administración del Estado, del comercio y de la industria. En todos los sectores se observaba la misma demanda de técnicos con formación media que atendieran y gestionaran las nuevas esferas y actividades. La formación femenina tuvo mucho que ganar en ese proceso de subida general del nivel educativo.

Las cohortes generacionales de los años 50 y 60, abundantes, además, puesto que se trató de décadas natalistas, tuvieron oportunidades y ayudas antes casi impensables. Bajo precisamente el concepto de «igualdad de oportunidades», una política de enseñanza bastante decidida buscó la inteligencia allí donde existiera y niñas y jóvenes se beneficiaron de esta liberal disposición. A finales de los años 60, y en todos los países, más mujeres que nunca en el pasado habían logrado adquirir la formación media y un grupo significativo de ellas se planteaba como meta la enseñanza superior. La «dinámica de las excepciones» tocaba su ocaso. Y por dos vías: la educación superior se hacía corriente, pero, y para nuestro caso principal, afectaba en cifras casi similares a los dos sexos. Comenzaban los acúmulos cuantitativos de saber para el sexo excluido de él en general.

Estos cambios cuantitativos tuvieron consecuencias rapidísimas. El feminismo de los sesenta no puede separarse de este cambio en las condiciones generales. La universidad de los setenta, aquella de la que se dijo que estaba «masificada», acogió por primera vez a un alumnado compuesto por mujeres en una cifra que rondaba el treinta por cien del total[1].

Como era previsible, las mujeres comenzaron a desempeñarse bien en la formación académica. Algunas de las características que ahora sobresalen, entonces comenzaron a despuntar: medias ligeramente superiores, esto es, mayor rendimiento y menor abandono. Uno de los expedientes por los que se rebajó el temor que esa entrada podía suscitar fue la estrategia de «tierra quemada»; dado que las mujeres entraban preferentemente en algunas licenciaturas, se comenzó a afirmar que tales carreras «se estaban feminizando»[2], lo que equivalía casi inmediatamente a decir que estaban perdiendo nivel e interés.

Con independencia de interpretaciones tergiversadas y a veces malévolas, los acúmulos de saber y habilidades meritocráticas por parte de las mujeres pertenecientes a las cohortes

---

[1] Enormemente significativa, por vez primera y, además, el porcentaje en que suele situarse la emergencia de la «masa crítica».

[2] No era cierto: en cada país la supuesta «feminización» se producía en especialidades diferentes. Sí lo era que algunos estudios se mostraban más refractarios a la presencia femenina que otros. En la actualidad, cuando cuantitativamente el asunto casi no da ya de sí, siguen conservándose escasos reductos de masculinidad, tanto en las ingenierías como en las humanidades.

generacionales nacidas en y tras los años 50 se siguieron produciendo a ritmo constante. Y esto comenzó a tener efectos.

LA REBELIÓN FEMINISTA: TERCERA OLA

Las nuevas habilidades no fueron desaprovechadas. Fueron las mujeres que se estaban formando en la Universidad de los últimos sesenta y los primeros setenta las que protagonizaron la revuelta feminista que inició la «tercera ola». Comenzó en la Costa Oeste de los Estados Unidos, al calor del sesentaiochismo, y floreció con escasa diferencia, de meses, en todos los países europeos; su capacidad difusiva venía dada por las condiciones homólogas, justamente, en que las jóvenes afrontaban sus nuevas oportunidades[3]. Se gestó en los núcleos políticos radicalizados en los que mujeres jóvenes y activistas, cargadas de esperanza de futuro y convencidas de que las condiciones con los varones ya eran igualitarias, descubrieron, de modo repentino, que esto no era así en absoluto. Cada una en su esfera pudo comprobar, y dolorosamente, que las seculares obstrucciones masculinas, los dobles juicios, la misoginia, las tácticas de exclusión, seguían vigentes; pero no en su familia, donde daban por sentado que los prejuicios inerciales gobernaban, sino en los reductos de la más acendrada progresía. Allí se les seguía exigiendo «hacer de mujeres», un papel del que se creían exoneradas, al que renunciaban al entrar en mundos ajenos, y que además no conocían bien. Creían, porque en ellas habían nacido, en la asunción verdadera de las victorias sufragistas y sus consecuencias. Se creían iguales.

Pero siempre abundan maestros: compañeros, novios, profesores, jefes políticos, cineastas, novelistas, pintores y un

---

[3] Ahora se compilan aquellas experiencias; algo de ello he recogido en mi libro *Rebeldes,* Barcelona, Plaza y Janés, 2000. Y es un material extraordinariamente interesante el biográfico producido por las pioneras de la revuelta estadounidense K. Millet y B. Friedan.

muy largo etcétera de varones a los que, además, admiraban y seguían, les iban indicando poco o nada cortésmente su lugar. Sucesivos golpes iban minando la seguridad de estas «desclasadas de su sexo». La subcultura masculina —que se tomaba y aún se toma a sí misma por neutra y respetable—, daba a luz en los años 60 productos de tal magnitud de desvergüenza sexista que al día de hoy, en sólo tres décadas, producen pasmo. Entonces se suponían de recibo.

Sin embargo, el ambiente general de misoginia resistencial produjo, en vez de prudente retirada, una larvada y luego directa rebeldía. Las mujeres se agitaron, reunieron, manifestaron, escribieron panfletos y declaraciones en todo Occidente. Surgieron nuevas vindicaciones. Abolir y cambiar leyes fue una de las primeras, porque se achacó la poca verosimilitud en el ejercicio de los derechos obtenidos por el feminismo sufragista —educación y voto—, a la permanencia en las leyes y las costumbres del peso inercial del pasado. Era decisivo borrar sus rastros de la legislación positiva. Ilegalizar buena parte de la legalidad civil y penal heredada fue un empeño que se siguió sin perder pulso en todos los países. Y, sobre esto, se añadió un conjunto nuevo de libertades, las que se hacían coincidir con los lemas del movimiento: «Lo personal es político» y «mi cuerpo es mío».

Derechos sexuales y reproductivos, anticoncepción, despenalización del aborto, cambio en las relaciones de pareja, análisis del trabajo doméstico, la imagen, la pornografía, la prostitución, los abusos, la violencia... fueron temas colocados en la agenda política del feminismo. ¿Y los saberes? Sin duda había que someter a crítica el monto de los saberes heredados, por cuanto distorsionaban la imagen de las mujeres o servían ideológicamente para perpetuar la dominación masculina. Algo se iba haciendo, con el psicoanálisis por ejemplo[4], pero

---

[4] J. Mittchell lo intentó en su obra *Psicoanálisis y feminismo,* de 1974 (ed. esp. en Anagrama, 1976), y a su modo también Irigaray, que venía directamente del psicoanálisis.

en general había desmedida confianza en que los saberes ya se tenían o si no era así, que en su día se alcanzarían; por entonces, la revuelta y su continuidad eran prioritarias y para ella era mejor buscar compromiso y apoyos que entretenerse en analizar las posiciones logradas por la anterior generación en el mundo del saber.

Valía más organizarse e intentar incluso hacer aflorar la rebeldía de las condenadas a ser amas de casa que poner en cuestión la jerarquía concreta del saber; por lo demás en el sesentaiochismo simplemente «todo» el saber transmitido en las aulas estaba bajo sospecha. Los más y las más audaces proclamaban que tenía que ser completamente abolido. El recambio ya se iría formando justamente al hilo de la militancia y las «necesidades concretas» del momento.

El «techo de cristal»

Hasta los años 80 se mantuvo una leve diferencia de formación entre varones y mujeres que, a partir de entonces, equilibraron sus tasas educativas para llegar a la situación actual en que el acúmulo de formación femenina supera levemente a la masculina. También por aquella década se realizó una constatación: las mujeres presentes en cualquier escala jerárquica, corporación, administración, industria o rama de actividad tendían a ocupar sistemática y masivamente los tramos inferiores de la escala, disminuían en los tramos medios y prácticamente desaparecían en los superiores. A este fenómeno se le dio el nombre de «techo de cristal»; tan gráfica expresión remitía a una serie de mecanismos y sistemas de selección y cooptación que daban como resultado que, a formación homóloga, las mujeres nunca obtuvieran las metas que se corresponderían con sus disposiciones. Una vez que el tema y sus análisis fueron poniéndose en claro surgió la fundada sospecha de que el techo de cristal afectaba no sólo a los poderes sino también a los saberes.

En cualquier caso, la «ausencia de la formación necesaria»[5] dejó de ser la disculpa tópica para seguir excluyendo a las mujeres. Había funcionado con regularidad y justificado casi plenamente el orden anterior. Fue un interesante efecto colateral, aunque el grueso lo era, como ya se dijo, el fin de la dinámica de las excepciones. Ambas cosas estaban muy relacionadas. Mientras pocas mujeres tuvieron esa formación, el sistema general, usando y abusando de la dinámica de las excepciones, pudo cooptar a un número escasísimo de ellas y así probar —dada la extraordinaria visibilidad de la excepción femenina—, que tomaba y respetaba el talento allí donde se produjera. Si había muy pocas es porque las mujeres excepcionales eran muy pocas, al igual que los varones, pero el sistema general del aprecio no tenía razón para variar: ellos eran, en general y en los grandes números, superiores a ellas; y cuando ése no era el caso, sino que se juzgaba la excepción individual, el sistema la reconocía. Ahora los grandes números estaban cambiando.

Confucio, dicen también sus Analectas, «se inclinaba al paso de los censos». Y nosotros, desde Durkheim, con él. El viejo maestro de la estabilidad veía en las tablas de los censos la presencia misma del poder imperial, nosotros vemos en las grandes cifras el formarse de los rasgos del presente, ya desde el momento en que Durkheim inició la sociología. El feminismo comenzó a proclamar, cada vez más alto, que el sexo femenino, a iguales méritos que el masculino, no estaba consiguiendo similares objetivos. En los años 90 las mediciones fueron repetidas —como lo son sistemáticamente, dado que los trabajos feministas empíricos tienen, como es lógico, un gran apego a los censos—, y la lectura de las mediciones reveló que la distancia, en vez de disminuir, aumentaba[6]. ¿Cómo explicar este efecto?

---

[5] Discúlpeseme de nuevo esta autocita de *La política de las mujeres*.
[6] Así lo indican los trabajos de María Antonia García de León, Paloma Alcalá, Marisa García de Cortázar: García de León (ed.), *Las académicas* y

A la vista de las cifras de las que actualmente se dispone, no parece complicado afirmar que el techo de cristal es evidente que se extiende a los poderes y también a los saberes. Esto no es difícil de entender si tenemos en cuenta que los saberes son poderes, poderes muy especiales.

Para situar el problema hay dos estrategias: la cuantitativa y la genealógica; una, la primera, forma parte de la sociología; la segunda pertenece de lleno y de momento a la filosofía. Si las cifras se automanifiestan, la filosofía feminista hará bien en estudiar con detenimiento las teorías de Nietzsche y Foucault. Es preciso hacer una eficaz relectura de algunos de los clásicos. De ellos no nos interesa tanto qué es lo que pensaron sobre la mujer o las mujeres (casi diría que allá ellos), sino lo que enseñaron sobre el poder. Nos puede ser útil. Y Nietzsche a finales del XIX, así como Foucault a similares alturas del XX, insistieron en dos cosas importantes para nuestro propósito: primera, que todo poder procede impostando verdad; segunda, que lo hace mediante una microfísica. El primer autor es el maestro de la sospecha, tendencia a la que el feminismo filosófico pertenece por necesidad no buscada. El segundo, autor del concepto de «microfísica del poder». De Nietzsche hay que aprender la componente de poder que reside en el núcleo de toda verdad. La coincidencia entre palabra de poder y *palabra de verdad* presente ya en el significado del término griego que designa a ambas, «aletheia», porque Nietzsche da con su identidad de origen. De ahí el sistemático consejo nietzscheano de la sospecha, de desconfiar de ciertas verdades aun aparentemente bien establecidas. Una, importante, es que «poco a poco las cosas siempre se arreglan».

La excelencia científica, Madrid, Instituto de la Mujer, Estudios, 2001 y 2005. En el primero de esos volúmenes aparecen los excelentes estudios de Marisa García de Cortázar y Fátima Arranz. Por último, la «estructura en tijera» de los logros de las mujeres en la docencia universitaria, de Paloma Alcalá, y el estudio MEC «Académicas en cifras», de 2007, realizado por Alicia Miyares.

Si las cifras se siguen manteniendo y, sin embargo, el techo de cristal no se resiente, hay que suponer que existan sistemáticas maniobras de exclusión, *microfísicas del poder,* unas inerciales al sistema de poder, pero conscientes otras. Los planos prácticos son aquí los relevantes para establecer los teóricos: ¿cuál es el papel de la exclusión femenina en la impostación de verdad del patriarcado?, ¿está el naturalismo funcionando como teoría de fondo?[7]. Y, a la vez, deben desvelarse la serie de verdades parciales estereotipadas sobre las que se asienta cada una de las pequeñas prácticas de exclusión.

DE LA DINÁMICA DE LAS EXCEPCIONES
A LA POLÍTICA DE LAS EXCEPCIONES

El feminismo de los años 70 había insistido en que el patriarcado es una política. Esta afirmación tiene muchas implicaciones. Por ahora resaltaré que si se sigue haciendo que la excepción ocurra como tal excepción cuando las cifras ya no la sostienen, ya no estamos ante una mera dinámica, sino ante una política, en lo que eso significa de *aplicación consciente de pautas de acción.*

Cuando floreció la gran generación de investigadoras, en la primera década del siglo XX, ello fue resultado de la política seguida por los colegios profesionales. Como ya dije, si se vedaba a las mujeres el ejercicio profesional corriente emplearían, lógicamente, sus fuerzas en otra parte. Hubo, pues, más investigadoras con relación a las cifras de mujeres uni-

---

[7] Incluso lo podemos encontrar travestido de biologismo en autoras pretendidamente feministas. Me refiero a la conocida serie de especulaciones acerca de la distribución funcional de los hemisferios cerebrales a los que se atribuyen también características sexuales: femenino el holístico y masculino el analítico. Pongo como ejemplo más conocido los libros, por lo demás amplios y divertidos, de la antropóloga H. Fischer.

versitarias, no porque a las mujeres les guste el trabajo afanoso, metódico y en solitario —dada su modestia, que tal cosa llegó a decirse—, sino porque investigaban, dado que no podían ejercer. Del mismo modo, si las cifras de mujeres suficientemente preparadas no se reflejan en las escalas jerárquicas no será porque las mujeres, de suyo modestas, no deseen relevancia; o no quieran comprometerse en horarios fuertes por la doble dedicación, profesional y doméstica, al menos si las tasas de natalidad siguen siendo las que conocemos. Más bien sucederá que existen y las mujeres las sufren, sistemáticas maniobras de exclusión.

Por volver al inicio de este apartado: la situación es tal que los ritos de pertenencia están incompletos. Las inteligencias femeninas son meras invitadas en el mundo del saber. Del mismo modo que en algunos selectos clubes masculinos londinenses las mujeres pueden un día a la semana ser invitadas sin que el recinto cambie de signo, así en el mundo del Saber y la Cultura —ambas con mayúsculas—, ellas permanecen a título excepcional. Los necesarios tramos educativos ya han sido cubiertos, pero los escalones del saber, que comienzan tras ellos, no han sido abiertos.

El sufragismo obtuvo el derecho al saber, pero el sexo del saber sigue siendo el mismo. Quiero con ello significar al menos dos cosas: una, que el llamado saber mantiene por el momento excesivos sesgos e idiotismos masculinos, lo que el feminismo suele llamar con el término androcentrismo; dos, que la autorización de las mujeres para el saber y sus ritos está incompleta. De la primera de ellas, el androcentrismo, se está ocupando desde hace dos décadas la filosofía feminista de la ciencia, y con bastante éxito. Falta quizá extender a las humanidades las inercias y sesgos encontrados y detectados en los saberes científicos. Pero la segunda, la autorización incompleta para el saber y sus ritos, es un tema reciente que todavía necesita mucha exploración tentativa.

Quiero citar, como parte de ella, a M. Le Doeuff, quien en su libro, que ya ha sido citado, *Le sexe du savoir,* emprende una de sus posibles singladuras. Supone que en el mundo académico sobran fetiches y clichés largamente sedimentados, pero que no puede atribuirse a este conservadurismo inherente a los saberes académicos el ostracismo que sufren tanto las mujeres sabias como los estudios feministas. En su opinión hay una realimentación constante «como si un contrato masculinista global ligase a los gerentes de las instituciones sabias y a los de la sociedad. Cuando los unos ceden un poco de terreno, los otros acuden al rescate»[8]. El orden se mantiene gracias a la existencia de un imaginario colectivo en el que «la obra maestra siempre es una producción masculina»[9]. De esta manera la razón epicena se transforma en razón-fetiche. Y tal tipo de razón sería compartida por el imaginario colectivo, incluidas por lo tanto las mujeres. Mediante estrategias de apoyo mutuo de las diferentes corporaciones poderosas, interesadas todas en mantener el statu quo, la exclusión de las mujeres se seguiría perpetuando.

Encuentro que es una buena manera de entrar en el asunto, pero añado de mi cosecha lo siguiente: deben ponerse en claro los mecanismos actuantes en el seno de cada una de tales corporaciones; deben colocarse en el orden adecuado los rangos de preeminencia, de modo que podamos distinguir tipos y niveles de exclusión; debe darse a este conjunto de prácticas de exclusión, así como a sus resultados, su nombre adecuado, que es *política*. Estamos ante una política y no meramente ante un conjunto casual y acumulativo de prácti-

---

[8] *Le sexe du savoir,* ed. cit., pág. 278.
[9] «Globalmente, la exclusión de las creadoras en la representación mítica de la capacidad inventiva permite a cualquier varón tomarse a sí mismo por Einstein y Leonardo da Vinci sin tener que manejar una ecuación o un pincel, e incluso si no se interesa para nada ni en la pintura ni en la física: para él no se trata de las obras, sino de consumir por identificación la idea de "gran hombre"», *ibíd.,* pág. 281.

cas, cuando quienes las realizan poseen un diseño de acción para adquirir colectivamente un fin. No parece exagerado afirmar que el encasillamiento del talento femenino en los ámbitos repetitivos y eruditos, la mala recepción de la innovación si es femenina, la ausencia de versiones estables y canónicamente enseñadas sobre lo que los avances feministas representan en la emancipación humana, el ocultamiento sistemático de la contribución del feminismo a la democracia, la invisibilización de los logros colectivos, en fin, son más que jalones de un modo de acción resistencial que busca perpetuar las inercias del mundo anterior y encuentra casi siempre modos para hacerlo. Parte de esta política, e importante, es que su aspecto beligerante no se perciba. Pero ahí los números de nuevo cantan. No es posible represar la masa actual de mujeres dotadas de habilidades, conocimientos y saberes —y las cifras muestran que el represamiento ocurre—, sin maniobras conscientes ni voluntades interesadas. Por ello no sólo asistimos a una política, sino a una cuyo resultado es la opresión.

Llegados a este punto debe también hacerse notar otro hecho importante: quienes desafían a este orden pertenecen al menos a dos clases. Están las existencias individuales que se alzan como pruebas vivas contra lo admitido, por mera comparecencia; la existencia de una sola mujer sabia o de una sola genia basta para revocar la verdad y la justicia del desprecio al sexo en su conjunto. Por ello ha sido siempre parte de la dinámica de las excepciones lograr que esos ejemplos singulares de desviación afirmaran que «nunca se habían sentido discriminadas» o que «jamás habían percibido la discriminación, en su caso». En la época de transición hacia las nuevas cifras incluso ese género de afirmaciones tomaba tintes curiosos. La misma persona podía aseverar que las mujeres habían estado por lo general discriminadas y que ella nunca lo había estado, con lo cual, o se refería a que su capacidad perceptiva era un fracaso o bien, de continuarse el silogismo, afirmaba que ella no era verdaderamente una mujer.

La otra clase de mujeres con talento que pusieron y ponen en cuestión este orden está formada por existencias autoconscientes en lucha. Mujeres que han empleado y emplean las victorias obtenidas —derecho a la educación, el saber, derechos civiles y derechos políticos—, para denunciar y socavar las prácticas y sobrentendidos de la exclusión. Ni que decir tiene que estas segundas son aún más beligerantemente rechazadas. No tienen canal. En otras palabras, es como si, urgidos los competentes a aceptarlo, se admitiera que el feminismo del pasado siempre ha estado bien; al fin hizo algunas buenas cosas, se concede. Pero el del presente siempre se excede. Las cosas ya están ahora y siempre bien y ya han llegado a su deseable punto de equilibrio. Esto puede leerse sistemáticamente desde que el propio feminismo se convirtió en una política activa en la que se fueron obteniendo metas, esto es, el último tercio del siglo XIX; a cada una de las victorias siguió un periodo de procesamiento y digestión de las novedades que dio la cuestión por conclusa. Y esto sucedió intermitentemente durante toda la segunda ola. Al feminismo se le envía al formol, que no al museo, cada lustro, pero, como está vivo, se escapa. Y sigue ocurriendo.

La ablación de la memoria

Al feminismo, pese haber mostrado y demostrado su enorme capacidad de proponer nuevas metas de innovación y justicia, parece que no hay que darle, y no se le da, nada por adelantado. No hay que darle canal ni cuartel. Que lo arranque. Así se piensa y se actúa. Cuando consigue en efecto algo de lo que no cabe negar que es valioso, se procesa, se digiere y se declara obtenido por el mero paso del tiempo y el sentido común. No ha habido lucha, trabajos, victoria. El grupo completo de las mujeres sigue sin referentes, sin pasado, siendo siempre «recién llegadas». Siempre es el «año cero» en que todo comienza y con las mismas dificultades.

No es exagerado decir que, en sucesivos presentes, la cultura masculina ha sido y es resistencial, beligerante y taimada. Actúa volviendo el pasado no significativo y el presente no conflictivo. Si algo estuvo mal, ya no hay motivo de airearlo, ya pasó; ahora ya todo está como debe. Hemos evolucionado, de un modo espontáneo, casi «natural», por la misma fuerza de las cosas, sin traumas y sin saltos, sin víctimas y sin deudas. Además, peor están en otros sitios. Esto tiene su parte positiva, la asunción poco traumática de novedad normativa por el conjunto social, pero para el propio movimiento es un muro de hierro que, al invisibilizar sus logros, dificulta su autoconciencia y su acción; y eso mientras que la de la parte contraria sigue fuerte y alerta. «Vais muy deprisa» y «por ahí no vais a ninguna parte» siguen siendo dos registros de los que se hacen depender decisiones constantes en la microfísica del poder patriarcal.

Y quizá no debamos ocultarnos que en todo esto cierta aquiescencia femenina desempeña también su papel. Nos quejamos, y con razón, las mujeres de falta de referentes y de falta de respeto. Sabemos que estas quejas están conectadas. Pero todavía en muchas ocasiones nosotras mismas nos comportamos mal con nuestra escasa herencia. No la reconocemos y adoptamos para con nuestro propio parnaso de sabias modales inaceptables.

El feminismo es una teoría que tiene fuertes relaciones con las filosofías de la sospecha. Esto no siempre le viene bien. Cuando carga contra su propia herencia, en un afán imprudente de no dejar incólume ninguna certeza heredada, se comporta como los cuerpos al que su propio sistema inmune ataca. A veces se tiene la impresión de que el deseo desmitificador llega demasiado lejos, porque no permite siquiera que tales mitos emerjan. Debería ejemplificar, pero me duele. Me limitará a mostrar mi perplejidad por los discursos escuchados en los cincuentenarios y centenarios de Beauvoir. «Tirar contra la madre» parecía el ejercicio más corriente, y eso que la madre dista de ser aceptada en el canon corriente; de modo que, si su estatuto es tan frágil, ¿a qué venía tanta crítica desde el propio campo? Se supone, o suponía yo al menos, que para esa labor ya están quienes se enfrentan al feminismo en cualquiera de sus formas. Hay un muy restringido uso del respeto a la autoridad femenina, que no creo que beneficie. Si, por un lado, parte del talento femenino está al servicio del canon masculino corriente, que se pretende pasar por universal, y por otro, de las personas decididas a estudiar y trabajar con perspectiva feminista, algunas no saben controlar sus deseos de abatir el orden, el resultado no puede ser bueno para el avance en este importante terreno.

Y no debo ocultar que alguna parte del feminismo tiene sobre el talento femenino posiciones extravagantes o aun peligrosas, porque no toda la amenaza viene de fuera. Quiero ocuparme de ello a continuación.

El talento y la inteligencia femeninos
y su destino

«Mulieres in ecclesia taceant.» Esta sentencia paulina es tan interesante que nunca se agota. «Que las mujeres se callen en la reunión.» Viene además acompañada de varias instrucciones paralelas a la congregación en las que se aconseja cómo usar el don de profecía. La atinente a las mujeres, en su completud, es ésta: «Como en todas las iglesias de los santos, las mujeres callen en las reuniones, pues no les está permitido hablar; antes bien, estén sometidas, como dice la Ley. Y si quieren aprender algo, pregunten en casa a sus maridos, pues no es decoroso que la mujer hable en la asamblea.» Esta instrucción suele completarse con otra de similar cuño, la que aparece en la Epístola I a Timoteo: «Que la mujer aprenda en silencio en entera subordinación. Pero no tolero que la mujer enseñe, ni que usurpe la autoridad sobre el hombre, sino que esté en silencio»[10].

Difícilmente aparecen citadas mujeres en los repertorios de sabios que la Antigüedad nos ha legado, aunque alguna mención extraña subsiste; sin embargo, hay un tipo de sabiduría en la que los nombres de mujeres sobreabundan: el profetismo. Las sibilas son mayoría y las adivinas frecuentes. Pertenezcan a los repertorios realistas o sean ficciones literarias, esta vinculación preponderante, en un suelo tan poco propicio para el magisterio femenino, tiene que tener algún sentido. Y no me refiero a que quepa buscar sus raíces históricas en las sociedades agrarias, sino sólo al desplazamiento de la capacidad intelectiva femenina a los márgenes de lo esotérico y cuál sea su función dentro del sistema del saber-poder.

¿Qué le ocurre a una inteligencia privada de contenidos convalidados? Podemos imaginar una acumulación errática de saberes inconexos, donde lo importante se una con lo secundario o incluso lo fútil sin transición; o podemos imaginar un talento que se transforma, sin más, en ingenio. O que se especializa en volver y revolver en aquello que sí le está aprobado; o que busca un orden del conocimiento que sólo algunos electos puedan tener por vías distintas a las normales. O... ¡Qué difícil por inconcluso está este mapa!

No sabemos nada del talento y el genio femeninos antes de que la prohibición del saber fuera levantada por el sufragismo. Ocurrencias o menciones casuales, obras aisladas, amparadas por padres que habían violado la norma y enseñado a sus hijas habilidades o saberes inconvenientes para ellas. Monstruos, por tanto, que despertaban más curiosidad que respeto. Algunas constructoras de obras que otros firmaban, algunas buenas organizadoras y políticas en los momentos fundacionales del monacato; abundantes propagandistas, tanto en la ortodoxia como en la herejía.

---

[10] Las citas son respectivamente de I Corintios, 14, 34, y I Timoteo, 2, 11.

Hay también como una marea de consejo presente en los agradecimientos que, en tantas ocasiones, varones ilustres hacen a mujeres de su familia o a nobles protectoras. Por volver al texto paulino, es como si, en vez de sólo a preguntar, a las mujeres se las hubiera enviado a que profetizaran en su casa. Y esto en todas las clases y estratos sociales.

Porque el mismo derecho tenemos a preguntarnos qué ha ocurrido con las mejores disposiciones de inteligencia por ejemplo masculina, en sociedades estamentales fuertemente jerarquizadas. Al menos, allí donde las castas sacerdotales tenían un gran papel, parte de esa inteligencia habrá sido utilizada, dado que una relativa cooptación siempre ha formado parte de tales organizaciones. Pero el caso de la inteligencia femenina es otro. Su interdicción y su falta de convalidación, así como lo escaso de sus contenidos, han debido producir alguna finta, algún hueco disponible mediante una torsión.

No me cabe duda de que la sistemática unión ontológica entre lo femenino, lo oscuro, lo nocturno, lo húmedo —toda la cadena que encontramos ya ordenada en los pares enantiológicos pitagóricos—, guarda relación con el saber vedado a las mujeres. Entiéndaseme, porque voy a cambiar la sucesión frecuentemente aceptada. No es que las mujeres guarden o tengan por modos sólo a ellas accesibles saberes esotéricos sobre asuntos a su vez oscuros. Las mujeres han podido ocupar ese lugar e incluso ejercer tales modos porque han estado excluidas de los lugares considerados pertinentes. Cuando esos ritos o saberes han formado parte de prácticas pertinentes, como es el caso del chamanismo o de algunos otros tipos religiosos, las mujeres han sido apartadas también de ellos. Y por lo mismo no es que esos saberes del límite, de las sombras, de los caminos laterales sean femeninos, son femeninos porque son laterales.

Uno de los modos por los que el sistema de saber-poder patriarcal ha desechado la inteligencia femenina ha sido relegándola al mundo de la intuición. A día de hoy todavía corre el tópico —cada vez más gastado— de que las mujeres son intuitivas mientras que los varones son racionales. Cuando en tales contextos —la atribución de género a la inteligencia— se pronuncia o escribe el término «intuición», hay que desconfiar. Tal uso suele acompañarse del conocido tópico según el cual «todas las mujeres son un poco brujas». De modo que las mujeres con grandes dotes de penetración y rapidez son calificadas como «intuitivas», y de forma similar, se dice de aquéllas con grandes dotes expositivas y de persuasión que tienen «mucho desparpajo». En cada caso lo que se busca es una expresión minorativa para nombrar un talento que ocurre fuera de su lugar admitido. Naturalmente utilizar así el lenguaje cuando a la masa casi completa del talento femenino le está prohibido el saber forma parte de los postulados; pero seguir utilizándolo en el presente es un asunto más crudo porque significa directamente una desautorización. Dejando esto, de momento, volvamos al caso del profetismo y la sabiduría.

La primitiva secta sinagogal cristiana, por ejemplo, se investía, frente al saber rabínico, del superior don de profecía; y vemos cómo se desaconseja plenamente que las mujeres —si es que lo poseen, cosa que el texto deja bastante oscuro— hagan uso de él. Con todo, es tradición la existencia de profetisas. Ana, del Templo de Jerusalén, aparece en los Evangelios como capaz de profetizar sobre Jesús el día de la presentación; el texto informa de que era una mujer viuda y piadosa que vivía consagrada al servicio del templo, «noche y día con ayunos y oraciones»[11]. También el texto nos informa tanto de su filiación como de su edad, y esta última importa; la profetisa tiene ochenta y cuatro años, lleva en el templo, pues, casi sesenta; por así decir, se ha ganado el puesto con su asiduidad. Del mismo modo, las primitivas iglesias, a la vez que imparten sentencias y normas que consolidan la tra-

---

[11] Lucas, 2, 36.

dición misógina[12], aceptan que mujeres especialmente probadas y prudentes «den consejo», esto es, profeticen en su casa y a los suyos.

Empleo el verbo «profetizar» en un uso adrede desenfocado, porque entiendo que esa inteligencia ha de mantenerse en el seno de lo privado, por lo tanto, sin interlocución pública y sin contenidos, como ya dije, convalidados. Por lo tanto no le quedará más remedio que autopresentarse y también ser percibida como una especie de «intuición» en todo lo confuso que el término significa. Pero como la intuición no existe, y para quien tenga dudas recomiendo que repase la Enéada Quinta de Plotino[13] (quien viene a ser tenido por su máximo defensor), la inteligencia femenina dentro de estos estrechos márgenes de acción ha de comparecer como una suerte de anticipación, reflejada, pues, como algo que entraña misterio. Y como, por otra parte, la figura previa de la sibila puede acogerla, las posibilidades de dar en Casandra son grandes.

Cuando el feminismo ha abordado el asunto de la sabiduría femenina, sobre todo aquel feminismo interesado en mantener la llamada diferencia y por lo tanto creyente en ella, normalmente ha aceptado sin crítica la versión mistérica que de lo femenino en sí construyó el Romanticismo. A través de varios episodios *La bruja* de Michelet ha venido a parar en el arcón de los tópicos de cierto feminismo que incluso no se recata de vindicar la supuesta sabiduría antigua y esotérica del sexo femenino. Sea esto dicho con matices, porque éstos van de la vindicación de comadronas, herbolarias y «sages-femmes» —toda una serie de habilidades prácticas en las sociedades

---

[12] Por ejemplo el debate del velo en la Iglesia primitiva o las sentencias irrestrictas de los Padres sobre la inferioridad de las mujeres; de utilidad para conocer la misoginia cristiana es U. Ranke Heinemann, *Eunucos por el reino de los cielos,* Trotta, 1994, especialmente cap. 9.

[13] En efecto, Plotino, el mayor de los filósofos romanos, hace nítida la distinción entre el momento intuitivo y el reflexionante, de modo que demuestra que la pura intuición existe cuando se traslada, esto es, cuando ha dejado de serlo, *Enéada Quinta,* Aguilar, 1967, págs. 98 y 112-113.

premodernas desplazadas por la formalidad universitaria de la medicina varonil convalidada en las modernas—, hasta la invención de «saberes femeninos» celebrada con mayor o menor jocosidad en los actos veraniegos que intentan levantar la mala prensa y memoria de las brujas[14]. Si tal vindicación de «saberes» se hace seriamente se consigue confundir ya por completo la cuestión. Porque de los caminos laterales sólo cabe hacer a su vez una vindicación lateral.

Videncia, profecía, brujería... casandrismo[15] son, en suma, un resultado de la exclusión de la vía ancha. Por lo mismo yo no tiendo a considerar un mérito, en las escasas figuras femeninas que andan rondando la entrada en el canon, que se hayan dedicado precisamente a cultivar los géneros mixtos o las vías sin nombre. Porque eso no habla de la existencia de un talento femenino en particular, peculiar, sino de las condiciones de existencia del talento femenino en general. Supongo que lo que afirmo es poco consolador, pero me veo obligada a hacerlo por deber de veracidad.

Los saberes de los débiles

No quisiera, sin embargo, abandonar este boceto sin dar otro rasgo sorprendente de la proximidad de las mujeres a los mundos oscuros y esotéricos, proximidad que la cultura

---

[14] Por ejemplo, I. M. Young no se recata en escribir lo siguiente: «Sea acercándose a las imágenes de la grandeza amazónica, o recuperando y revalorizando las tradicionales artes femeninas, como la confección de colchas —el quilting—, o el tejido, o inventando nuevos rituales basados en la brujería medieval, el desarrollo de tales expresiones de la cultura de las mujeres proporcionó a muchas feministas imágenes de una belleza y una fuerza centrada en lo femenino, enteramente fuera de las definiciones capitalistas y patriarcales sobre la belleza femenina», *La justicia y la política de la diferencia,* Madrid, Cátedra, 2000, pág. 273.

[15] Habría, sin embargo, que vindicarlo en parte: las hay que disciernen bien, pero no son escuchadas; las que «profetizan en su casa» porque el espacio público les está vetado.

androcéntrica ha marcado, y con terribles resultados, en más de una ocasión: los ingredientes supersticiosos del pensamiento y su sentido. Partiendo de la hipótesis de que, abierta una vía como casi única, acabará transitándose, no dudo que uno de los destinos antiguos del talento femenino hayan sido las prácticas supersticiosas, justo cuando dejaron de ser la vía general de acción; esto es, que por inercia y expulsión de los cometidos avalados y nobles, las mujeres siguieran durante siglos practicando habilidades respaldadas por saberes ya abandonados o abolidos.

Hay una cierta ecuación entre superstición y debilidad. En toda conducta supersticiosa —rastreable incluso en algunos animales[16]— coinciden al menos dos notas: interpretación inadecuada de signos y repetición supersticiosa de secuencias de conducta. He escrito que quien no tiene poder tiene miedo. Si los animales, ante un cuadro situacional que no dominan, desarrollan conductas agoreras, los seres humanos, cuyo volumen simbólico es enorme, pueden multiplicar esta misma tendencia. La conducta supersticiosa puede definirse como el hecho de interpretar como signos lo que no son signos. El vuelo de un ave, las vísceras de un toro sacrificado, la caída de un rayo... toda una serie de acontecimientos, en principio casuales, comienzan a ser signo y metáfora de otros que se esperan o se temen.

Este cauce, hijo desbocado de la capacidad simbólica, está sin duda en la base tanto de las religiones primitivas como de la superstición corriente. Y aquí me arriesgo: estimo que las mujeres son, por lo general, más supersticiosas que los varones. Confieso que afirmo tal cosa casi sin datos,

---

[16] Los trabajos etológicos y los conductistas sobre superstición animal y creación de supersticiones en animales experimentales así lo prueban. Por ejemplo, Skinner, «La superstición en la paloma», en *Registro acumulativo,* Barcelona, Fontanella, 1975, págs. 585 y ss. O, como etólogo, K. Lorenz, «Costumbre, ceremonial y magia», en *Sobre la agresión: el pretendido mal,* Siglo XXI, 1971, págs. 68n y ss.

porque es más bien una aplicación de lo dicho hasta el momento. Si por regla general las mujeres han ocupado escalas subalternas y no han tenido casi nunca oportunidades ni poder para decidir sobre su propia vida, y, más aún, a veces ni siquiera sobre lo que podía ser de ellas en el momento siguiente, cabe esperar que hayan desarrollado hábitos de supuesta seguridad: ritos de autoapoyo, conjuros, jaculatorias o rezos, ademanes, objetos, talismanes... toda una serie de «seguridades» supersticiosas para afrontar la incertidumbre. Y, de ser así, esto se relacionaría con lo dicho anteriormente expuesto a propósito de la práctica femenina del esoterismo y de las supuestas «habilidades» mujeriles en ese terreno.

Ética y estética

Como fuere, el caso es que todo ese mundo forma parte de la actual novelística femenina, especialmente de aquella que glosa al tiempo mujeres y grupos minorizados, como la afroamericana, la chicana, etc. Y la capacidad difusiva de este modelo narrativo está llegando a Europa y aún más allá. En casi todas las novelas —que en último término pertenecen a la tradición del realismo mágico— de los últimos veinte años, la ecuación *mujeres-superstición-poderes paranormales* se da por buena. Siempre un personaje femenino adivina el futuro, conoce tractos imposibles del pasado, presiente acontecimientos, organiza ceremonias extrañas... En fin, cualquiera que haya tenido la curiosidad de hojear ese tipo de literatura sabe a qué me refiero. Puesto que se trata de estética, nada que objetar. Pero desde la teoría —que es ética y política—, el asunto cambia. Aquí esa ecuación no tiene que convalidarse, sino ser explicada.

Y esto quiere decir que haya que explicar tanto la tendencia femenina hacia la superstición, si es que existe, como su razón de figurar en los múltiples relatos contemporáneos que la glosan. Como vengo partiendo de que quien no tiene poder tiene miedo, supongo que una considerable cantidad de ceremonias, ritos, objetos, jaculatorias... e incluso de la llamada «religiosidad femenina» se corresponden con las armas de los débiles, los saberes de los débiles.

Las armas de los débiles

La adivinación es en ocasiones una forma, aunque extraña y desviada, de fortalecer la voluntad. Los conjuros, la magia simpática, dan a quien los ejerce la ilusión de control sobre los acontecimientos. En el caso femenino, bastantes de las colecciones de ritos tienen como fin obtener el amor, retenerlo o conseguir su retorno, que el hombre deseado abandone a otra mujer. Los hay antiquísimos. Semejante esperanza nunca decae del todo. Aún hoy los diarios llevan horóscopos. Sin embargo advierto una diferencia: si bien existen conjuros y actividades similares para el sexo masculino, la pretensión no suele ser mantener el amor, sino obtener los favores sexuales de una indiferente o incluso adversa mujer[17]. Los varones parecen querer acceso y control, mientras que las mujeres buscan fidelidad y seguridad. Percibo, pues, una voluntad que intenta mantenerse, a la desesperada, sobre sí misma, sin poder para hacerlo y sin base estratégica. Éste es el caldo de cultivo de las actividades supersticiosas. ¿Son las mujeres supersticiosas o más supersticiosas? No lo sé de cierto, pero tienen las condiciones suficientes. Como indivi-

---

[17] O de más. No puedo resistirme a citar *el caso del arpa paraguaya*, que acabó en los tribunales. España, años 90: un barbilindo, ascendido a jefecillo, contrató los servicios de un brujo para «tirarse», *sic,* no a una, sino a las dos secretarias de que le habían dotado. Al no lograrlo, llevó a los tribunales al mago, reclamándole una cantidad considerable de dinero, más un arpa paraguaya que le había dejado en prendas. Suelo acordarme de esto cuando oigo que las mujeres poderosas «se vuelven como los hombres», porque me parece que al arpa paraguaya todavía las mujeres no hemos llegado.

duas pocas veces tienen o han tenido poder y como colectivo les ha faltado la autoridad. Sin embargo, como seres humanos corrientes, son perfectamente capaces de entender las situaciones, preverlas, razonarlas y poseer voluntad sobre ellas. Si están apartadas del discurso principal, errarán por los caminos secundarios. Y eso constituye un serio peligro, epistemológico, por descontado, pero también práctico, tan práctico como la capacidad supervivencial.

Un breve apunte sobre el precio pagado

Lo marginal no convalidado, realizado por gente insignificante, fácil de desbaratar y capaz, sin embargo, de ser presentado como peligroso, es un hacha que pende sobre quienes lo practiquen. En algunos momentos y en algunas sociedades, ciertas prácticas mujeriles, que no inspiraban reverente respeto ni temor, lograron sin embargo dar miedo. Y algunas mujeres pagaron en sus cuerpos y vidas ese pavor social: las desdichadas brujas.

No pretendo hacer otra cosa que un trazo sobre este asunto. La persecución de brujas ha sido corriente en todas las sociedades. En la nuestra se incrementó en los momentos de graves crisis de ideas y creencias. En el tránsito a la Modernidad, y más en los países reformados, se desató una fiebre colectiva de buscar, torturar y asesinar a mujeres desviadas, débiles, envidiadas... porque cualquiera podía ser objeto de una acusación contra la que no había forma de defenderse. Esas mujeres, porque sobre todo fueron mujeres las perseguidas y condenadas, fueron torturadas de mil modos, vejadas, violadas, quemadas y troceadas. ¿Qué hay que vindicar aquí?, ¿en serio alguien cree que hay algo, excepto la inocencia, la pobreza o la victimización producida por una misoginia salvaje?

Capítulo VIII

Feminismo y conocimiento: una política imprescindible

Abramos de nuevo los conteos y hagamos un repaso. Los cuatro escalones de la sabiduría se dejan resumir así: Primero: unos saben... cumplido; las mujeres tienen ahora los mismos o superiores insumos educativos y destrezas formales y convalidadas que los varones, si no ligeramente mayores. Segundo: ésos o ésas saben y transmiten. Aquellos y aquellas a quienes transmiten saber, están de acuerdo y lo valoran como tal. Este segundo escalón, por duro que pueda parecer señalarlo, todavía está en trámite. Me referiré a ello inmediatamente, pero antes, permítaseme adelantar en qué consistirían los dos restantes. El tercero: los que amparan a los que transmiten, los sabios reconocidos, juran que los segundos sí saben. En ocasiones, los cooptan, no sin fricciones, pero al fin, a algunos les reconocen como pares. El continente completo de honores y medallas del cual las mujeres están ausentes, o presentes del modo mentiroso que ya se ha analizado. Cuarto: en las cimas del saber brillan las figuras del Olimpo común: los ejemplos supremos, los sabios laureados. Los extintos. Las figuras clave. El gran canon. Es para las mujeres territorio desconocido. Ninguna ha podido, por el momento, entrar en él.

Pero, sin adelantar acontecimientos, se trata de volver con humildad a los retos que plantea el segundo escalón. Habrá que retornar al conteo. Establecer la estrategia cuantitativa como previa y necesaria sólo contribuye a plantear el problema, pero ni lo sitúa ni menos lo resuelve. Si las mujeres están en número corto en los espacios de poder y su presencia es aún menor en los de autoridad, esto puede ser entendido como el estado lógico y natural de las cosas. Sólo pocas mujeres son valiosas y, en consecuencia, sólo unas pocas alcanzan metas valiosas. Nada ni nadie conspira para que esto sea así. Lo primero, pues, es poner en cuestión esa aparente «naturalidad». Mostrar que es significativa y que en esos espacios el sesgo de género produce como consecuencia la infrapresencia. En estos campos, al menos, la hay: el poder público, la empresa, los medios de comunicación, la religión, el poder económico, la creatividad y el saber. Los mezclo adrede, porque se dejan reducir bien a política, dinero, opinión y respeto. Pero no voy a profundizar en ello ahora. Lo que me importa es subrayar que la poca presencia de mujeres en las élites de esos poderes tiene más arreglo, de momento, en unos que en otros. Y que eso puede tener su porqué.

Lo significativo, además de la infrapresencia de mujeres en esos dominios, es que la distancia entre ambos géneros puede reducirse en algunos de ellos, por ejemplo, poder público y empresa, esto es, en el ámbito del poder directo, mediante las estrategias de apoyo e imparcialidad adecuadas; y que, sin embargo, no ocurre lo mismo en los espacios de autoridad, entendiendo por tal la influencia que se pone en juego en los ámbitos de la opinión, la religión, la creatividad y el saber.

Debemos realizar ciertas hipótesis de por qué las cosas están así y qué otras cosas suceden para hacer posible esto: que a paridad de insumos educativos, las nuevas habilidades de las mujeres no parezcan reflejarse en su presencia en los ámbitos en los que la *expertisse* o la excelencia se juzgan. Debemos, pues, y por principio, descargar al asunto de su pretendida «naturalidad» y hacer que aparezca como lo que es, un problema, un problema de *techo de cristal*. Los perspicaces estudios de antropología de M. Douglas sobre los procesos de naturalización pueden ser de gran ayuda en este punto.

Las clasificaciones sociales están naturalizadas precisamente para que la sociedad funcione con menos entropía y menos riesgos. En sus propias palabras, «es necesario que exista una analogía que permita reconocer la estructura formal de un conjunto crucial de relaciones sociales en el mundo físico o sobrenatural, en la eternidad o en cualquier otra parte, con tal de que no se aprecie como un arreglo urdido socialmente»[1]. El feminismo es uno de los grandes develadores de esta urdimbre; por así decirlo, hace profanas relaciones que se han querido considerar naturales y sacras a la vez. En el fondo de todas ellas, formando parte de la estructura primera clasificatoria, está el par varón-mujer. Podemos decir que esto se lleva sabiendo desde Pitágoras, pero no con las mismas consecuencias; porque ahora ese proceso lleva tres siglos des-sacralizándose. Y aunque el par ha pretendido ser mantenido en pie acrecentando su naturalismo, la propia estructura política que es la democracia discursiva debilita ese planteamiento. La escasa presencia de mujeres en los ámbitos del poder, a día de hoy, implica exclusivamente *techo de cristal,* y esta expresión tan gráfica denota al conjunto sordo y continuado de maniobras excluidoras que comienzan desde los tramos de salida, eso, cuando no se autoexcluye la propia persona rebajando sus expectativas por no sufrir indeseables descalabros. De ahí la demanda de paridad, que nunca debe ser confundida con la discriminación

---

[1] M. Douglas, *Cómo piensan las Instituciones* (1986), Madrid, Alianza, 1996, pág. 78.

positiva, porque es exigencia de imparcialidad, no de favorecimiento. Quizá vaya siendo hora de aclarar esa cuestión que no cesa de provocar desenfoques y malos usos en el lenguaje político. Las mujeres en ninguna parte del planeta detentan colectivamente cualquiera de los rasgos del poder: capacidad de ordenar, autoridad, prestigio y privilegio. Allá donde se han conseguido mayores cotas de poder esto se ha realizado sólo dentro del poder público-político. Las estrategias para afrontar este hecho, la falta de imparcialidad y el sesgo de género del poder, que hasta el momento se han demostrado válidas, son las medidas asertivas de paridad, que no deben ser confundidas con la discriminación positiva.

Paridad versus discriminación positiva

Las medidas llamadas de «discriminación positiva», «acción afirmativa», «acción positiva» y a veces también de «discriminación inversa», porque reciben todos estos diferentes nombres, son sistemas propios de las democracias desarrolladas. Se aplican a colectivos que por una serie de razones: etnia, origen social, discapacidad física, etc., tengan escasa presencia o alcancen solamente bajos niveles en la educación, el empleo, la vivienda, las esferas públicas u organizacionales. Tal es el caso de algunos de los colectivos raciales en una sociedad multiétnica que, aun declarándose igualitaria, sólo lo sea aparentemente, puesto que los miembros de algunas de las colectividades que la formen difícilmente adquieran niveles educativos altos o puestos profesionalmente cualificados (como sucedía y todavía ocurre con los afroamericanos, orientales o hispanos en los Estados Unidos o Canadá). Las medidas de «discriminación positiva», aunque resultaron polémicas en su día, fueron adoptadas en principio por sociedades declaradamente multiétnicas que pretendían la integración de diferentes minorías raciales. Aparecieron en los años 70 del siglo XX y se utilizaron en su primera andadura sobre todo para la contratación laboral o para la admisión en algunos estudios universitarios.

Más tarde medidas de la misma naturaleza se aplicaron a los discapacitados, que, agrupados en fuertes grupos de presión, fueron obteniendo en muchas partes que el emplearlos se convirtiera en un objetivo estatal, ya fuera subvencionando su contrato por parte de la Administración o previendo para ellos «reservas de cupo» en los propios empleos públicos.

El objetivo de cualquier medida de «discriminación positiva» es siempre lograr el bien mayor de la integración social, aunque ello comporte no usar la misma evaluación con los colectivos que la vindican que con el resto de la ciudadanía; ése es el caso de las viviendas sociales, por ejemplo, que, de hecho más baratas que las del mercado libre inmobiliario, son del todo gratuitas para miembros de algunos grupos; es también el caso, por dar otro ejemplo, de los maestros varones en Francia, donde se prevé que un tercio de las plazas de enseñanza primaria sacadas a concurso sean para varones *aunque los resultados de sus oposiciones sean inferiores a los de las mujeres*. En todos estos casos, lo que anteriormente apartaba a una persona de un bien o una actividad, ahora se considera un plus. Con ese plus, ser negro, ser discapacitado, ser varón, se compensan diversos déficits, étnicos, de origen, sociales, formativos, que esas personas pudieran tener; el plus es legítimo, puesto que la desviación de la imparcialidad que comporta sirve para obtener bienes mayores que la sociedad política busca: no dejar a nadie fuera de los mínimos básicos, producir la integración de los discapacitados o evitar que la enseñanza primaria se feminice en exceso y dé a los niños y niñas una imagen colectiva sesgada, por seguir el hilo de los ejemplos presentados. En resumen, la «discriminación positiva», por expresarlo con una fórmula consagrada, *trata de forma diferente a los diferentes*.

La discriminación positiva suele utilizar, para garantizar esa presencia y mejor trato, una suerte de «reserva de cupo», las llamadas «cuotas». La justificación de este procedimiento se encuentra en la propia Teoría de la Democracia. El principio de acción positiva o discriminación positiva encuentra su fundamento en la Teoría de la Justicia de Rawls. Parte de la noción de «situación originaria» y «velo de ignorancia». Rawls afirma que si cada uno ignorara en qué parte de la sociedad le va a tocar vivir, así como las ventajas o inconvenientes de su situación, preferiría siempre lo que llama «maximin», esto es, «maximizar lo mínimo», asegurar que incluso la peor situación sea lo menos mala posible.

La «discriminación positiva» concede una ventaja para garantizar un igual punto de salida, cierta igualdad de oportunidades, aunque no existan iguales capacidades o idénticos méritos, pero esta pequeña o gran falta de imparcialidad, como ya se dijo, se compensa con el más justo procedimiento del sistema: la democracia como conjunto ético y político, que busca, sobre todo, ser integrador. La democracia hace además esto por razones también utilitarias: dejar personas o colectivos en situación de marginalidad es peligroso para su estabilidad y continuidad. Amenaza la cohesión social.

La «discriminación positiva» ha sufrido ataques por parte de teóricos políticos de gran talla, Hayek o Daniel Bell, por ejemplo, pero es aplicada en diferentes grados y sectores en bastantes democracias. Del mismo modo las políticas neoliberales, en tanto que resucitan el darwinismo social, sienten escaso aprecio por ella. Pero en los hechos, las medidas habituales de integración se han mantenido con relativa independencia del tipo de partido en el gobierno en casi todas las democracias avanzadas.

Sin embargo, la «discriminación positiva» nunca debe ser confundida con la «paridad». El uso de sistemas de cuotas para promover la paridad entre varones y mujeres, la llamada «paridad de género», esto es, que ninguno de los dos sexos esté sobrerrepresentado o disminuido en las esferas de la autoridad o el poder, no es un caso de «discriminación positiva». No se trata de «tratar de modo diferente a lo diferente», ni tampoco de igualar lo desigual, ni, por último, de implementar a una minoría. La paridad, por el contrario, busca evitar el «techo de cristal», esto es, que el sistema completo de autoridad y poder sesgue en función del género y no sea imparcial.

«Techo de cristal», se viene repitiendo pero nunca sobra, es el nombre que recibe el fenómeno siguiente: a medida que las calificaciones educativas y profesionales de las mujeres fueron aumentando desde los años 70 del siglo XX (cuando obtuvieron el pleno derecho a la educación), aumentó también su presencia en el mercado laboral y el mundo del trabajo cualificado. Sin embargo, en los siguientes veinte años se produjo un fenómeno que comenzó a llamar la atención de las y los investigadores: la presencia de mujeres era y es alta en los tramos más bajos de cualquier escala organizacional, sobrepasando incluso su número al de varones; desciende mucho en los tramos medios, situándose en torno a un tercio, y se colapsa abruptamente en los tramos altos, en los que la presencia de mujeres es insignificante. Este fenómeno es el «techo de cristal». La expresión alude gráficamente a que parecería existir un enorme pero invisible obstáculo impidiendo que personas adecuadas, pero del sexo femenino, obtuvieran metas profesionales esperables de su preparación, sus disposiciones y méritos. Como la única variable que da cuenta y explica el fenómeno es precisamente el género, se puede afirmar que existen personas adecuadas, pero se considera inadecuado su sexo.

CUOTAS Y PARIDAD

Para evitar este sesgo, que destruye toda imparcialidad en el sistema completo, comenzó a acuñarse el término *paridad*. La paridad se convirtió así en una de las metas buscadas por las democracias avanzadas y así quedó fijado en la Declaración de Atenas de 1992, la de Beijing de 1995 y la de

París de 1999. En todas ellas se subraya que la democracia exige paridad, esto es, participación equilibrada de varones y mujeres en la toma de decisiones y reparto equilibrado de los sexos en los poderes públicos. Para alcanzar esto se hace necesario «realizar modificaciones profundas en la estructura de los procesos de decisión»[2].

De modo que para lograr la deseable paridad de nuevo se aplican en algunos ámbitos, los públicos, y de momento sólo en algunos países, sistemas de cuotas, por ejemplo en las listas electorales. Sin embargo, el uso del mismo sistema con el que opera la «discriminación positiva» —las cuotas— no nos debe confundir sobre lo divergente de ella que es el objetivo *paridad*. No se trata de implementar con un «plus» una desventaja de salida. La paridad actúa sobre individuos que tienen las mismas cualificaciones y a los que solamente el género separa. Por ejemplo, es discriminación positiva que una minoría racial obtenga sus grados educativos obligatorios con sólo acudir al aula, con relativa independencia de su desempeño en los exámenes; pero no lo es el impedir que una persona que cumple los requisitos no sea cooptada para determinado puesto únicamente porque es mujer.

Tampoco son iguales los objetivos de la «discriminación positiva» o la paridad. Que una persona sea mujer no la convierte en miembro de una minoría ni menos en una persona discapacitada. Aunque aún hoy el ser mujer suponga una grave desventaja en igualdad de oportunidades y logros en algunas sociedades del planeta —y mucho más en unas que en otras—, ser mujer no forma ni puede formar parte del *maximin, no es ninguna desventaja en sí*. Ni en absoluto se trata de integrar a las mujeres, cuya integración social está asegurada en todos los diversos sistemas de relaciones de género; por el contrario, lo que no está asegurado es que estén recibiendo un trato justo.

---

[2] Declaración de Atenas, 1992.

En resumen y por lo general la «discriminación positiva» intenta, para salvaguardar el bien mayor de la integración social, eliminar la serie de discapacidades que una persona hubiera podido llegar a acumular en el punto de salida de su engarce social: nacimiento, raza, clase, procedencia, salud, etc. Difícilmente se extiende hasta el punto de llegada: obtener tales o tales puestos, niveles o bienes. La paridad se compromete más precisamente con este otro asunto de los resultados. Por ejemplo si recomienda que a formación y méritos similares sea elegida para el desempeño de un puesto o función una persona del sexo femenino, si se da el caso de que las mujeres tengan bajos niveles de presencia en esa determinada rama de la actividad. Con todo, tanto la «discriminación positiva» como la paridad comprometen una visión de la justicia política y social que busca el *maximin* de entrada, pero también en los resultados finales, promoviendo la igualdad de oportunidades y la nivelación de logros. Ambas son imprescindibles para intentar realizar en la medida de lo posible la idea democrática de igualdad, que, sin unos mínimos básicos asegurados para todos, convertiría a la libertad en una ficción.

La democracia no pide que «mujeres sean representadas por mujeres»[3]. La paridad encuentra su fundamento en la justicia como imparcialidad. Quiero subrayar que no es porque existen la mitad de mujeres en las sociedades políticas por lo que hay que tener un porcentaje similar de mujeres en los poderes; lo que sucede más bien es que debemos corregir y evitar que ser mujeres condene al ostracismo y se convierta en una desventaja en sí misma. Como mujeres, quizá no debamos aportar a lo público nada específico ni peculiar,

---

[3] Ésta es una curiosidad representacional, diferencialista, que está ocurriendo en democracias muy tentativas cuya ciudadanía es bastante frágil, por ejemplo, algunas de las llamadas «democracias islámicas»; es evidente que ése no es el modelo en que la paridad encuentra su lugar. Las mujeres no representan una voluntad separada, femenina, sino que tienen su sitio justo en la voluntad general.

165

pero como ciudadanas y ciudadanos debemos cuidar de que nadie sea minusvalorado por el hecho de ser mujer. Y hay tantas mujeres competentes y valiosas como varones en el mismo caso. Pero, pese a toda la claridad analítica de que podamos dotar a la agenda de la paridad, hay, como decía, ámbitos en los que la demanda de paridad levanta mayores sarpullidos. Vayamos a ellos.

Paridad: ¿hasta dónde llega?

En todas las democracias sólidas y avanzadas cunde la idea de que la escasísima presencia de mujeres en los poderes legislativo, ejecutivo y judicial es una extravagancia representacional, heredera quizá de tiempos más oscuros. Ello hace que, por el mismo expediente de concesión a los tiempos nuevos, algunas mujeres vayan ocupando espacios de visibilidad y poder. Pero es más fácil que adquieran espacios especiales: presidencias, primeros puestos ejecutivos, ministras..., espacios, en fin, excepcionales, que espacios corrientes.

Debe decirse que tampoco es lo mismo que se ocupen espacios excepcionales en democracias asentadas que en sociedades cuya democracia es endeble al lado de su sistema social.

Durante cierto tiempo, en la segunda mitad del siglo xx y con la expansión de este tipo de gobierno, pareció que las mujeres altas mandatarias eran más probables en los países en desarrollo que en Europa o Estados Unidos. Se estaba produciendo un espejismo por el que mujeres cooptadas en las familias dominantes ocupaban el puesto reservado a un varón extinto, convirtiéndose en una suerte de «hijas epicleras»[4]. Eran en verdad representantes delegadas de sus

---

[4] Éste era el nombre de las mujeres griegas capaces de heredar, al no tener hermanos, el nombre y los bienes paternos. Las epicleras, excepcionales, eran autorizadas a proseguir el linaje paterno porque si no éste se interrumpiría.

166

clanes, sin un currículo político normalizado[5]. También ocurre que una mujer pueda aparecer al frente de un estado de creación reciente, sobre todo si conseguirlo ha sido muy complejo, porque está admitida en razón de la falta de normalidad del proceso y casi de una forma semiprovidencial[6]. Epicleras, mujeres providenciales y casandras son las figuras femeninas que normalmente encontramos en las páginas de los libros de historia. Mujeres excepcionales en tiempos excepcionales, desde conductoras de ejércitos de desesperados hasta consejeras que nadie escuchó; éstas son las viejas figuras e imágenes del poder femenino tomado precisamente como una excepción que no cabe naturalizar.

Pero otra es la ley de la democracia. Volviendo al argumento, lo realmente complicado es que las mujeres ocupen paritariamente la escala completa del poder público, desde sus escalones más bajos a los más altos y visibles. Digamos que aquí la partida se juega en los tramos medios y medios altos. Y sin políticas adecuadas el sesgo es tan constante que los números que resultan no pueden variar. No estamos ante un proceso de metáfora geológica en el cual, a medida que empujen los estratos inferiores, afloren las cumbres. El proceso no puede ser librado al tiempo, porque precisamente se fabrica por medio de ese tiempo. Por seguir con la imagen geológica, es como si en la cumbre hubiera mucha más erosión que la previsible. Si se deja funcionar libremente al sistema, por grande que sea su entrada, siempre sesga[7]; no puede evitarlo. Por ello debe ser sistemáticamente corregido. Porque lo que en muchos casos tenemos en sus tramos medios altos y altos no son avanzadillas, sino excepciones, normalmente además, nombradas desde un lugar más alto todavía.

---

[5] Son los casos de Bandaranaike, Indira Gandhi, Benazir Butto y algunas otras.

[6] Fue, por ejemplo, el caso de Golda Meir en Israel.

[7] M. A. Quintanilla, «Mujeres y ciencia: discriminación y excelencia», *El País,* 21 de marzo de 2007.

Lo nuevo y lo viejo

Vivimos en tiempos en que esas diversas figuras y nichos de poder, dado el diverso proceso en que los países del planeta viven, se funden y aun se confunden. Hoy la fenomenología femenina se amplía sin cesar. Siempre hay que saber, cuando de poder se trata, si las mujeres colocadas en él son avanzadillas. Sería lo esperable de los nuevos tiempos, pero no siempre ocurre; el diagnóstico, sin embargo, es fácil: basta con observar los niveles que están por debajo de ellas. Hay otro método, pero es en exceso sutil: medir el respeto que producen. El respeto es una notable marca del poder, marca que tiende a bajar cuando la delegación es demasiado visible.

De todos modos, de nuevo nos estamos pegando al contexto del poder público-político y paridad tiene bastantes más registros. Cierto que este término, «paridad», tiene usos, sobre todo en el contexto europeo, casi en exclusiva políticos. Da la impresión de que «paridad» ha venido a nombrar únicamente la igualdad en el poder y responsabilidades públicas y que lo ha hecho así para evitar las confusas discusiones que el término anteriormente usado por el feminismo, «igualdad», generaba y todavía genera. Sin embargo, tiene, como digo, un alcance más amplio que los usos políticos del término. Se han señalado ya seis ámbitos de toma de decisiones relevantes en los que la paridad incide y en los que, por descontado, no ha sido alcanzada: los poderes públicos, la gran empresa, los medios de comunicación, la religión, la creatividad y el saber. Seis ámbitos en que existen *élites discriminadas,* por utilizar la acertadísima expresión de María Antonia G. de León. Es importante enumerarlos y poder señalarlos porque esto, reconocerlos separadamente, es algo que todavía no se ha hecho. La equidad educativa, el reparto cooperativo de las tareas domésticas, la pobreza femenina y la feminización de la propia pobreza, la violencia sexista, todas estas líneas importantes de agenda, están ocupando la escena, y eso, aunque no deja de tener sus peligros, está bien. Pero si ser radical es ir a la raíz, estar fuera de esos seis ámbitos de poder enumerados, es el suelo común de la mayor parte de los problemas de las mujeres reales. La paridad, o mejor dicho, su falta, se sitúa en el trasfondo de la situación minorizada, minusvalorada y discriminada de las mujeres.

En la última década, la relevancia del poder político y económico y su desigual reparto entre ambos sexos ha sido cada vez objeto de mayor atención y en esos ámbitos el concepto de «paridad» aparece en primer plano. Mucho más, desde luego, en el espacio político que en el económico que sigue atrincherado[8]. Pero, insisto, ésos no son los únicos espacios de toma de decisiones relevantes, por importancia que tengan las que allí se tomen. Al lado de ellos deben comenzar a colocarse sistemáticamente los medios, la religión, la creatividad y el saber. Son, nada menos que las fases performativas y legitimadoras de los otros dos poderes, más ejecutivos.

Existe cierto número de investigaciones buenas sobre algunos de ellos; las hay sobre la educación —base de todo el conjunto—, la empresa, la política y los medios, por citar algunas de las más significativas[9]. Y, sin embargo, otro u otros aspectos de los ya mencionado se mantienen en relativa opa-

---

[8] Entradas fuertes han comenzado con las medidas de paridad en los consejos de administración de las empresas tomadas en enero de 2006 por el Gobierno de Noruega. Aún no se puede valorar su incidencia. Lo mismo ocurre por ahora con nuestra Ley de Igualdad.

[9] Concepción Gómez Esteban ha trabajado el tema en dos vertientes, universitaria y empresarial: J. Callejo y E. Casado, *El techo de cristal en el sistema educativo español*, UNED, 2004; L. Martín Rojo, «Discourse at work: When women take the role of managers», *Critical Discourse Analysis*, Palgrave McMillan, 2002, y también «The gender of power», *Feminist critical discourse analysis*, Palgrave McMillan, 2005.

cidad. El saber ha sido más trabajado de cara a la meritocracia, los logros educativos y su traducción en los currículos profesionales, que, por ejemplo, como dominio autónomo. La creatividad probablemente sea aún más compleja que el saber. En último término ambos correlatan. Y el poder religioso merece capítulo aparte. Todos estos ámbitos son bastante más opacos que el poder político, que ya es decir. Todos poseen «colegios en la sombra». Todos mueven enormes sumas de dinero e influencia. Ninguno está dispuesto a aceptar que la paridad sea un criterio dentro de ellos. Apelan sistemáticamente a la excelencia, cuando no a la voluntad divina. Preveo que la entrada será difícil.

Lo significativo, por retornar al segundo escalón del saber y que nos sirva de ejemplo, es que tanto en él como, por ejemplo, en la creatividad, se supone que los criterios meramente cuantitativos no tienen cabida. A sabio o a genio no se llega por concurso público, por contrato o por favor. Son situaciones excepcionales, de manera que han de juzgarse individualmente mediante cánones también excepcionales, registros cualitativos y no cuantitativos. Cualquier análisis de un espacio de poder, aunque se le entienda como autoridad, ha de comenzar por ellos. Son previos y fundantes.

Sí; cuando el feminismo de los ochenta comenzó a utilizar los conteos sistemáticos, hizo una gran cosa. Y deben ser usados incluso en ámbitos que los rechazan de plano. Tales espacios suelen vestirse de autoridad y reclamarse siempre del criterio de excelencia, pero, en estas y otras cosas, nos hemos vuelto muy descreídas.

SIN MODELOS O SIN REFERENTES:
LAS MUJERES FAMOSAS

Existía, en tiempos pasados, antes de que las ideas y propuestas de Beccaria —el único que merece el título de divino marqués— cambiaran nuestros modales penales, la costumbre de deformar al reo. Se le pelaba a cabeza, se maltrataba su cara con cortes y, por último, se le vestía con ropa infamante. De ese modo su humanidad formal y aceptable desaparecía. Los sujetos así presentados bien podían ser torturados y eliminados, puesto que nada respetable quedaba en él o ella. La imagen completa de las mujeres como género, por decirlo de un modo suave, ha cambiado en el último siglo sus claves de respetabilidad. El honor femenino había venido siendo dependiente del honor familiar y sexual. De modo que tenían derecho al respeto las mujeres de clases elevadas, de conducta intachable y, donde las hubiera, las vírgenes consagradas. Toda esta constelación de valor se aleja en un ocaso imparable. Pero ¿cuáles son ahora las marcas de honor si no se reconocen los insumos meritocráticos, se impiden o se ocultan? Si todo un colectivo carece de autoridad, ¿qué representa eso en su modo de detentar el poder que consiga o mantenga?

Los tiempos de las excepciones han pasado, pero sólo en los primeros tramos; siguen vigentes en buena parte si no en todos los niveles superiores. De ahí que el feminismo haya propuesto la vindicación de la norma, incluso de la norma oculta, el reconocimiento de la igual mediocridad[10]: porque, en el presente, ni las excepciones son excepcionales ni la norma es lo normal.

Muchas sociedades no han permitido a sus mujeres presencia alguna en el espacio público; pero la globalización avanza imparable, sobre todo uno de sus auxiliares y productos más imponentes: los media. Desde la primera señal de radio de Marconi, el planeta se ha ido recubriendo de una malla sutilísima de comunicación, casi como si fuera un capullo de seda, si pudiéramos visualizar el conjunto de mensajes que constantemente lo rodean. Esto ha hecho que nada puro, incontaminado, quede en él. Todo ahora es, lo quiera o no, mixto, y cuando quiere evitarlo, identidad reactiva. Pues

---

[10] En este contexto el planteamiento del derecho al mal toma nueva y coherente perspectiva.

bien, incluso las sociedades que no concedían espacio a las mujeres, les dan ahora presencia en los medios. En las sociedades más abruptamente masculinas, hay al día de hoy famosas. Y esto tiene su aquel que desvelar.

Puede tratarse de una presentadora de televisión, de una cantante, de una actriz..., la famosa está incorporada al paisaje y adquiere un papel, lo quiera o no, de modelo. Sucede desde la India a Paraguay, pasando por la China y Arabia Saudí. Es un terreno conocido: algunas sociedades, las nuestras, que normaron mucho y fueron cicateras con el respeto a las mujeres, siempre les permitieron ser *famosas,* pero esto quería decir, directamente, cómicas. No se entienda que voy a realizar una denostación vulgar y trillada del famoseo, *esa gente a la que conocen los que no conocen a nadie;* no es el caso. No la necesito y la doy por supuesta. Ni ahora me planteo analizar qué representa y qué es el famoso o famosa en el nudo relacional de las sociedades complejas, aunque pienso que la existencia de las famosas puede ser muy útil para entender esta dinámica. Sólo me atengo a un punto: por la fama y la calidad de las famosas conoceremos el estatus de las mujeres como grupo.

A las mujeres no se les permite vestir la nueva calidad de saber y poder obtenida, o el proceso resulta demasiado lento[11] y azaroso. ¿Cuál es su imagen colectiva? La que los medios y la publicidad proporcionan: edad intemporal antes de la adultez plena, deber de agrado... esto es, poder sabiamente escondido; o bien víctimas, de abusos, violencia, tráfico... poder inexistente. Hace falta, diré más, es imperioso corregir esa dualidad y mostrar a las mujeres reales y sus logros, no sólo sus problemas, ni menos aún, por descontado, sus estereotipos. Y hace falta traspasar el techo de cristal en los ámbitos de excelencia ya mencionados para que todo este gran

---

[11] Como lo muestran las cifras que dan Eulalia Pérez Sedeño y Paloma Alcalá (eds.), *Ciencia y Género,* Universidad Complutense, 2001. En realidad, ellas muestran que, lejos de seguir una dinámica regular de avance, las cifras femeninas están retrocediendo.

movimiento de avance no parezca meramente producto de la moda o el favor.

¿Por qué las llamadas todavía «cuotas» parecen tan esencialmente ilegítimas a mucha gente? Entre otras cosas, porque se las presenta como una reclamación de poder sin autoridad para respaldarlo, mera ambición sólo comprensible y presentable en el *de por sí corrupto* escenario de lo político. Y marco con bastardilla el tópico precisamente porque no lo acepto. En ese poder, y sólo a medias, se admite la presencia de mujeres en sus tramos altos; sólo a medias porque sólo la mitad del espectro político lo hace. Y me arriesgo a decir que en muchos casos, dentro del sí, se asiente a ellas opacamente. Por eso hay que dejar claro que si las mujeres obtienen metas no es porque «ahora se lleve poner mujeres a la vista», sino porque han acopiado lo necesario y más de lo necesario para poder legítimamente optar a ellas. Tampoco es producto de la benevolencia de nadie, sino del avance colectivo. Si no incorporamos e interiorizamos esto, y lo hacemos además conocer, la estructura de las modas o el favor político no sólo jugará contra la causa de las mujeres, sino contra la justicia dicha en general.

No deseamos y exigimos cosas «por mujeres», sino porque tenemos méritos sobrados para ellas y se nos aparta *por ser mujeres*. Y, parecido caso, no queremos tampoco que «mujeres», así, sin más, ocupen los lugares antes vedados, puestas no se sabe por quién, sino que estimamos que sería mucho más conveniente que no se produjeran casos extraños en la selección de las cooptadas. Pero quede eso para más tarde, aunque me tienta realizar un breve apunte. Vamos conociendo bien cómo se usa la paridad allí donde se admite, incluso vamos sabiendo bien las maniobras, combinaciones y tratos a los que está sometida la presencia de según qué mujeres. Vamos sabiendo que toda renovación comienza por ellas[12], que la per-

---

[12] Así lo describe agudamente Alicia Miyares: ellos son insustituibles, ellas intercambiables, *Segundo Encuentro de Mujeres Líderes Iberoamericanas,* Fundación Carolina, 2007.

manencia y consolidación de lideradgo es casi un duelo en la jungla. Incluso se nos van ocurriendo modos de llevar esto a mayor claridad y orden[13]. No estamos ciegas y sordas con lo que la paridad conseguida va ocultando.

En la presencia y la falta de peso de las mujeres en los ámbitos de poder y autoridad existe una microfísica que debe iluminarse. Porque no basta con señalar que la infrapresencia de las mujeres en los espacios de autoridad es parte del problema general del poder: lo que importa es saber cómo se produce, cómo se fabrica, qué prácticas la mantienen y cuáles son sus sobrentendidos, sociales y conceptuales, por supuesto. Aunque ahora se echa de menos una lupa más precisa.

Una que ponga de relieve los aspectos prácticos de esta problemática: cómo son y se usan las dinámicas organizacionales, sistemas de cooptación, creación de perfiles, liderazgos, modos de conferir confianza o crédito, fluencias de poder, redes de apoyo... en fin, ahora somos más capaces de analizar en profundidad —y esto también implica microfísica—, qué es y cómo se forma el «techo de cristal» que subsiste y mantiene la diferente jerarquía entre los sexos en condiciones de aparente igualdad meritocrática. Analizarlo y no sólo señalarlo.

Debe sin duda ser resistente, porque a los sucesivos Planes de Igualdad propiciados por las Instancias Públicas, Estatales y Autonómicas, les cuesta siquiera arañarlo. El pensamiento feminista debiera poder ayudar y contribuir a seleccionar objetivos y métodos. La Conferencia de Pekín propuso como uno de ellos lograr el aumento de presencia de mujeres en puestos de decisión relevante, y éste sigue siendo el objeti-

---

[13] Patrocinio de las Heras ha realizado una batería de propuestas al Congreso XXXVII del PSOE en la que busca y encuentra algún buen remedio a esta situación. La «paridad en la renovación» puede interrumpir algunas desviaciones sistemáticas en el correcto uso de las cuotas de paridad. Parece que esta vez no se ha aceptado.

vo que lograr en la próxima década. Lograrlo primero y consolidarlo después. Pero de ello se seguirán nuevos retos, porque superar el techo de cristal tendrá incidencia en las políticas de natalidad, los problemas del estado de bienestar, las políticas educativas, los movimientos migratorios y, en suma, está todo ese vórtice de logros, conectado con aspectos importantes del proceso de globalización. Pues bien, nada menos que despejar ese horizonte depende en buena parte de someter a revisión y examen las valoraciones fuertes subyacentes en la toma de decisión social y los discursos de legitimación que las vehiculan.

LA TRAMPA DE LA PECULIARIDAD

No quiero sacar el primer sentido de este título, la trampa que se tiende a cada mujer que accede a un espacio antes restringido, cuando se le pregunta, con toda facundia, qué piensa aportar, como si tuviera más obligación que aportarse ella misma. Ahora quiero ir algo más al trasfondo de todo ello. Creo que en el plano teórico debemos contribuir a presentar como relevante el objetivo paridad para la teoría política, y, a renglón seguido, implementar la demanda paritaria con una teoría epistemológica avanzada que incluya los sesgos nietzscheanos y foucaultianos propios de la llamada «modernidad reflexiva»[14]. También en el plano teórico, pero en vector diferente, debemos mostrar la contribución de las propuestas feministas a la consolidación de una democracia

---

[14] Esta expresión de U. Beck, que se refiere a la confrontación de las bases de la Modernidad con sus propias consecuencias, no me gusta, pero es preferible a otras que permanecen todavía ancladas en el prefijo «post»; son interesantes los ensayos que la promueven, U. Beck, A. Giddens y S. Lash, *Modernización reflexiva* (1994), Madrid, Alianza Universidad, 1997. De todos modos se está consolidando *globalización* como el nombre actual más corriente de la era.

avanzada y sus moldes políticos. Hay que hablar, de ahora en adelante y en directo, de democracia feminista[15]. Y eso implica políticas nuevas. Y también visiones nuevas y más finas de las políticas en general.

Los logros de las mujeres no están visibilizados y ocultarlos en su imagen social y pública, dificulta y retrasa los cambios. El poder y la autoridad se relacionan tan profunda y sutilmente que su separación es sólo analítica. Es posible y conveniente separar sus rasgos, pero en la realidad sólo observamos sus mezclas. Con todo, podemos apreciar en ellas la presencia relativa de autoridad o poder en cualquier dispositivo de poder. Lo que Russell llamó «el poder desnudo» no se da casi nunca, del mismo modo es también imposible la «autoridad pura». Pero sabemos que cualquier poder tiene en el fondo un componente de fuerza y que los poderes más aceptados y eficaces son aquellos que la ocultan bajo la naturalización de su autoridad.

Las mujeres, colectivamente, no han tenido autoridad, sino falta de ella. Y su poder, como fuerza, es un mito o una broma. Por ello, desde el periodo clásico griego, la asamblea de las mujeres ha resultado siempre ridícula y capaz de provocar carcajadas, siendo, sin embargo, remotamente verosímil en las democracias. Pero eso era lo que le daba más picante, que siendo pensable era, sin embargo, imposible. Ahora las cosas cambian.

Veremos que cada vez que se produce un pequeño avance en la entrada de mujeres en espacios antes vedados, la reacción es declarar que «las mujeres están tomando el poder», aunque está bien lejos de ser cierto[16]. Allí donde la pre-

---

[15] Es el título, bien buscado, de la obra de A. Miyares (Madrid, Cátedra, 2003), en que se desarrollan los desafíos actuales que el feminismo plantea a la teoría política tradicional.

[16] Laura Freixas ha trabajado especialmente este manejo de cifras y titulares. Un artículo incisivo y accesible: «Los libros ¿cosa de mujeres?», *El País,* 23 de abril de 2007.

sencia de las mujeres no esté normalizada, cada una de ellas será negociada en tanto que mujer. Y serán por lo tanto preferidos perfiles poco nítidos o bien discordantes, de varios modos, éticos o estéticos, con la agenda feminista. Esto es, o la que menos mujer parezca o la que más mujer *nos* parezca según *nuestro* propio entender del caso a quienes tengan el dominio real de la situación.

Me tienta llamar a esto la táctica de *redes para peces pequeños*. Consistiría en cooptar a quienes no pongan en peligro el paradigma, lo que da grandes posibilidades de elegir a las más insulsas, a las más lábiles, a las cobardes, en fin, de nuevo en expresión de Amorós, a las «becarias desclasadas». También cabe no fiarse ni de eso, porque las hay que pareciendo tontas no lo son a la postre, sino muy listas; de modo que a veces hay que asegurarse la fidelidad al paradigma y al tronco familiar, para que mutuamente se apoyen. Cooptar mujeres *seguras,* por vía de sangre o de tálamo.

¿Se están produciendo maniobras como éstas? Redes para peces pequeños; puertas en la jerarquía del sistema por las que no pueda entrar nadie de envergadura. Alicias que persiguen al Conejo Blanco y son rechazadas por grandes o por chicas[17].

Todo el mundo coincide en que la fase más difícil de cualquier carrera pública, y en los ámbitos de la excelencia todas lo son, está en sus inicios. ¿Puede suceder que haya un currículum oculto que premie en los varones la audacia y la castigue en las mujeres?, ¿que espere de ellos la innovación y de ellas la repetición? Si esto sucede en el primer escalón del saber, ¿por qué no habría de repetirse en los demás? En otros términos, ¿qué microfísica del poder subyace al mostrenco «esta sí, esta no»? Creo que ya hay datos para iluminarla cualitativamente, pero esa microfísica sabemos que existe con independencia de ellos: existe porque los grandes

---

[17] Las mujeres no son tontas; algunas se toman el brebaje de hacerse pequeñas para crecer una vez dentro. Conozco alguna.

números la delatan: no se obtienen tan pocas mujeres si no se ha descabezado «in nuce» a muchas más. Los datos precisos de cómo se logran los números finales tendrían que darlos quienes intervinieran en tales procesos y eso está complicado, de momento. Reserva y secreto están y constituyen los espacios de poder y habrá tiempo de volver sobre cómo juegan en los casos de las mujeres.

Pero es evidente, por las cifras finales, que hay una «guerra de sexos» en todos esos ámbitos y que se desarrolla sólo en un sentido: los varones valoran, rechazan y eligen. No sólo está la pregunta de por qué eligen tan pocas mujeres, sino otra, por qué eligen a las que eligen; pero ésta puede ser aún una pregunta demasiado temprana y por lo tanto temeraria. Vayamos a lugares menos expuestos.

En la democracia feminista va habiendo temas maduros. Se queja el feminismo militante de que el tema del poder no «engancha» a las jóvenes. Es normal, no es un tema juvenil. Es doblemente maduro. No se advierte hasta una edad determinada, cuando se hacen las cuentas entre expectativas y logros, y no tiene poso suficiente hasta que las democracias llevan una andadura también larga. Pero ambos casos se están cumpliendo en todo Occidente. Mujeres que son capaces de sacar esas cuentas biográficas y democracias que también son capaces de afrontar que no han sido y quizá todavía no son imparciales con la inteligencia y los logros femeninos. Por todo ello en la agenda de la democracia debe aparecer de nuevo la luz, la visibilidad.

CONOCER Y RECONOCER

Lo que no se sabe no se pondera. Si los logros no son conocidos, sus propietarias no serán reconocidas y la consecuencia para el sexo en su conjunto será el mantenimiento de una imagen atávica, trasnochada o torcidamente interesada. No podemos permitirnos, y lo diré con brusquedad, que la imagen prevalente de las mujeres sean las mujeres maltratadas. Las excelentes tienen no sólo derecho a la luz pública, sino capacidad para romper estereotipos, cosa que a todas y a la salud de la democracia, conviene. Para lograrlo se hace preciso interrumpir algunas maniobras de escamoteo previas, por ejemplo, las que concurren en el imaginario del famoseo femenino, pero también será conveniente no digerir algunas piedras de molino suministradas por las interesadas cooptaciones que puedan producirse. Si las mujeres que ocupan la escena pública son exclusivamente actrices, cantantes, gentes del espectáculo y casos afines, está claro que estamos ante una sociedad en vías de desarrollo o una que escamotea logros. Pero si el relieve y la luz se enfocan sobre algunos peces pequeños previamente seleccionados, mujeres que caminan sobre un prestigio siempre teñido de escándalo, así se dediquen a la escritura o al deporte, mediocres vivarachas asumidas para evitar a otras mejores, el asunto no avanza. Pocas mujeres se convierten, estén o no de acuerdo, en modelos a través de los cuales tipificar y enjuiciar a todo su sexo.

Las conocidas, entonces, no tienen derecho ni por ellas mismas ni por su investidura al reconocimiento, y las excelentes son ocultadas o enviadas a los márgenes.

Me interesa la suerte de estas últimas, de estas *hermanas de Shakespeare*[18], buenas por sí mismas, para las que no sólo no se busca acomodo, sino que no se les quiere encontrar porque su mera existencia contradice los postulados de sistema del poder patriarcal. La dinámica de las excepciones las pudo, a su modo, amparar un poco en el pasado reciente. Antes, ni que decir tiene que el consejo sobre la genialidad femenina fue siempre el contrario del que supone el Evangelio: nadie enciende una luz para ponerla debajo de un caldero; pues exactamente. Toda la luz que han conseguido mu-

---

[18] Por usar la expresión del impagable escrito de Virginia Woolf.

chas mujeres se ha ocultado de modo sistemático. En su lugar, y ésta es la novedad de nuestro tiempo, ponemos ahora a otras, más convenientes. Ésas, y en escaso número, serán ofrecidas como ejemplo. Y de las de verdad, de las que tienen talla, haremos víctimas, pero víctimas irreconocibles. Una maniobra de sustitución que ni siquiera necesita ser consciente (aunque parece que lo es), sino que puede quedarse en la conciencia mostrenca, ya mentada, del «ésta sí», «ésta no».

Individualidades descollantes, de fuerza extraordinaria, serán deformadas, ocultadas, obligadas a ocupar los márgenes. Y entonces, para rematar la faena, se podrá decir que ellas prefieren los márgenes. Tenemos en España un ejemplo señero, María Zambrano. Pero se pueden citar más en el pasado y en el presente. ¿Es que a nadie extraña que tantas de las creadoras del XX hayan terminado sus días por su propia mano, en hospitales extraños o con no menos raras enfermedades?[19].

Si hay todavía en la excelencia una guerra de sexos, y sólo de una parte, es porque se limita a ralear las filas de las aspirantes. Y lo debe hacer pronto, porque si no quedan sin explicar tanto el llamado «efecto tijera»[20] como la escasez efectiva de mujeres aspirantes al tercer escalón. Tengamos presente que la presencia femenina por ejemplo en las academias es ridícula, y tampoco tienen espacio en la «academia en la sombra», porque no alcanzan el número suficiente en el segundo escalón que les dé peso en las decisiones y consultas previas a las candidaturas formales de cualquier tipo. Tampoco, si a lo mismo vamos, tienen presencia en di-

---

[19] Para ser exacta, un brillante artículo de B. Prado, «Mujeres solas en la oscuridad», *El País,* 11 de febrero de 1998, apuntaba hacia este enorme tema; quizá convendría aún desarrollarlo.

[20] Se conoce por este nombre al cruce de líneas que se da ahora en los gráficos que muestran la presencia de mujeres en los tramos altos académicos o investigadores. El número de mujeres y su línea por tanto son altos, pero descienden a mitad, al mismo tiempo que cambia la curva varonil que progresa desde bajos inicios hasta superarla.

rección de investigaciones, conformación de equipos, subvenciones poderosas, comités editoriales, revistas, colecciones... ni en los mil y un fastos, llamados actos culturales, con los que se van estabilizando los «nombres significativos». Resumiendo, las mujeres con nombre individual a duras penas existen y «las mujeres» o, peor, «la mujer» existe en los medios y la opinión asociada a temas como la prostitución o la violencia. El panorama no parece alentador.

Por dejar y rematar el tema del tercer escalón, al que nombro, abreviando, de *honores y medallas*, las cifras hablan solas. En el caso español, y en esto no somos excepciones en absoluto, hay organismos e instituciones estatales y autonómicos de ese rango; en unos y otras, la presencia de mujeres va de ninguna a tres, sirvan de ejemplo las Academias.

Por lo que toca al cuarto, por ahora paseamos a nuestras propias santas por ver si les hacemos un sitio en el *Olimpo Común*, ese Gran Canon que constantemente se recrea, y lo hacemos ante la mirada escéptica de la concurrencia. ¿A quién traen? A Simone de Beauvoir. Y ni siquiera vienen todas[21]. Pues van dadas. ¿Y ahora? A Hannah Arendt. Ya veremos, ésa después de todo no se desvivía por la causa, quizá puede servir. El cuarto escalón puede que esté en la tentación de admitir, como ocurre en el tercero y ocurrió antes en todos ellos, una versión de «la dinámica de las excepciones». Sin embargo, creo que, por poco que fuera, es optimista verlo así. Es la parte dura del edificio del poder patriarcal, forma la memoria colectiva y todos sus ritos de reconocimiento.

[21] Este apunte remite a un tema que se tratará: la exigencia de unanimidad y el síndrome Kent. Por exigencia de unanimidad entiendo el escamoteo de legitimidad al feminismo cuando se le opone que «no todas las mujeres están de acuerdo», lo que no es nunca óbice para aceptar otras agendas; es corriente que las vanguardias sean atendidas, aunque se sabe que ninguna está respaldada unánimemente, porque la unanimidad es imposible sociológicamente hablando.

Y existe además una razón meramente pragmática: la lucha en la cumbre, además de masculina, es dura; hay muchos varones que prefieren postularse a sí mismos. La llamada «las mujeres primero» nunca ha tenido la menor efectividad, por ello es una broma tan agradecida.

Volviendo al comienzo de este apartado, nadie puede reconocer si no conoce. Como las figuras de autoridad no siempre coinciden con las de poder, no forman normalmente parte del círculo mediático, por lo tanto, tampoco todas las sendas y tretas por las que se realiza su cooptación son conocidas. Pero los resultados suponen, como sintéticos a priori, varias maniobras previas que sólo cabe calificar de tortuosas. Hay un nudo opaco en que varios de estos ámbitos parecen de acuerdo: evitar el reconocimiento.

El espacio de visibilidad disponible ocupado por representaciones estereotipadas o decidida y buscadamente misóginas reduce la capacidad de conocimiento y, por ende, de reconocimiento. Por este medio se disuade mejor y con mayor prontitud. Esto es, descabezar *in nuce* a quienes aspiran a la autoridad fragiliza el poder conjunto. Citaba hace rato las formas de deshumanización del reo que hacían posible el cruel derecho penal del Antiguo Régimen. Pues bien, así como los herejes que sean jefes de fila han de ser capturados, procesados y eliminados para que lo suyo no cunda, las mujeres discordantes con la autoridad o que puedan pretenderla sufren riesgos mayores. Una mujer prostituida confirma que ella y quizá las demás, todas, lo son[22]. Una mujer con autoridad pone en entredicho la humillación del sexo femenino en su conjunto. Por ello, e imprescindiblemente, quienes la pretenden deben y han de ser humilladas, porque

---

[22] «Todas putas» es título de abundantes páginas pornográficas y además de un libro carente de seso que, eso sí, fue editado por la señora Tey, a la sazón Directora del Instituto de la Mujer de España, durante el Gobierno del PP. Hay cosas que, si se quieren inventar, no salen; y es que la naturaleza siempre supera al arte.

así se disuade su modelo; como los antiguos herejes quedaban deformados, anulados y sus seguidores entonces los abandonaban. Siempre ha sido antinatural seguir a un humillado, a un envilecido. Sin embargo, recuerdo que en Occidente llevamos haciéndolo dos milenios. Pero para que eso sea posible, el signo ha de ponerse muy alto. Por lo mismo que hay que mostrar enseñar muy alto el talento femenino negado. Muchas se embarcaron hacia el saber para descubrir a medio camino que sólo podían pisar sus riberas si antes ya habían estado allí. Es demasiada condición para pedir a nadie que la cumpla.

Capítulo IX
Secuelas del poder: ¿somos malas?

Otra de las características del reconocimiento (y evito largas y complejas cuestiones epistemológicas), que de nuevo lo vincula con el conocimiento, es que no puede darse privada y singularizadamente. El *reconocimiento es público*, es precisamente eso, un tipo especial de conocimiento público. Supone autoridad, prestigio, respeto. Alguien puede ser muy conocido y no tener, sin embargo, ningún reconocimiento; ejemplos hay sobrados. Cierto feminismo, que para abreviar llamaré por su nombre tópico, *de la diferencia*, hace tiempo que insiste en el problema que tienen las mujeres para el reconocimiento, sobre todo entre ellas. Y, aunque yo admito que el problema existe, no creo que quepa reducirlo a un problema de relaciones subjetivas. Como las corrientes feministas que bucean en el psicoanálisis suelen tener dificultades para encajar las explicaciones sociales, no me extraña que alguna autora haya llegado a postular que el reconocimiento debe comenzar por la propia madre. Bien pudiera, pero declaro que es para mí una cuestión demasiado abstrusa. Así que voy a buscarle un correlato en otras fuentes.

Carmen Alborch, con quien comparto una afortunada amistad, ha escrito un libro, *Malas*[1], que pone nombres y caminos para entender algunas de las encrucijadas en que ser mujer consiste. Es antiguo el tópico de que la peor enemiga de una mujer es otra mujer y que somos nosotras quienes destrozamos a aquellas que pretendan dársenos por mejores o modelos. Incluso hay quien lo explica apelando, en el caso femenino, a un igualitarismo radical precívico; es pronto para analizar eso. Parémonos, de momento, en la mala índole del sexo que se prefiere y quiere idéntico antes que jerarquizado. Puede que también la antropología y no sólo la dudosa fuente psicoanalítica tenga algo que decir aquí.

La antropología lleva ya bastante andado el camino del develamiento de la jerarquía sexual. Al presente sabe a la perfección que no han existido estructuras matriarcales de poder; que el patriarcado, con modalidades, es una invariante antropológica; que sus variaciones, modificación y superación forman parte del dificultoso camino de la hominización primero y del humanismo después. Sabemos, por ejemplo, que la idea de un derecho natural-racional concurre en las sociedades que ya han superado grandes etapas de socavación de la jerarquía prístina. En efecto, nada más difícil ni moderno que la idea de igualdad. Gran parte de ella, en la civilización occidental y en otras, ha sido edificada sobre la identidad de las mujeres. La sujeción femenina es una invariante precívica que fundamenta el pacto cívico, como bien vio Pateman, y lo hace con mayor fuerza a medida que esa identidad sea el referente común de los que en común tienen poco más que la virilidad que comparten; así sucedió en las primeras revoluciones democráticas y así ocurre a día de hoy en ciertos tipos de islamismo.

---

[1] Madrid, Aguilar, 2002. El libro transita «zonas de sombra» mientras que, por el contrario, Alborch es un temple en sí luminoso. Aunque intenté disuadirla, no pude; en su opinión, esas zonas oscuras conviene ponerlas cuanto antes al sol.

Las mujeres, partícipes del sexo del que se predica la identidad, pueden asumirla como verdadera; lo extraño sería lo contrario, que se resistieran. Si no tienen otra opción que autoevaluarse como idénticas, entonces desarrollarán toda una panoplia de recursos útiles para tal situación: voluntad intermediada, desconocimiento voluntario, envidia horizontal, etc. Pero, descontado eso, como ya he dicho, no puede existir reconocimiento sin la mediación del espacio público. Si las mujeres que concurren en él no lo tienen —y así ha sido siempre casi hasta ahora—, el conocimiento no se convierte nunca en reconocimiento. En países como el nuestro la lengua revela hasta qué punto público y mujer son dos palabras de campos adversos: es innecesario recordar qué significa «mujer pública» o simplemente «callejera» o «ventanera»; en nuestro tipo cultural y hasta hace bien poco sólo las cómicas ocupaban el lugar del reconocimiento y en una situación incómoda; tan fuerte ha sido la prohibición de estancia y tránsito del espacio público que nuestras bisabuelas todavía se velaban con mantilla en la calle. En tales circunstancias no cabe ningún reconocimiento. Incluso la relación con mujeres notables —las excepciones políticas o religiosas— se constituye fuera de la modelización, porque la distancia es excesiva. Y la relación con las demás las convierte en «las otras», posibles competidoras y nunca dignas de confianza. Cuando es poco lo que hay para repartir, como el crédito o el prestigio lo han sido para las mujeres, no va a aparecer precisamente la generosidad. Si una mujer es destacada hacia la mirada pública, o la distancia lo hace imposible —porque sea por ejemplo reina o santa, o incluso ambas—, o se convierte en objeto de ataque desde una identidad femenina precívica. Schopenhauer, con su habitual facundia, lo diagnosticaba así: los varones son indiferentes entre ellos; las mujeres son naturalmente enemigas. Y él mismo daba la razón: «todas tienen el mismo oficio y el mismo negocio», esto era, «conseguir un varón que cargue legalmente con ellas». Dada la identidad de objetivos del sexo idéntico, no tenían las mujeres otra opción que autoodiarse como sexo y odiarse además entre sí. Las mujeres quedan obligadas a lo que se conoce como «juego de suma cero».

Pero puede ocurrir que si yo no reconozco a algunas (y no lo hago hasta que por ejemplo las conozco, que no es lo normal, porque el reconocimiento como se viene diciendo no puede darse singularizadamente), insisto, puede que parte de ello no resida en mi mala índole —no quiero reconocer por recelo o envidia—, sino en que las que podrán ser mis referentes son sistemáticamente eliminadas. Ésta es una situación, sin embargo, nueva, porque supone ya la ruptura del orden arcaico de la exclusión completa. Y puede también que, como he apuntado, presionada por el paradigma de la identidad que se predica del género femenino, esté siempre haciendo depender el reconocimiento del conocimiento, de mi personal e intransferible juicio, con lo que el reconocimiento resulta imposible de por sí[2]. En cualquier caso, una combinación de ambas posibilidades nos da una situación de partida poco optimista.

LA MIRADA

Los experimentos en las aulas mixtas han demostrado que todos los docentes, profesoras y profesores, atienden más y más constantemente a los chicos que a las chicas. Las aulas son espacios bien circunscritos y los estudios pueden hacerse en ellas muy puntillosamente; pero lo mismo parece ocurrir en espacios más abiertos, como las calles. Los cruces de miradas, las evitaciones, discurren por el mismo protocolo.

---

[2] En este caso se produciría una barrera que conectaría directamente esta percepción con el auge del *famoseo*, auge que no se ha producido hasta la aparición de las revistas femeninas: objetos transaccionales de reconocimiento por los que el respeto es imposible, dados a pastar a mujeres que se viven a sí mismas bajo la mentirosa presión de la identidad.

Nos fijamos más en ellos, es lógico y atávico, se nos dice, porque son más peligrosos, aunque también más protectores... contra el peligro que ellos mismos representan. Mirada individual y mirada social: qué vemos, en qué nos fijamos, qué evitamos ver, ante quién bajamos los ojos. También en el aula conocemos desde hace dos décadas el tema del «currículum oculto». No se juzga igual a lo que se supone desigual. Algo puede ser un mérito en un estudiante y demérito en una de su misma clase. Por ejemplo, si un chico interviene mucho es que tiene iniciativa; si lo hace una chica es que quiere hacerse notar; si ellos sacan notas ramplonas puede ser porque no se esfuerzan; ellas, si las sacan muy buenas, pueden ser unas simples repetidoras sin imaginación, incapaces de innovar y darse tiempo. En fin, los ejemplos son tantos que nos ocuparía demasiado; baste con estos pocos apuntes. Pero la parte del currículum oculto, la parte que hay que poner a la luz para racionalizar nuestra conducta, reside meramente en la mirada, en la atención, en el conocimiento y, por ende, el reconocimiento. Estamos todos y todas acostumbrados, por socialización y por instancias aún más atávicas, a reconocer al sexo masculino. Lo seguimos haciendo continuadamente aunque no seamos conscientes de ello. Ese elemental reconocimiento, sesgado, sirve de base al reconocimiento en sí.

Empero, sin entrar en que habrá que reaprender a distribuirlo, añado que el reconocimiento, como mirada pública aprobadora, viene siendo impedido desde que la guerra de sexos existe. Éste es asunto nuevo en el texto, lo reconozco. Aclaro que la guerra de sexos cursa con la libertad creciente de las mujeres. La expresión misma es moderna y aparece como manera de secar al feminismo; en sus momentos duros se dice de él que «promueve la guerra de sexos». Cierto; cuando el sexo femenino se conforma con su destino impuesto no hay guerra, hay opresión contra la que nada ni nadie se levanta. Cuando el sexo femenino comienza a distanciarse de su normativa e inicia la vindicación, entonces la guerra se desata... desde el campo contrario. Contemplaba yo hará un par de años en la Estación de Atocha una muestra que el Instituto de la Mujer había colocado allí; trataba de la obtención del voto por las mujeres. La gente la visitaba con disposición curiosa y bonancible. Pero yo vi que un maduro varón que me precedía, de unos cincuenta años, iba excitándose más y más. Casi cerca del final ya no pudo controlarse y comenzó a gritar que debía entrarse a sangre y fuego, que había que erradicar a todas aquéllas; recuerdo mejor: «fumigar», empleó la expresión «fumigar»... En fin, desde fuera no parecía un ser especialmente enfermo. Simplemente no soportaba lo que estaba viendo ni el discurso que lo hacía posible. A algunos la libertad de las mujeres no les gusta. Y a las instituciones el reconocimiento de las mujeres, tampoco. Sólo hay que ver las cifras.

Pero cada vez que una mujer individual sufre una injusticia en su mérito, todas perdemos. Conozco demasiados casos individuales y no quiero ponerme melancólica. Muchas son llevadas al borde de la vejez sin haber conseguido lo que se les debía. Su padecimiento individual revierte sobre el colectivo de las mujeres. Si utilizáramos el símil bélico, las filas de mujeres se quedan a menudo sin avanzadilla o, si se prefiere el símil militar, sin altos mandos ni generales. La consecuencia es que el grueso permanece inerme y siempre queda en primera línea de fuego. Hasta que la paridad no complete con justicia los huecos y raleos que provienen de la guerra contra la libertad e inteligencia femeninas, la parte media de las mujeres tendrá mucho más trabajo para defender su propia inteligencia y su debida libertad. No hay barreras suficientes individuales ni sociales, interpuestas. Las mujeres juntas y por separado pueden seguir siendo, como en el pasado, objetos de ataque, de minusvaloración, de falta de respeto y de desprecio. Un cambio en la valoración común, el vuelco de la situación hacia otra más justa, todavía no se ha producido.

El síndrome Victoria Kent

Vengo hablando de solapada violencia contra las mujeres y no puedo obviar que en el presente esa violencia contra los objetivos feministas y su agenda difícilmente se produce con portavocía masculina. Algún retrasado queda, en esta parte del mundo, quiero decir, pero la diatriba misógina ya es cuestión de cloróticos y plumillas. Ahora las cosas se llevan por otro compás. De ahí que quiera llamar Kent al nuevo modo de proceder que, pienso, se inauguró en el debate del voto en las Constituyentes de la Segunda República Española. Sólo dos mujeres en la cámara, ella y Clara, y Kent fue auspiciada para que se opusiera a los derechos políticos (en suma al sufragio universal), defendidos por Campoamor. Eso inauguró todo un procedimiento.

Veamos, no es que crea que la literatura misógina ha perdido fuerza. Sin ir más lejos, sin salir de aquí, en la vasta Iberia varios y alguna viven de columnas periodísticas desastradas en las que la prodigan. Pero ahora me refiero a sedes notables, sedes de respeto. En ellas ya no es tan de recibo oponerse al camino paritario que las mujeres vienen haciendo. Bien, pues ahí es donde se produce el «síndrome Victoria Kent».

En el ámbito público, donde la paridad está en trámite de ser admitida (aunque con las importantes cortapisas del consenso y la permanencia), ningún varón se opondrá frontalmente a una reivindicación o un planteamiento feminista. Pondrá a una mujer a que lo haga. Y la escogida para tan ruin oficio generalmente esperará un pago por la faena de aliño que tenga que ejercer. Esto último no siempre es seguro por aquello que ya descubrieron los asesinos de Viriato: que «Roma no paga traidores»; aunque a veces sí paga, y al contado.

Si repasamos todas las intervenciones parlamentarias desde la reinstauración de la democracia en España, nunca se ha fallado a esta poco sutil estrategia. Se repite porque es la mejor. Se logran con ella unos cuantos objetivos a la vez: primero, se deslegitima la petición o la vindicación en sí; después se da una imagen del sexo femenino ataviada con los rasgos tradicionales de enemistad mutua, esto es, de un sexo sin autoconciencia ni fines conscientes y compartidos. Por último, y no por ello menor logro, se pone en un aprieto a las y los proponentes, a quienes se coloca ante un grave dilema moral: si una de sus destinatarias se opone al bien que se trata de conseguir, ¿cómo seguir manteniendo que es bueno, esto es, universalizable? La suma de estos tres aspectos da como resultado el que, por lo común, se bloqueen y puedan llegar a no saber cómo lidiar la situación.

Todo eso se logra con la estrategia Kent: deslegitimación, avivamiento de la misoginia y bloqueo. ¿Y cómo se supera? Mi pequeña experiencia es que una disposición asertiva, tranquila y si es preciso, con un punto de sarcasmo, es la mejor respuesta. Meterse en mayores honduras dialécticas no es lo mejor, porque no hay que dar por bueno y entrar al fondo de lo que afirme alguien que meramente está cumpliendo un encargo. Tampoco es conveniente involucrarse emocionalmente en ese tipo de debates, si bien me consta que es muy difícil no hacerlo. Por resumir, que si alguien envía un mensaje Kent hay que responder con la disposición Campoamor. «Cómo comprendo la tribulación en que usted se encuentra...» obligada a manifestarse en contra de un progreso evidente para la causa de las mujeres. Y mejor, repito, no procurar entender el fondo del asunto mientras haya que enfrentarse con él, de modo que se procure transmitir que «sucede que no me la creo en absoluto», ni a la oponente ni las razones que esté invocando. Todo ello sin acritud y con muy buen talante, por supuesto.

Yo no descarto que pueda existir incluso una retórica convencida, o una persona convencida de lo que afirma, por ejemplo, ha sido lo normal en el debate de las cuotas. A menudo se oía decir a mujeres de la derecha «yo no soy una mujer cuota, ni quiero serlo; mi grupo me apoya por mi valía. Yo no quiero que nadie me regale nada porque valgo lo bastante por mí misma, etc.». Lo cierto es que si la valía fuera la que se expresa, difícilmente su grupo pondría a la interviniente en disposición Kent, esto es, a hacer tales papelones. Estos tragos se les evitan a las mujeres consolidadas. Pero incluso descontemos eso, precisamente porque es un secreto a voces.

Ahora ese debate ha salido, porque se ha ganado, de sede parlamentaria, pero se sigue reproduciendo en otros espacios de poder. Por ello lo mejor será afirmar, con veracidad, que el valor nunca se pone en duda —la valía ha de suponerse—, sino que de lo que caben serias incertidumbres, y con pruebas, es de la imparcialidad del sistema. En democracia nunca nadie corre solo o sola: es una política pensada y atenta a los grupos de interés, de modo que cualquier apelación a la carrera en solitario es sospechosa de desconocimiento o de afán de embaucar. Y, por otra parte, la táctica Kent está tan probada y casi tan abusivamente utilizada que quizá baste ya con simplemente señalarla para dejarla al descubierto. Pero, insisto, no por ello no se producirá en otros ámbitos durante cierto tiempo.

INVESTIDURAS Y CONFIRMACIONES

La perfecta investidura, por continuar con el empleo de la terminología de Amorós, no se produce todavía en el caso femenino, sino que las confirmaciones son constantes y, por lo tanto, también su ausencia lo es. Ninguna mujer dispone aún de un poder para el cual haya sido perfectamente autorizada, de modo que nada ni nadie lo ponga en duda y que el poder en sí vaya acompañado de la autoridad, el respeto y el reconocimiento condignos. Y, obvio es decirlo, el colectivo completo de las mujeres en absoluto dispone de una imagen de poder en esos términos, sino que sigue sometido a heterodesignaciones y maniobras devaluadoras persistentes.

Las mujeres son observadas y evaluadas por encima de la media y por estándares distintos, que no propios, estándares que no pretenden ser universales. Por todo ello, su fragilidad les hace buscar y necesitar confirmaciones de su estatuto. Y, por lo mismo, pueden no encontrarlas demasiado a menudo. Frente al recurso masculino que imagina a las mujeres como seres que se sustentan, sin tractos reflexivos, en su propio cuerpo, la voluntad femenina es un prodigio de dobleces. Y lo es porque la situación lo impone. Las mujeres han tenido prohibido el ejercicio de su voluntad y han buscado siempre pasadizos para ponerla, con todo, por obra; porque la voluntad individual la tienen. Las confirmaciones las reciben de ellos, de modo que a ellos se asimilan si es preciso. Pero hacer voluntad común es delicado en el caso femenino: no es inmediata y exige ponerse al descubierto.

Todavía quedan bastantes espacios en los que alguna mujer profiere la conocida frase «yo nunca me he sentido discriminada». Se dice cada vez menos, pero todavía sucede. Obvio es que la frase pertenece a un espacio de poder: nadie se ve en la tesitura de proferirla mientras sostiene un mocho. A decir verdad, múltiples mujeres con un mocho o una mopa entran literalmente cada día en los espacios de poder; entran para limpiarlos y los dejan relucientes, limpios y esplendorosos. Sin embargo semejante entrada no puede ser tomada en serio o considerada como tal. En tareas serviles siempre las mujeres han sido admitidas sin problema. Pensemos que muchos de los grandes edificios insignes, públicos o privados, del estado o de las grandes corporaciones, fueron edificados para que no los pisáramos nunca. Eran espacios que podíamos contemplar desde fuera, o, como máximo, desde una tribuna, como ahora las plegarias en las sinagogas y mezquitas. Existió siempre una ciudad prohibida para las mujeres y parte de la historia de nuestras libertades consiste en estudiar cómo la hemos ido abriendo, transitando y colonizando. Cada acera ha sido una lucha sorda; cada minuto robado a la prohibición ha sido un triunfo. Ahora las mujeres casi no tenemos espacios inaccesibles. Casi.

Porque cuando comienza la lenta escalada de los poderes y los honores, de los recursos y el respeto, entonces cada centímetro es y ha sido motivo de disputa. Una forma de intentar colarse es vestir el traje valorativo adecuado. «Yo nunca me he sentido discriminada» es una de sus piezas, o la principal, que, por cierto, indica varias cosas. Las enumero: primero, que no se accede a un espacio antes reservado con propósitos inconfesables, sino en disposición de plena complicidad con los valores vigentes. Porque tal frase indica que o bien la persona que la profiere nunca ha llegado a los umbrales perceptivos discriminatorios o que simplemente miente. No hay que descartar, aunque parece difícil, un defecto cognitivo; por ejemplo, si la que afirma que nunca ha sido discriminada a la vez admite que las mujeres sí lo han sido de varias formas. En ese caso, si ella es una excepción tan rara, cabe que no se haya dado cuenta del general ambiente discriminador por falta de agudeza visual, auditiva o táctil. En fin, en segundo lugar, «yo nunca me he sentido discriminada» es una confesión de parte y conocer su auténtico significado implicaría colocarla sobre su trasfondo valorativo. Pienso que quiere decir «yo no soy del común» y me confirma en ello el hecho de que sea también una expresión de uso corriente en la generación de mujeres afín a la que he nombrado como «dinámica de las excepciones». Tercero, y en conclusión, «yo nunca he sido (o me he sentido) discriminada» apunta a la cooptación: pertenezco de lleno al selecto grupo de las que perciben que el obrar patriarcal es justo; soy, en consecuencia, becaria desclasada sin costuras; mantendré todo el silencio preciso sobre aquello que se me vaya confiando.

Porque la marca del poder es el silencio. Y esa frase, o mejor, ese mantra, lo anuncia: así como yo no lo he sido ni percibido, nunca lo veré, lo advertiré o lo pondré en evidencia en ningún otro caso. Hay en el mantra una poderosa señal de *omertá*. Aquellas que aceptan todos los tramos místericos del poder serán cooptadas en escaso número. ¿Podremos poner esas iniciativas al descubierto? ¿Cambia la paridad las condiciones del juego?

El poder, y más cuanto mayor sea, tiene un componente de secreto y soledad. Es casi incompatible con algunas de las socializaciones femeniles, buscadas para realizar seres hacia fuera en los que el propio silencio sea un defecto. Mujeres taciturnas las hay, sin duda, pero a contracorriente. Es más, ahora ese discurso de la formación del carácter femenino se nos intenta vender como real en dos planos: se dice que poseemos mayores habilidades comunicativas (y no se dice cómo es que las hemos adquirido) y se afirma a la vez que tales habilidades son las necesarias para los tiempos de poder que nos han tocado. La felicidad perfecta, vamos, porque tenemos el pie que se adapta al zapato y la mano que encaja en el guante, que, aunque hasta ahora no nos hubieran servido, ahora serán la salvación de nuestro futuro liderazgo.

Esto que se empieza a juzgar como una de las habilidades femeninas, el constante diálogo, y que se pone como insumo a favor en políticas pacíficas y democráticas (que está tan esparcido que aparece tiñendo de anacronismos incluso a la novela histórica), es, se nos dice, lo esencialmente nuestro. Pero el constante diálogo es una práctica de intermediación, no una de poder. El poder, como mucho, incluso el democrático, sobre todo escucha. Escucha de una manera bastante singular, porque escucha sólo la verdad y no escucha sentimentalmente, sino para situarse. La prueba es lo que ocurre cuando la interlocución con un poder establecido es mentirosa o emocional: la comunicación se corta inmediatamente. No son esas pretendidas habilidades las que darán consistencia a las demandas de poder y participación de las mujeres. El poder habla con el poder y entonces se dice que negocia. Hay que tener efectivos para obligarle a sentarse.

La condición de paridad, ganada argumentativamente y en los hechos meritocráticos, cambia profundamente esta dinámica, cierto. Ahora es legítimo pedir o incluso exigir la entrada en los espacios de poder, aunque quien lo haga no se haya sentido, efectivamente, discriminada. Pero con la paridad hemos conquistado la legitimidad cuantitativa; la cualitativa, en tanto que vinculada al criterio de excelencia, está todavía pendiente. Y mientras así sea, la paridad será negociada por el poder sin tenerla en cuenta. Mujeres habrá, claro, las que el poder presente, elija y le convengan, con independencia de criterios cualitativos o incluso con los menos exigentes. De modo que tenemos este quiasmo: venimos de negar una evidente discriminación para hacernos un hueco y vamos hacia una discriminación adrede que hace hueco al género por el género y puede hacer de menos al mérito. No es buena solución.

María de la O

Tampoco dentro de la dinámica del poder está el compartirse, por lo menos de buen grado. El poder se efunde, sí. Casi se contagia, como se contagiaban los modales de los servidores en *El castillo* de Kafka; hay un aire que se percibe y que comparten quienes tienen la proximidad al poder o incluso quienes sólo la fingen. No es extraño que tantas veces se haya metaforizado el poder como un fluido porque su comportamiento apariencial lo es. En una democracia como la nuestra y gracias a la paridad todas las mujeres, absolutamente todas, han ganado posiciones en el terreno simbólico. La imagen colectiva de las mujeres ha mejorado como consecuencia de la entrada numéricamente significativa en los espacios de poder. La ciudadanía tenida en común por las mujeres se consolida. Pero al poder no pueden acceder todas las mujeres, sino sólo algunas. Y algunas son las que ganan posiciones en los espacios pertinentes. ¿Cómo se relacionan ambas cosas?, ¿cómo se sienten las mujeres respecto a las colocadas en primer plano?

La paridad no es ninguna graciosa concesión: consiste en desactivar la ginofobia presente en un espacio de poder y obligarlo a la imparcialidad. Pero la ginofobia no ha desaparecido. Ocupa todavía los espacios de autoridad y está bastante bien representada en el mercado. La paridad acaba con la infrarrepresentación y abre nuevos espacios y nuevas figuras. Algunas mujeres, la mayoría, aspiran ahora a llegar a donde sus méritos las facultan. Esperan hacerlo mediante pruebas con ritos formales —como concursos u oposiciones—, y porque están sobradamente preparadas. Otras compiten por lugares de poder más visibles, en la política o las corporaciones. Otras, en fin, optan al consenso de la llamada Academia en la Sombra. Hay ahora mucha espera femenina, largas colas. Y también esperanza, por supuesto. Las primeras verán satisfechos por lo común sus fines, porque las mujeres triunfan en los mecanismos ciegos; las segundas tendrán que competir entre ellas. Y las últimas todavía están lejos de su objetivo. Y quedan aún las que meramente observan.

Son, afirmo, las segundas, las que compiten por lugares visibles, quienes padecen con claridad mayor la situación presente. De las mujeres ahora se esperaría, como de todo grupo, interlocución, esto es, que se destacaran líderes con quienes negociar, individualmente, incentivos selectivos. Todo grupo actúa de la misma manera si quiere ser eficiente: ha de destacar a un pequeño núcleo que, a la vez que consigue los objetivos comunes, trabaja también en interés irremediablemente propio, obteniendo prebendas, privilegios y premios. Las mujeres que, en situación de paridad, ocupen efectivamente los poderes, recibirán recompensas selectivas por ello. Y el problema es que, en un colectivo tan preterido secularmente como el femenino, la cantidad de liderazgo no delegable por metro cuadrado es muy alta. Y sólo además se negocia la agenda feminista para un espacio exiguo en el organigrama. Pero esas son meramente las condiciones. Veamos lo que realmente pasa.

Como es natural y tratándose del poder político, de los puestos a repartir, por lo tanto de un juego de suma cero, nadie querría ni destacarse demasiado ni destacar a otras en su lugar. Destacarse mucho es peligroso; destacar de salida no conviene a quien compite. Delegar en otra está fuera de cuestión. Ese poder individual no se comparte, es maquiaveliano, no espinosista. Si alguien lo gana, otro lo pierde; en consecuencia, la lucha por él se lleva en secreto o lo más en silencio que sea posible. Y como nadie destacará a una, porque su grupo es débil y porque internamente compite, esto es, quiere lo mismo, la que se postule para el poder comenzará, le guste o no, a activar la postura de nuestra Señora en la Anunciación. Esperará a que el dedo del Señor la elija, como Dios a María, como Asuero a Ester, como Paris a Afrodita y sucesivas-sucesivas. La figura existe sobradamente. Y, claro, si es elegida, será precisamente elegida, señalada entre sus... idénticas, no cooptada de entre sus iguales.

En silencio lo llevará y se limitará a decir «¡Oh!» como la tradición manda. Aparecerá nimbada por la elección, en vez de señalada como avanzada. TÚ SERÁS LA ELEGIDA, PERO SÓLO TÚ LO SABES. Lo ha sido; está en gracia. Y es muy complicado negociar con quien está en gracia, la verdad. Es recurso sabido del poder dar lo que se pide, pero no precisamente a quien lo pide; ha sido el método del poder autocrático y precisamente para marcar las distancias.

Compruebo la repetición de un fenómeno que, es tan constante, que no sé si resultará ser una táctica o incluso una estrategia. En los últimos años, o lustros, los organismos de mujeres, orgánicos o gestores, nunca han retenido a sus cabezas, que cambian siempre. De igual modo que la permanencia en los parlamentos es menor para las diputadas, que así no consolidan poder ni redes de influencia, las áreas de mujer cambian de gestora en cada proceso; y el resultado es el mismo. Con un agravante, que el movimiento o su vanguardia tiene que volver a vérselas de nuevo con una persona en estado de gracia.

Y en este proceso se produce el mismo efecto que se conoce bien en la psicología del aprendizaje, incluido el animal: si a una araña se le destroza la tela que hace, la primera vez la reproduce, la segunda tiene fallos, la tercera es ya un boceto sin regla ni funcionalidad: tres hilos tirados por doquier. Y así ha venido sucediendo, con algo más de conación —naturalmente—, porque los seres humanos tenemos propósitos y un cerebro capaz de mantenerlos durante más tiempo. Pero resulta agotador. De momento y si no podemos oponernos, habrá que seguir este lamentable tejer y destejer. En cada caso el feminismo tiene que volver a negociar, con lo que se pierde un tiempo valioso.

Por último, otro de los problemas presentes en los espacios de poder es que, precisamente por la extraña y sistemática cooptación que en el caso de las mujeres se practica, negociar con la cooptada es en ocasiones complejo. Las mujeres cooptadas no tienen un perfil rotundo, ni suelen venir de las filas militantes, pero pueden tener algo en común: cierta distancia —al fin no han sido promovidas desde el grupo de interés—, y ocasionales recelos por parte y parte. Y nada de esto mejora la eficacia que es precisa en el momento presente. Y es vital no perder agenda porque está en riesgo de perderse buena parte de una generación de mujeres.

El espejismo de la igualdad

Puede que en este momento se esté produciendo toda una generación de mujeres cuya sensibilidad para con la discriminación, al haber bajado su umbral, se haya atrofiado. Y son precisamente las mujeres jóvenes. El caso sería rudo, de ser cierto. Ahora no hay que oponerse a mandatos claros en los códigos civiles o penales o a costumbres brutales de separación de sexos o a interdictos rudos sobre la vestimenta o la división del trabajo. No, ahora la condición femenina está presidida por lo que, por usar una expresión de Beauvoir, llamaré «mil lazos tenues». Y es preciso un buen olfato para percibir cada uno de ellos.

A eso se alude con otra expresión que conviene fijar: *el espejismo de la igualdad*. El feminismo actualmente afirma que las mujeres jóvenes viven bajo su influencia. Creen que todo está conseguido, aunque no sepan ni qué se consiguió ni quiénes lo hicieron; simplemente lo dan por hecho y dejan que las cosas sigan. No advierten la agenda por hacer; ni siquiera la perciben. No sería tampoco la primera vez que ocurriera algo como esto, desde que se inauguraron los azarosos meandros de la historia de la libertad femenina. Ya las mujeres de los años 50 del siglo XX fueron bastante menos militantes que la generación sufragista de sus madres. De hecho éstas encontraban conservadoras a sus hijas. Percibían mujeres más jóvenes que, con estudios, se metían en sus casas a tener hijos y reproducir el papel tradicional; mujeres posteriores, sin embargo con ideas más atrasadas que las de sus rebeldes madres; «embrujadas» que no querían disponer de sus nuevos poderes y a quienes sus madres parecían, con sus críticas constantes a su modo de vida, viejas brujas[3]. Mujeres estas, las que, en fin, padecieron y protagonizaron la fase más fuerte de la mística de la feminidad. Pero estas mujeres, esta generación, produjo otra, la de los setenta, cuyo nivel de intelección y compromiso, de propuesta, y capacidad de difusión fue formidable. Hay una trenza constante en las generaciones que llevan adelante la agenda feminista. Siempre se perciben pasos adelante y atrás, pero todos dentro de una definida trayectoria, de la que se puede mostrar su línea básica. La libertad, el camino a la libertad de las mujeres y su agenda es diáfana y comprensible. El feminismo también aporta

---

[3] Es impresionante leer, con esta mira de la mística de la feminidad, la popularísima serie que se llamó precisamente en español *Embrujada*. Todas las claves están allí al descubierto. Se nos quedaba grabada porque traducía algo real. Un pretendido remake de hace un par de años, fallido, ha probado el cambio general de condiciones. Ya no se entendía.

aquellas claves de inteligibilidad que el mundo global ahora precisa; lo hace porque también tiene una vertiente en la que es también filosofía de la historia.

Pasos adelante y pasos atrás: en todo este asunto hay que recordar la interacción que se produce entre lo cuantitativo y lo cualitativo. La conciencia feminista, con independencia de cómo se introyecte, acompaña cada vez más y en mayor número al tiempo presente. El asunto ahora parece así: las mujeres jóvenes de Occidente creen en su igualdad y su ciudadanía —son para ellas vida vivida—, y, en consecuencia, muchas no vislumbran una agenda feminista ulterior. Se sienten en la cumbre y no perciben que, al contrario, sólo están, por imperativo biológico y generacional, en la cresta de la ola.

Esa percepción distorsionada preocupa a las mayores, pero no tanto a las militantes más jóvenes, que también las hay; éstas avanzan a su ritmo y en sus agendas y las mayores deben confiar en ellas; las *senioras* también fueron en su día una vanguardia con pocos efectivos, y, sin embargo, muy influyente. Pero también es cierto que, como no hay relaciones jerárquicas estables precisamente porque el feminismo guarda las características horizontales de un movimiento, unas y otras no se aprecian en continuidad. Si no hay de facto una fisura, existe su posibilidad; y el patriarcado, de suyo sabio por viejo, encuentra en ella por dónde dar sus pasos y macanas.

Nunca se puede confiar demasiado en lo que no es homogéneo —de asuntos de poder hablo—, y conviene sacar las conclusiones si ocurre. Si en un grupo ellas son menos y además más jóvenes que ellos, incluso bastante más, se puede asegurar que nos encontramos ante una escenificación de maquillaje. Grupos de influencia y poder masculinos bien establecidos pueden adornarse con escasas mujeres a las que doblan la edad y querer pasar así por renovados. Pero uno y una debemos preguntarnos qué ha sido de sus coetáneas. Lo mismo que podemos apreciar desde fuera, a simple vista, la jugada. El asunto es si las cooptadas se dan cuenta o de pronto asumen que han resultado, por sus gracias, benditas entre todas las demás.

PARIDAD Y PODER

Por último, subsiste otro tema que no cabe evitar: si la presencia de mujeres en el poder lo cambia; es vetusto, está ya muy hablado, pero siempre presenta nuevos matices. Ahora son, creo, éstos: en nuestro mundo, el acceso de una cantidad significativa de mujeres a puestos de relevancia en el poder político público, ¿cambia significativamente el poder?

Los feminismos dan a esta cuestión diferentes respuestas y, en vista de ello, yo prefiero hacerme esta otra pregunta: la presencia significativa de mujeres en puestos de relieve ¿cambia significativamente la jerarquía sexual? ¿Se ha muerto el patriarcado o por lo menos agoniza y da las últimas boqueadas? En otros términos, ¿es el género un eje explicativo que justo aparece cuando está a punto de desaparecer lo que explica? Y ¿cómo lo hará, el desaparecer digo, por anulación de características o por proliferación paródica?

Son cuestiones estas que el llamado *feminismo postmoderno* se ha planteado y para las que no hay respuestas unánimes. Modestamente y en todo caso pienso que, cuando esa presencia femenina en el poder sea numéricamente más significativa de lo que es ahora, sin duda alguna tendrá incidencia en la compleja y total estructura genérica; sin embargo y por el momento no es tan significativa. Estoy convencida, sin embargo, de que lo será en los próximos veinte años y por una razón muy simple: la proliferación planetaria de nuestros modos de vida aliada con el sobreexceso de cualificación femenina. Ya en la actualidad, en nuestro tipo social y político (sociedades industriales avanzadas con democracias estables y coberturas mínimas amplias), si consideramos la ratio por sexos, el colectivo completo de las mujeres menores de cincuenta años tiene mayor formación que su colectivo homólogo de varones. En esas condiciones seguir manteniendo la exclusión es complicado. Nunca imposible, sólo complicado. Y no sólo por las organizadas presiones de las afectadas, sino porque, cualesquiera que sean, se apoyan en el fundamento mismo de este orden nuestro, de nuevo el universalismo.

¿Por qué? Porque la democracia es una meritocracia y no se puede desfundamentar ella misma por la sistemática práctica del desprecio de sexo. Pero una cosa es que esto sea «casi» de sentido común y otra que nadie padezca mientras eso resuelva. La presencia femenina en el poder es todavía muy escasa y esos ámbitos son resistentes y hasta resistenciales. Si en este momento hay determinado acceso a puestos de toma de decisión en el poder político público pequeño, ¿qué sucede en el poder económico-empresarial?, ¿y en el saber y la autoridad?, ¿y en la creatividad?, ¿y en los media? Y, por último y nada desdeñable, ¿dónde están las mujeres en el poder religioso? Todos ellos, con variaciones mínimas son bastante impermeables a la presencia femenina empoderada. Todos conforman un orden que se apoya entre sí, que no introduce ruido en el mensaje, sino que refuerza prácticas de exclusión en uno, con las mismas en cualquier otro. Si se logra permearlos, que supongo que así será, ¿cambiará su naturaleza?

En principio no hemos de suponer que la naturaleza del poder cambie según quien lo detente. Si la naturaleza del poder fuera homogénea, como pensó Maquiavelo, siempre igual en todos los tiempos, igual resultaría que el príncipe se llamara Juan que Juana. Por esta hipótesis imaginamos que la naturaleza del poder es tal que no depende de quien lo detente. Imaginemos que hay otra distinta: que la jerarquía siempre connote masculinamente. Que las pocas Juanas habidas hayan debido ser Juanes o tener que lamentarlo si no lo supieron hacer.

Sólo en ese caso la paridad podría iniciar un deslizamiento en la naturaleza opaca del poder. Sin embargo, el cambiar esta ancestral manera de producirse tiene también otra fuerte aliada: la transparencia de la democracia misma. Dado que las mujeres como tales, esto es, amparadas por la paridad, sólo detentan ese poder en las democracias, la transformación relativa de las maneras con las que el poder se muestra y produce, pueden deberse a la combinación, indisociable, de ambos factores. Ello de momento ocurre en el poder político, pero tampoco debemos olvidar que ni la misma democracia lo domestica del todo.

Se ponen grandes esperanzas en el poder público y generalmente con razón; el poder político en particular es, dentro de nuestros poderes, el que está más sujeto a controles. Pero es, además y en general, un poder bastante apetecido, pues, aun sujeto a controles, siempre hay bastantes descontrolados que creen que en su caso sabrán sortearlos. Es un poder por así decir, abierto a la ambición corriente. Es legítimo, y, sin embargo, permite a algunos favorecer sus propios fines mientras lo sirven; algunos, por ejemplo, llevan ideas y proyectos en la cabeza cuando acceden al poder político, esto es, tienen y llevan fines... Otros calculan cómo forrarse, y pasan sus días intentando forrarse un poco más... Esa posibilidad de cumplir fines propios hace que sea el político un poder muy apetecido, en ocasiones, por algún tipo de gente, no precisamente devota del bien común, ni de las normas de cortesía. ¿Puede haber mujeres entre esta clase de gente desaprensiva? Y ¿por qué no? Las hay, seguro que las hay; las mujeres, por lo demás, tienen el oscuro derecho de portarse del modo corriente, para bien y para mal.

Si alguien tiene poder político público en un escenario en el que todavía la depredación está bien vista, con todo, sépase que la especie femenina cae al primer envite, aunque sea depredadora. Etología pura: el individuo peor se queda con el centro del aparato a la menor señal de que la veda se abre. En un panorama del «todo vale» los más voraces marcan el espacio. En ese escenario las mujeres no tienen por lo común credibilidad. Es un tópico que son mejores y también peores que cualquier varón y esto quiere decir algo: que no controlan el centro y son únicamente auxiliares sobre las que es fácil cargar las tintas. Las mujeres tienen «derecho al mal», pero un escenario de mal no las favorece nunca, ni individual ni colectivamente.

Sólo cuando una democracia es muy sólida y guarda controles morales fuertes por parte de la sociedad civil sobre aquellos que ejercen los cargos públicos —y esto pudiera estar conectado también con un sistema económico menos depredador—, entonces adviene el orden que permite que los mansos hereden la tierra, pues la propia idea de democracia no es otra cosa. No hay que ser pesimista para calcular que falta todavía un buen trecho. De modo que al feminismo le interesa promover la paridad en los poderes, comenzando por el público, para cambiar lo indeseable de la misma jerarquía sexual y, en el camino, se tropieza con que la democracia es imperfecta. ¿Qué hacer? Analizarlo con la retícula conceptual que le es propia, retícula de la que la misma democracia es deudora. El feminismo es uno de sus grandes aliados.

Anomalías aparentes

¿Qué hacer? Exigir y obtener la paridad en cualquier caso. Si bien la capacidad de corromper que puede tener un depredador es muy grande, y pese a que la mujer depredadora existe, la paridad mejora por lo general la decencia de lo público. Por lo común una depredadora en política casi siempre forma parte de una familia carismática que lleva en ello bastante tiempo y a ella le viene por genealogía directa. Se la acepta porque no se la puede rechazar. Esto es relativamente común en regímenes políticos que o no son democracias o lo son de modo imperfecto, países en manos de familias carismáticas que ocupan las instituciones del estado por genealogía. Algunas de las líderes mundiales del siglo xx salieron de este tipo de nichos políticos. De ahí que, para una mirada simple y hasta roma, haya sido motivo de paradoja comprobar que llegaban antes al poder mujeres del entonces llamado tercer mundo que las mujeres de las democracias estables. No hay tal: las mujeres acceden al poder público democrático con la paridad; individualidades femeninas acceden al poder tradicional cuando la línea masculina se quiebra, pero ello no supone ningún avance para la causa feminista[4].

Otras redes con similares aficiones, pero en democracia, no suelen gustar de la presencia de mujeres por cooptación. En general ningún grupo de poder les abre espontáneamente las puertas. Ni un grupo financiero, a no ser que pertenezcan a él por cartera; ni mediático, ni... Todos los grupos de poder tienden a comportarse, si nadie lo impide, como clubes.

Por ejemplo, las finanzas no están sometidas al mismo orden que lo público. Si un banco, por ejemplo, obtiene beneficios desmedidos, o pone a otro banco en estado de no competir, sólo hay que tener en cuenta la legislación económica; mientras no la contravenga, está operando con su dinero, es completamente libre de hacerlo. Sin embargo, el Estado está operando con el nuestro. El dinero con el que opera el Estado es público, es de todos y todas, luego la depredación no puede ser admisible. Los criterios por los cuales se gasta y en qué se gasta el dinero tienen que ser públicos y dispuestos para ser conocidos públicamente y públicamente defendibles. El orden de exigencia es distinto. Esto es un problema para la paridad. Puedo quejarme de que en la gran banca las mujeres no pintan nada, pero, de alguna manera, tengo que medirlo. Puedo indignarme por razones generales, pero

---

[4] El caso es más bien parecido, ya se dijo, al de las hijas epicleras griegas en el mundo antiguo y ha sido previsto en numerosos lugares. Epiclera es la que, porque no tiene hermanos varones, hereda; su marido venía obligado entonces a seguir la línea de la familia de la esposa.

se me dirá que aquél es un ámbito privado. Siempre que lo sea en todo tiempo y lugar... Por ejemplo, que no demande nunca apoyo de lo público, ni amparo, ni medidas en caso de crisis... cosa que no ocurre. Donde existe absoluta legitimidad para la protesta es siempre en lo público, pero también en lo que con ello se relacione estrechamente. Si lo público no es imparcial, tiene el deber de serlo. Ahora bien, cuando lo público es perfectamente imparcial, entonces cabe demandar a un sector distinto, pero relacionado con él, que cambie sus usos.

La paridad arranca y consigue su fuerza de lo público. Para lo público sí somos jueces; lo somos además por el fundamento mismo del sistema político, porque la ciudadanía consiste en esa capacidad. Está, pues, comprometido el feminismo con alentar la publicidad de lo todavía privado, en los ámbitos económicos, sin ninguna duda. Y debe hacerlo tomando pie de sus conquistas en los ámbitos públicos por excelencia, los políticos. Su fundamento en el universalismo se lo permite y se lo exige. Si el político es el espacio por excelencia de la paridad eso facilita y legitima que imponga su luz y sus maneras en la opacidad que todavía muchos poderes se reservan.

Capítulo X

Hablemos de género

El castellano tiene una palabra notable: hombre. Su línea semántica nos lleva más lejos, al griego. «Anthropos» son todos y cada uno de los seres humanos. Designa a los dos sexos, igual que lo hace «hombre» en castellano. Todos somos hombres. Los españoles pertenecemos a un dominio idiomático que distingue perfectamente entre varón y mujer, lo que no sucede en francés, en italiano, en alemán, en inglés... y en otras lenguas que solapan plenamente el nombre de la especie con el nombre del macho de la especie.

Por ello una mujer puede a todo título decir «Yo soy un hombre», con independencia de que el uso consagre también en nuestra lengua el solapamiento y que esta afirmación resulte para algunos confusa. Con la misma propiedad idiomática, en la propia ontología que el idioma forma, una mujer puede dejar de afirmar de sí misma «Yo soy un hombre», pero lo es. Siempre se puede precisar que oponer «los hombres» y «las mujeres» es un uso impropio; es correcto «los varones» y «las mujeres», porque hombres somos todos. Y en latín ocurre exactamente lo mismo con «homo», que es el género, y «mulier» y «vir», mujer y varón, sólo determinaciones. Sin embargo el problema con «género» no es idiomático.

Cuando Lévi-Strauss estudia a los yanomamis escribe que determinado día todo el pueblo se marchó por la mañana, que cogieron las canoas y subieron río arriba. «Nos quedamos completamente solos con las mujeres y los niños», nos dice finalmente. Al hacerlo, el idioma y él nos dicen en qué creen. Cree Levi-Strauss que «todo el pueblo» son los varones; la otra mitad del pueblo, la que se había quedado, no es significativa. Esto es un ejemplo esplendoroso de falso universalismo, algo que posee un uso continuado en la lengua corriente.

Tales frecuentes solapamientos en el mero lenguaje entre el sexo viril y el universal indican que el universalismo aún existe con *sesgo de género*. Eso que llamo ahora género y que, en efecto, es un barbarismo (aunque probablemente se acabará importando), es la forma corriente de análisis que delata la presencia del androcentrismo. Nuestra cultura es androcéntrica; esto quiere decir que relaciona primariamente con el varón todo lo que es propio del común de la especie, del mismo modo que dota de excelencia a lo que sea peculiar por viril. «Género» tiene más antecedentes, aun usando otro término. No en sí mismo diferente de lo que Hegel llamó, en la *Fenomenología del espíritu*, *sittlichkeit*. No hace falta cambiarlo en nada pertinente. Afirma Hegel que es un acaso el nacer varón o mujer, un acaso del orden de la naturaleza, pero que la dimorfia en la especie humana está siempre significada: pertenecer a uno de los sexos hace que un individuo esté bajo una normativa específica, la de uno o la de otro, pues no hay normativa intermedia. Por lo tanto, concluye, el sexo es una dimensión ética, no un hecho natural[1]. Pues bien, otro tanto sucede con las preten-

---

[1] Ejemplifica esto Hegel con un comentario de la *Antígona* de Sófocles. La tragedia muestra, en su análisis, no sólo la relación entre los sexos, el comportamiento, en consecuencia del género, en la Grecia clá-

siones del concepto de género cuando es manejado por la teoría feminista.

El género es un eje explicativo que no se limita a constatar las diferencias que la jerarquía sexual introduce en las relaciones de sujeto a sujeto, ni en aquellas de cada sujeto con su colectivo de referencia, sino que se extiende también a las relaciones genéricas en ellas mismas y al mundo que conforman. El género está en medio de muchos procesos: una cosa es la jerarquía entre los sexos y otra cosa es el poder, pero los separamos sólo analíticamente porque en grandes tramos son lo mismo. El feminismo entiende que sea el poder viril, patriarcal, precisamente porque realiza sobre él análisis de género.

¿Hay alguna diferencia significativa, algún tipo de sesgo diferente, entre el feminismo y lo que podríamos suponer que es «un punto de vista de género»? Más exactamente, ¿qué clase de categoría es «género»? Si alguien estudiara los comportamientos con relación a la división de tareas en razón del sexo, por ejemplo en Moana, Margaret Mead, sin ir más lejos, eso ¿qué sería?, ¿estudios de género?, ¿no sería simplemente antropología?

Género es «gender»; es un anglicismo introducido en el castellano, que alguna gente se resiste a utilizar. No hay una traducción exacta de «gender» y realmente nuestro término «género» no se corresponde con ese otro término, sino que tiene un uso distinto. Además «gender», para ser utilizado en la teoría feminista anglosajona, también ha debido cambiar su semántica previa. Hay todavía un debate abierto en este uso exclusivamente terminológico; pero no se limita a él. Si el castellano admite o no la traslación de «gender» es un asunto en el que, por mi parte, mantengo que cabe hacerla, pues ello depende mucho de otros factores extralingüísticos. Pero no es ese debate el que me resulta significativo.

---

sica, sino también los límites, precisamente por ello, de la misma forma y posibilidades de la conciencia griega.

Lo que me importa es la cosa en sí: ¿hay diferencia entre *women studies, gender studies* y *feminist studies*?

EL GÉNERO Y SU DEUDA CON LA ANTROPOLOGÍA

La antropología es una de las nuevas ciencias humanas y pertenece a la estirpe de las que nacieron en el siglo XIX, junto con la sociología, la psicología y bastantes otras. Aquella a la que quiero referirme es sobre todo la conocida por antropología cultural[2]. Desde el momento en que surge como disciplina ya tiene un camino y también unos acompañantes: en su XIX a la vez que aparecen las descripciones puntillosas de diferentes grupos humanos, se imponen al tiempo las ya pormenorizadas de las especies, y se asienta, por último, el evolucionismo como explicación verista de la existencia y morfología de todas ellas, incluida la humana.

Desde esos inicios, la antropología y el evolucionismo han ido siempre mezclados, sumamente, y la diversidad del mundo animal ha caminado correlatando con la diversidad del mundo humano. Con la antropología asistimos a la emergencia más que de un nuevo discurso, de un nuevo paradigma: el saber de la diferencia humana.

La antropología como un saber de la diferencia se inicia pronto en el XIX; la fascinación por la divergencia en creencias, modos de habitar el territorio, lenguajes, costumbres, útiles, relatos, vestimentas, habilidades de sostenimiento, alimentación, mitos, ritos, folclore, etc., llena las páginas de la mayor parte del trabajo, llevando también a modelos de grandes perspectivas históricas que intentan hacer el cuadro completo del alma humana. *La rama dorada* de Frazer es en este sentido un caso ejemplar. La reciente disciplina se llena de

---

[2] Especialmente recomendable para este asunto es el libro de Lourdes Méndez, *Antropología Feminista,* Madrid, Síntesis, 2007. Contiene desarrollos detallados de muchas más cuestiones pertinentes.

grandes registros de diferencia cuya finalidad es presentar cuantas más mejor y bucear en el pasado primitivo de las sociedades llamadas civilizadas.

Y a finales del mismo siglo XIX encontramos antropólogos de primera magnitud, de los cuales casi ninguno desdeña estudiar, sino muy al contrario (justamente más bien les divierte por si existe un diferencial notable), la diferencia de reparto de tareas y funciones entre varones y mujeres en las diversas culturas que son objeto de estudio. Así se estudian la diferencia en el reparto del espacio, la diferencia en los usos del tiempo, la diferencia en el lenguaje, la diferencia de jerarquía atribuida a las producciones según el sexo de quien las realice, etc. Todo ello se convierte en parte del estudio normal de la antropología. Cuando Margaret Mead estudia en qué consiste ser adolescente en Samoa nos cuenta también esto. Conocer esas diferencias es parte del punto de vista normalizado de la antropología cultural.

Para llevar a cabo las clasificaciones, la antropología inventa una distinción entre el sexo biológico —que es bastante patente y tiene poca varianza— y el sexo cultural, esto es, aquello que las diferentes culturas atribuyen a machos y hembras de la especie. El sexo es, en efecto, macho o hembra; con este material bruto las culturas construyen lo masculino y lo femenino. Y tales construcciones son diferentes y hasta divergentes. En esas construcciones están los ancestros conceptuales del concepto de *género* que el feminismo usa y del que también abusa. Se puede dar a este uso una fecha ya plenamente consciente: la importantísima obra de Margaret Mead *Macho y hembra*. Pero para que se produjera este uso ya perfecto que desdobla lo biológico y lo cultural, fueron necesarios treinta años de antropología.

¿Dónde está ese algo que se denomina «género» y que es distinto de los conceptos afines de la antropología? No existe. Todos los trabajos de antropología cuentan con ello como una parte importante. Incluso los estudios de antropología de los años 70 y 80 del siglo XX, cuando afirman que «el punto de vista antropológico» no debe ser limitado a los pueblos «así llamados primitivos» y emprenden la «antropología de las sociedades urbanas complejas», relatan estas diferencias de atribución de características en función del sexo y muchas más. En realidad y para la antropología, la distinción entre sexo y género es fundante. Y, es más, son los datos acarreados por la antropología los que han permitido sostenerla fuera de su estricto ámbito.

Porque la antropología reclama como parte de su campo no sólo la cultura material, los útiles, la producción y la reproducción, los sistemas de caza, recolección y preparación de alimentos, sino el conjunto completo de la cultura, sistemas de parentesco, producciones, intercambios comerciales e intercambios rituales, sistema de señalación en el cuerpo de la jerarquía, marcas del cuerpo en varones y mujeres diferenciables, matrimonios, danzas y ritos, etc. Los estudios de antropología de campo tienen siempre la pretensión de ser exhaustivos. Quieren —lo logren o no es otro asunto— dar el mapa completo de lo que sucede en el lugar de estudio seleccionado.

En ese sentido, si la perspectiva llamada «de género» incluyera exclusivamente ver en qué relación se encuentran los sexos en un momento dado y en una cultura dada, éste sería un punto de vista más parcial que aquel que incluyera eso y además todo lo demás. Sería «el género» un sesgo singular, parcial, de una investigación. La antropología cultural nunca abandonará el género como categoría analítica, pero tampoco se limitará a él nunca como objeto de estudio. Su pretensión es siempre mucho más amplia. El género se conoce en su vertiente normativa y como tal se estudia. Es un dato más que, como muchos otros, no puede cuestionarse. ¿Acaso el feminismo lo usa de modo diferente?

El feminismo ha sacado del género bastantes conclusiones prácticas que en la antropología nunca podrían producirse. Repito que feminismo es aquella tradición política de la modernidad, igualitaria y democrática, que mantiene que ningún individuo de la especie humana debe ser excluido de cualquier bien y de ningún derecho a causa de su sexo, y añado ahora que sea este sexo masculino, femenino, epiceno o incluso poco demostrable. Feminismo es pensar normativamente como si el sexo no existiera o no fuera relevante. Supone que hay que ponerlo entre paréntesis para alcanzar la imparcialidad... pero porque *sí* existe, *sí* es normativo y además *siempre* es parcial y *siempre* de la misma manera: en contra de las oportunidades de las mujeres y sus derechos.

Insisto en la expresión *pensar normativamente,* esto es, en los términos propios de las filosofías políticas modernas. Pero el feminismo apunta todavía más alto: no le basta con sacar las conclusiones negativas de la diferencia sexual y exigir que queden abolidas. En realidad el feminismo afirma que el verdadero *quid* es la propia jerarquía sexual, no algunas de sus indeseables consecuencias. Esa misma jerarquía es, aunque universalmente extendida, ilegítima; éticamente ilegítima y en la actualidad y en democracia, políticamente disfuncional. Esa jerarquía de toda índole, es la invariante de fondo a cuyo sistema de estructura el feminismo llama patriarcado, justo lo que se ha propuesto abolir.

FEMINISMO Y GÉNERO

Hay toda una serie de estudios llamados «de género» que examinan posiciones diferenciales de las mujeres dentro de un contexto y lo hacen sin necesidad de extraer de ello consecuencias normativas. Pueden porque por lo común estudian aspectos muy particulares. Para no alimentar equívocos adelanto que me importa por lo general poco saber si las romanas cosían con la mano izquierda o con la derecha, o si una vez que realizaban las tortas frumentales las llevaban a Vesta o si, en especiales circunstancias, las llevaban también a Venus. Toda esta erudición, que existe, me parece encantadora, pero, por lo común, impertinente. Sólo la tengo por digna de consideración si entre esos datos y rasgos encuentro algo que sea determinante, alguna relación, una señal que propicie un significado más general. Temo que algunos de estos estudios huyen adrede de señalar consecuencias normativas o de alcance general. Los retiro por tanto de lo pertinente y los añado a lo meramente episódico. Que varones y mujeres hacían y todavía hacen cosas de detalles muy distintos es una verdad que no necesita más empiria que la que tiene, que es demasiada.

Por el contrario, si un rasgo, que parece a primera vista episódico, resultare que no es casual, porque se corresponde con tal o cual modo de acción y busca tal fin o interés, entonces... cambio completamente mi disposición. Y en los «gender studies» la mezcla ocurre. Aunque en ellos muchas veces también el esencialismo tiene su plaza. Y debo también honradamente adelantar que el discurso esencialista me aburre soberanamente. A fin de poner el alma sobre la mesa, confieso que ni siquiera estoy convencida de que exista una cosa llamada «el alma femenina», dotada de una tópica distinta del alma en general, ya exista el alma general o exista solamente el alma masculina suplantándola. Porque el recurso sistemático al «androcentrismo» como explicación universal de todo fenómeno social, moral y cognitivo también me deja insatisfecha. Como tampoco me emociona saber que el héroe de toda la acción y conocimiento es WASP (blanco, anglosajón, varón y protestante). Ya lo he leído y oído demasiadas veces y el pensamiento siempre quiere algo más. Incluso en la identidad, el pensamiento busca relaciones nuevas, afirmaba Hegel en la *Ciencia de la Lógica*.

Tampoco creo, menos aún, que esa tópica de la dimorfía sexual se exprese por su parte femenina de una forma tal y tan propia que debamos participar en desentrañarla mediante análisis especiales que sólo a ella le convienen. No me creo que lo femenino sea inabarcable ni inconmensurable. El discurso esencialista ya lo escuché en mi infancia tanto tiempo que encontrarlo ahora vestido de otra manera, vestido de «género», no me hace gracia. Tampoco me llaman las «cosas de las mujeres», sus textos y subtextos de por sí. No desde luego por serlo, sino porque sean valiosas universalmente. Soy desgraciadamente prisionera de la universalidad, y de mis prisiones cortísimas no me puedo liberar. A veces nos pasan cosas así. Resumiendo, que no sólo que se me explique en qué consiste la esencia femenina no me dice absolutamente nada, sino que agravo mi culpa: temo que entre Miguel de Cervantes y Virginia Woolf, si tuviera que elegir, me gusta más Miguel de Cervantes. Cuestión meramente de gustos, pero me hace suponer que estoy perdida para cierto tipo de observancia en los «estudios de mujeres».

Por tales limitaciones, que me he visto en la obligación de señalar, todo lo que en los «gender» y hasta en los «women studies» tenga que ver con llamar «sesgo de género» a meros rasgos epocales o a prácticas que la antropología sabe estudiar mejor, afirmo que no me parece adecuado como objeto de estudio; ni tampoco lo mejora el ceñirse exclusivamente a algo que llaman «la conciencia femenina».

Sin embargo, no todo en esos estudios, ni mucho menos, es de esa naturaleza. Hay trabajos simplemente espléndidos bajo esos epígrafes; estudios que enseñan historia, literatura, sociología, economía... y todo el abundante catálogo de las ciencias humanas; sin entrar en que algunos son capaces de demostrar la existencia de «subtextos de género» en las ciencias formales y naturales, y que lo hacen con solvencia. Como siempre, cuando se da una floración de nuevos estudios, hay que saber separar el grano de la paja. Algunas personas creen que basta con hablar de género o de mujeres para presentar investigaciones que carecerían de interés en cualquiera de los mundos posibles. Pero esto, el reparto benévolo de la insignificancia, ocurre en todos los campos del saber.

GÉNERO EN VEZ DE FEMINISMO

Ahora bien, pudiera ser que, porque precisamente el feminismo ha tenido fuertes enemigos, hubiera tenido que travestirse y tomar otros nombres para ser aceptado. Encuentro que bastantes investigaciones «de género» son en realidad filosofía política, social y moral feminista. La palabra prohibida u objeto de rechazo no aparece, pero sí se presenta la panoplia completa de análisis y conceptos que el feminismo ha utilizado y utiliza. En ese caso debo entender las circunstancias de su ocultación. Durante al menos un par de décadas y dependiendo de los contextos culturales, en grandes zonas del mundo «género» ha sustituido a la palabra innombrable, *feminismo*. Las personas que querían hacerse con pocos enemigos y aquellas que pretendían colar el feminismo sin levantar sospechas han llamado a lo que hacían análisis de género, estudios de género y cosas similares. Sin contar con que también han llegado a confeccionar una agenda de género. El escamoteo era casi evidente, puesto que el único género del que se hablaba era el femenino y sus circunstancias. Pero esa táctica ha servido por un tiempo. Ahora ya no. Hasta en algunas revistas religiosas he llegado a leer que «las feministas del género» son tan feministas, esto es, tan peligrosas, como las corrientes. La táctica, si lo era, no es ya operativa. Nadie se equivoca con lo que *género* quiere decir cuando intenta ocultar el término feminismo.

Pero ¿por qué el feminismo tiene mal nombre?, se pregunta en ocasiones. Respuesta: ¿y por qué habría de tenerlo bueno? Se ha levantado y se levanta contra un orden antiguo y poderoso que no ha querido nunca ceder un ápice; un orden que se asienta en las prácticas normativas e incluso cognitivas de varones y mujeres por igual; un orden, por último, que se resiste a abandonar la escena, así que no se ve la razón de que pusiera por las nubes y admirara a su adversario. El feminismo ha sido objeto de persecución, rabia y burla, allá donde se haya llegado a convertir en una opinión sólida y su agenda haya alcanzado visos de verosimilitud. Pero el feminismo es un término que como «democracia», tiene por vocación llegar a ser aceptado. Sugiero democracia porque además van juntos. No puede encerrarse la fuerza de la idea de igualdad que la democracia contiene. Y el feminismo es uno de sus más impertinentes intérpretes, un Pepito Grillo, como adecuadamente lo llama Amorós.

EL FEMINISMO SUPLANTADO

No obstante el feminismo se nutre de abundantes análisis de género; debe hacerlo. Porque «género» es un instrumento analítico; como tal disecciona lo que ocurre, dónde, cómo y cuándo, lo perfila y lo muestra. Y entonces llega la exigencia normativa: la política concreta que se corresponde con los análisis buenos de género es la política feminista. Si hay una mala práctica «de género», una buena política, feminista, debe corregirla. Y por ello, porque en democracia la política feminista tiene ser y sentido, el feminismo puede establecer una agenda. La agenda feminista es ahora global. En cada parte del planeta está abierta por páginas distintas, pero está abierta. En algunos lugares todavía la agenda de la primera ola, la libertad en la elección de estado y la educación elemental, es la prioritaria; en otros, es la de la segunda ola: la plenitud de los derechos educativos y los políticos. Por último, y en los países de cabecera, la agenda de la tercera ola, de los derechos sexuales-reproductivos y la paridad, es la agenda viva y abierta. Todas sus páginas remiten al mismo marco interpretativo: la igualdad en la ciudadanía y el disfrute de las libertades. Tales vindicaciones y las victorias que de ellas se han derivado y todavía se derivan, no pueden hacerse sin utilizar una argumentación universalista: el universalismo es el fundamento esencial del feminismo.

Las mujeres hemos conocido un universalismo excluyente. Y por lo mismo, un universalismo falso. Fue el primero con el que se construyó la teoría democrática. Fue el de los fundadores, el que el feminismo tuvo que corregir. La «democracia viril» es el sistema de gobierno en que piensan tanto Locke como Rousseau. Ese sistema ha existido. La primera democracia moderna que se entendió como tal excluía completamente al sexo femenino de cualquier posición de autoridad, prestigio o poder. ¿En qué consiste la lucha del sufragismo durante un siglo? A medida que la democracia va dando sus primeros pasos durante el siglo XIX y demuestra que es absolutamente excluyente, el sufragismo manifiesta que no hay en ella verdadero principio de equidad e imparcialidad, de igualdad modulada como universalidad, puesto que no se puede excluir a nadie en razón de su sexo de todo aquello a lo que como ser humano tenga derecho. Las mujeres son, somos, seres humanos.

¿Cuál es la respuesta del nuevo orden excluyente? El gran conglomerado argumentativo y explicativo que conocemos como misoginia romántica. ¿Quién os ha dicho a las mujeres que sois seres humanos? No lo sois. Estáis a medio camino entre la naturaleza y la humanidad. Sois otra cosa, inferior o superior a lo meramente humano, pero, en todo caso, otra cosa. Que seáis seres humanos normalizables es una falsa concepción que os equivoca: varones y mujeres no son iguales, sino, por diferentes, complementarios. La ley o la costumbre no pueden ni deben mermar esa complementariedad, para mantener la cual es muy útil que no votéis y que os esté prohibido el acceso a las instituciones educativas medias y superiores. La igualdad civil y política termina donde la barrera del género comienza. Y la situación se hace tan cerrada en torno a ello que votan cincuenta años antes los varones negros que las mujeres de todo color. La raza demuestra ser menos excluyente que el sexo. El feminismo tuvo que enfrentarse a todo ello; venció, pero siempre se le oscurece esta victoria.

Estamos hablando de un orden excluyente que ha producido efectos, no de una broma. Los segmentos completos de cultura y de alta cultura, beligerantes, no son ninguna broma. ¿Cómo la palabra «feminista» va a tener buen crédito? Ha sido denostada tanto por el tradicionalismo como por la democracia excluyente. Ya el siglo XVIII, tras la grande y extensa polémica feminista que lo recorre, contra las diversas vindicaciones feministas, sigue por el contrario la doctrina de Rousseau: la democracia ha de existir, pero ha de ser democracia masculina. El siglo XIX opone al feminismo sufragista el renovado argumento rousseauniano: que las mujeres no pertenecen al orden político, humano, sino que pertenecen al orden natural, por tanto no hay por qué extender hacia ellas derechos que no tienen con qué mantener. ¿Portan armas? ¿Sería natural que lo hicieran? Pues, si la respuesta es no, ¿con qué defenderán su ciudadanía? Quédense en su casa y hagan hijos para la gran madre, la madre patria. Las que se lo puedan permitir, claro; las obreras ya se verá. Y si a alguna esto no le gusta es que es una inadaptada en lucha con su propio cuerpo.

En el feminismo del XX, una vez alcanzadas por el sufragismo las dos grandes reivindicaciones, el voto y el derecho a la educación (sin las cuales cada una estaríamos en nuestra casa haciendo género estricto), el feminismo de los setenta se plantea otros objetivos: primero la reforma de toda ley discriminatoria y después la propiedad completa sobre el propio cuerpo como la principal propiedad individual. Las consignas de «lo personal es político» y «mi cuerpo es mío» recorren nuestro mundo. Pero forman parte de un análisis nuevo, en términos de poder. Contraconcepción, aborto, cambio en las formas de matrimonio y familia, nuevas relaciones morales, acceso a todas las profesiones y poderes, paridad... significan, en fin, abolición del patriarcado como invariante antropológica.

Ahora preguntémonos: ¿tiene eso que caer bien?, ¿es poca cosa?, ¿remueve acaso superficialmente la masa heredada de sobrentendidos? Es, nada menos, que la llamada a subvertir y suplantar una de las más fuertes tramas de fondo del orden heredado. ¿Va tal cosa y quien lo proponga a caer bien? A las mismas personas del sexo femenino, algunas, que están encantadas con lo ya adquirido, en derechos y libertades, puede no apetecerles seguir adelante. Y puede también que ignoren que lo que tienen y disfrutan no es «natural», sino precisamente una adquisición. Y puede también que ni siquiera conozcan cómo se produjo. Si el orden no premia con el reconocimiento y las mejoradas poco o nada saben de quién consiguió lo que se tiene, ¿cómo el feminismo habría de tener buen nombre? Se le olvida con saña. Y algunos usos del término género vienen de no querer utilizar su nombre para no darle ni una miga de alimento. De esta forma, el feminismo, origen de tanta vindicación, ha de ser el mismo vindicado de su ocultamiento doloso. El feminismo, por lo hecho y por lo que le queda por hacer, no tiene nada de qué avergonzarse.

De nuevo la ablación de la memoria

Cuando se escucha demasiado la palabra «género» y la palabra «feminismo» no acontece, hay que pensar mal. Vindicar el término es una prueba de la autoconciencia del proceso en que se opera. ¿Se puede estar dando un escamoteamiento de la historia? ¿Puede ocurrir que, en el caso de las mujeres como colectivo, estemos también sufriendo una ablación de la memoria? Supongamos que de alguna forma las instancias corrientes, mediante acciones sistemáticas, impidan la formación de una genealogía del «nosotras», del nosotras legítimo; impidan que nos reconozcamos en otras anteriores como herederas de sus ideas, de sus posiciones o de sus fines; impidan que les demos el honor debido. Supongamos que el orden patriarcal, como una de sus estrategias corrientes, invisibilice.

Cuando estudiamos todavía hoy Historia, la elemental, la del Bachillerato, aprendemos cosas sobre los orígenes cercanos de nuestro mundo de ideas e instituciones. Aprendemos, por ejemplo, el liberalismo, el movimiento obrero (las Constituciones, las Internacionales, la Comuna), aprendemos nombres (Mill, Marx, Engels, etc.). Estudiamos el Siglo de las Luces, la libertad, el planteamiento por fin del «atrévete a saber», la lucha contra la superstición y la intolerancia, la gloria de la razón... y de nuevo nombres (Hume, Rousseau, Voltaire...). ¿Dónde están el feminismo, sus debates y sus nombres, Mary Wollstonecraft, Olimpia de Gouges y Condorcet? ¿Dónde aprendemos la historia del sufragismo? Los nombres de quienes lucharon por nuestros derechos civiles y políticos nos son desconocidos. No suelen estar al alcance.

Tengo la impresión de que hay temas que si no se aprenden normalizadamente en la edad escolar, no logran grabar su propio surco: somos seres también de costumbres intelectuales. Aprendemos a ordenar las formas y modos de lo pertinente. Ciertos asuntos son objeto de discusión después, porque ya no han sido a su tiempo objeto de debate ordenado. ¿Es opinable si estuvo bien conseguir el voto de las mujeres? Ese hecho ya no es objeto de debate. Sin embargo, la misma persona que considera de sentido común esa victoria, puede decir que eso del feminismo está mal, que está superado, es excesivo... actúa como si le faltara un eslabón, pero uno muy fuerte. Y es que le falta el aprendizaje normalizado del proceso por el cual la ciudadanía se hizo común y universal. Hay escamoteo de la memoria y eso produce efectos: falta de memoria = déficit de legitimidad. Buscado, por supuesto[3].

Me temo que esto seguirá ocurriendo hasta que al menos no se estabilicen en los propios textos los contenidos mínimos consensuados. No debe transformarse en objeto de charlas desaforadas lo que tiene que ser objeto de simple aprendizaje. Dicho de otra forma, sólo podremos afinar

---

[3] Lo afirmo, naturalmente, con bastante conocimiento de causa. En dos ocasiones he pertenecido a comisiones expertas que indicaron los contenidos mínimos de algunas asignaturas en enseñanzas medias. En ambas, las personas que pertenecían a las de historia no lograron introducir la de la marcha y conquistas feministas; nunca tuvieron mayoría o consenso suficiente. Debo además señalar que en ambos casos la iniciativa de introducirlo y la presidencia la llevaban varones, pero ni así. Y en los plenos fueron también desestimadas.

en ciertas cosas cuando otras más fundamentales y fuertes estén aseguradas. El feminismo necesita todavía buen nombre para que la ciudadanía de las mujeres tenga el debido respeto.

El feminismo no es mujerismo

Si «feminismo» no ha de ser suplantado por «género», tampoco debe serlo por «mujeres». Hablar de mujeres no compromete con mejorar o innovar la situación en que muchas de ellas se encuentran, sin contar con que algunas personas han encontrado un modo de vida practicando discursos variados y también vacíos a propósito de ello. Les es tanto más fácil cuanto menos conocimiento del asunto se tenga y más cerrada sea la situación política. Discursos «mujeristas» he escuchado tanto a supuestas líderes planetarias, como a militares torvos de países no muy seguros; imagino que me pasa por viajar.

Debemos trazar nítidamente los márgenes entre feminismo y discurso a propósito de las mujeres, pues son dos cosas diferentes. Hablar de mujeres, o hablar de lo que son las mujeres, o de lo que han sido, o de lo que deberían ser, es algo que se puede hacer perfectamente sin tener asumido el punto de vista del feminismo. Es éste un discurso que puede discurrir por los márgenes tradicionales: «las mujeres tienen tales y cuales características irrenunciables»..., o por otros aparentemente nuevos: «las mujeres mueven una gran cantidad de recursos en el planeta tierra». En ambos casos la referencia a las mujeres no convierte al discurso en una pieza del feminismo, del mismo modo que la referencia continua a *la gente* no vuelve a un texto parte de la teoría de la democracia. Y como el feminismo comienza a tener cierto éxito... vende. Y como vende... aparece el gato por liebre. Prontuarios, enciclopédicas versiones, mujeres famosas revueltas con celebridades dudosas y personas respetables, vademécums y versiones reducidas, recensiones y diccionarios, novelas, historias de vida de toda laya cultural, relatos, libritos de citas, autoayudas inimaginables, junto con obritas que prometen contarlo todo y lo cuentan a base de plagios descarados... son lo normal, el revoltijo normal que se puede encontrar en las secciones de las librerías bajo un epígrafe tan poco claro como «mujeres». Allí está el cajón de sastre donde cabe todo. Y, claro, puede acabar reproduciéndose en los estantes de cada quien, porque no es raro que lo que junto se encontró, junto se coloque, incluso en casa.

Ahora se lleva hablar, editar, frasear... de mujeres, que además pueden ser consumidoras de tales productos, pero eso no los convierte en buenos, sino en casuales. En el nicho enorme de libertad que la política feminista crea pueden intentar habitar varios subproductos, desde diversos trabajos «de género» sin interés, hasta *mujerismos* de toda laya. No se puede evitar, además, precisamente porque el lugar es grande; pero hay que precisar qué es cada cosa. Por mucho que *género* o *mujeres* se repitan sin tasa, ello no convierte a determinados productos en aceptables, máxime si intentan escamotear a los correctos. Y la manera de distinguirlos es clara: el conocimiento de la propia genealogía. Tiene una tradición en la que se mueve, como el resto de las teorías políticas. Y es amplia. Está relacionada con la puesta en práctica universalista de la idea de igualdad, presente de modo notable en la tradición política moderna. El feminismo, utilizando una definición muy ceñida de Celia Amorós, consiste

> en demandar, tomando como su referente el techo marcado por una abstracción disponible, un trato igualitario, es decir, que responda a una consideración de inclusión bajo el ámbito extensional que viene delimitado por la propia conceptualización abstracta puesta en juego. La idea de igualdad y la vindicación están así íntimamente articuladas[4].

---

[4] C. Amorós, *Tiempo de feminismo,* ed. cit., págs. 70-71.

De nuevo digo que corre una especie demasiado trivial que conviene deshacer: que el feminismo es cosa de ahora; tiene, por el contrario, una fecha de origen con partida de nacimiento escrita, la filosofía barroca. Antes, pura y simplemente, no ha habido feminismo; hubo, a veces, quejas, sentidas y justas, pero no feminismo, porque el feminismo es una articulación teórica y política moderna. Tiene su condición de posibilidad en la filosofía barroca y a partir de ahí existen tres grandes oleadas de desarrollo ya señaladas: el feminismo ilustrado, cuya obra principal y de cabecera es la *Vindicación* de Wollstonecraft; el feminismo sufragista, del que citaría como clásica la obra de Stuart Mill, *La sujeción de la mujer* (sin ocultar lo que en ella hay de Harriet Taylor), y también *La Biblia de las mujeres,* organizada por Elizabeth Cady Stanton; y el feminismo de tercera ola, el feminismo en que vivimos, que tiene como obras principales *La política sexual* de Millet, la *Dialéctica del sexo* de Firestone, y el enorme precedente de *El segundo sexo* de Simone de Beauvoir.

Como tradición el feminismo es bastante estable. Reposa sobre el universalismo y se nutre del arsenal conceptual de la modernidad. En resumen afirma que las mujeres son hombres. Subrayo, hombres, no varones, de la misma manera que los varones tampoco son inmediatamente hombres, aunque el patriarcado haya pretendido fundir en uno ambos términos. Un hombre es un ser humano, sujeto y sujeta a sus condiciones de posibilidad, sus circunstancias, su normativa de género. Pero es distinto de cualquier otro ser del dominio natural. Lo que de «hombre» se predique normativamente, vale para varones y para mujeres. Deshacer el «vosotras» implícito en todo androcentrismo es también una de las tareas con las que la causa de las mujeres se ha encontrado. Ese «vosotras» se manifiesta cada vez que de una aserción universal sobre «hombre» se realiza una acotación del tipo «pero las mujeres...». Los ejemplos sobran porque abundan. «Los hombres son inventivos» pero las mujeres... Los varones están llenando por completo y sin pedir permiso el ámbito semántico de la especie humana. Y sólo cabe o comenzar a nombrarla en su doble presentación, los varones y las mujeres, o denunciar sistemáticamente el solapamiento cuando ocurra. Desde luego, adelanto que esas dos estrategias son perfectamente compatibles entre sí y que el combinarlas es lo que se viene normalmente haciendo.

Capítulo XI

La ley del agrado

Comenzaré por algo simple, esto es, sentando algún enunciado que sea fácil de comprender y que no suscite demasiados problemas: vamos a suponer, por ejemplo, que las mujeres son seres humanos. Es una suposición más difícil de lo que parece, porque durante largo tiempo y todavía en una amplia parte del mundo eso no es verdad; pero es una suposición sobre la que al menos la cultura occidental, desde hace unos tres siglos, viene, primero, polemizando, y luego haciéndola realidad. Supongamos, pues, que las mujeres son, somos, seres humanos.

Bajo esta hipótesis subsumamos otra: que su admisión haya supuesto algunos cambios de amplio alcance. Del hecho de la admisión por parte de la especie humana (como especie racional que gusta de contarse a sí misma quién es y qué hace), de que las mujeres no formen una subespecie, algo que no compartiera todas las características meliorativas de la especie humana en su conjunto, se han derivado cambios valorativos importantes. Han sido de dos clases: primero en el grupo previamente minorizado; segundo, en la autoconcepción que la especie se hace sobre sí misma.

La patencia de esos cambios comienza a producirse a finales del siglo XIX. Aunque el feminismo aparece vinculado con el pensamiento ilustrado, el momento en que se revela la posibilidad de la ciudadanía, ya no como una imaginación de la filosofía política sino como algo que puede ser puesto en ejercicio, es la gran época del pensamiento liberal. El sufragismo entra en la dinámica de la ciudadanía, el debate de la ciudadanía, el investirse de la ciudadanía. La fase polémica inicial, ilustrada, se supera; el sufragismo tiene ansia de práctica.

¿Qué ha cambiado? En la fase polémica los cambios pueden no ser perceptibles. De hecho, las mujeres del siglo XIX siguen siendo mujeres en el sentido en el que las mujeres han sido siempre mujeres. Y el Romanticismo, como gran periodo de cultura, inventa incluso nuevos rasgos para ese colectivo, rasgos exagerados, que además naturaliza, en un proceso que ejerce la misoginia romántica. La misoginia romántica fija todas aquellas características que atribuye a las mujeres y que justamente son excluyentes de la especie humana considerada en su fase excelente. Lo que la especie humana es, o lo que la especie humana es capaz de hacer, sigue siendo naturalmente varón, varón genial, el varón excelente; y las mujeres son un subconjunto que recibe muchos predicados, todos minorizantes y muchas veces contradictorios. Pero, pese a esa calma aparente, algo se está moviendo en el fondo.

Porque a finales del siglo XIX se produce la patencia en el pensamiento de que el mundo está cambiando, de que vamos a un mundo distinto, que rompe con la tradición heredada. Se produce con claridad este subtexto en un pensamiento desaforado, desatado, como es el de Nietzsche. Este filósofo insiste en la subversión de todos los valores; la nombra como «transvaloración». Afirma que nuestro mundo está abocado a su límite y que a partir de ese límite habrá un mundo nuevo, completamente nuevo. El siglo que muere camina hacia un momento de transvaloración: todos los valores deben ser subvertidos.

En ocasiones los motivos por los que la filosofía hace ciertas afirmaciones no tienen porqué corresponderse con que tales afirmaciones vayan precisamente dirigidas a aquello que las provoca; la filosofía, a menudo, refleja síntomas más generales del mundo en que se gesta. Nietzsche habla de la transvaloración y sin embargo podemos encontrar en varios de sus escritos que los contenidos que le da no son precisamente los contenidos de la transvaloración que en efecto se está revelando. Aun así, afirmaciones inexactas pueden ser verdaderas. Me explico, cuando Nietzsche afirma que «tienen que caer todos los valores de la feminidad», «todos los valores de la debilidad», para que el mundo nuevo surja, no quiere que se le traduzca al feminismo, ni mucho menos. Él maneja el viejo aparato conceptual patriarcal que opone valores femeninos a masculinos. Los femeninos son los dis-valores de la hipocresía, la falta de fuerza y nobleza, la ocultación... en fin, la tabla conocida. Los viriles son sus contrarios. Y Nietzsche deplora que, a finales de su siglo, existan varones no masculinos, sino encargados de poner en práctica la astucia femenil: son el clero.

El clero es femenino, varones femeninos, y ha impuesto sus valores, que son los de la debilidad y siempre doblados de hipocresía; esos valores han de caer frente a la bestia rubia que, por fin y de nuevo, asolará Occidente y reclamará su puesto[1]. No podemos en modo alguno compartir ese tracto, pero vemos que Nietzsche acierta en que una enorme trans-

---

[1] Todo este contexto es más tarde recogido por Spengler, también llamado «el Nietzsche del pobre»; pobre de inteligencia, digo, porque también se ha nombrado a Spengler como «Nietzsche en alpargatas». Tal mote indica un juicio: que Spengler traduce el pensamiento nietzscheano a fin de que sea perfectamente accesible para cualquier inteligencia mediana, pongamos, alguien que posea una tienda de comestibles y que desee también tener sus ideas de lo que es el proceso histórico en general. No me parece, sin embargo, que todo Spengler sea ni mucho menos desdeñable.

formación está aflorando. Lo que ha comenzado en la Modernidad, un proceso en marcha, formidable, de cambio de valores, se revela en el cruce de siglo. Ese proceso se da con el habitual acompañante del cambio, que es la violencia. El siglo XX, que hemos cerrado, ha sido uno de los más convulsos de la historia que nos es conocida, y también uno de los más violentos. ¿Qué tiene que ver la hominización de las mujeres, que las mujeres son seres humanos, con el proceso de transvaloración? Intuyo que bastante.

Del hecho de que la especie humana súbitamente se agrande, doble, hablando «kantianamente», el reino de los fines, y lo haga sobre una idea vértice, que es la idea de igualdad, se siguen consecuencias enormes. La igualdad es una de esas ideas que no se puede deflactar, o lo que es lo mismo, a la que no es fácil poner límites. De la igualdad para sólo algunos, la idea ha aumentado su potencia de expandirse y se presenta para el conjunto: el feminismo lo hace y el socialismo también lo hace. La idea de igualdad es una de las piezas centrales de nuestro mundo moral y político y está todavía, y aún estará mucho tiempo, en el centro de todos los grandes debates. Es así porque en el fondo nos compromete con algo tan fuerte como *creer o no que la humanidad es sólo una;* la tradición que conocemos nos muestra que todo grupo humano viene de creer que la humanidad sólo la posee él. Que las humanidades siguen siendo varias y que cada una tiene sus requerimientos y que no hay metro universal.

ARMANDO EL ESTEREOTIPO SUFRAGISTA

Como dije, los movimientos que llevaban adelante y por delante la bandera de la idea de igualdad eran dos: el socialista y el feminista, el feminismo sufragista. Ésos eran los dos grandes bloques igualitarios a finales del XIX. Ambos se manifestaban presentando la idea de igualdad. Uno, en términos de abolición de las clases sociales, el otro dividiéndose en dos grandes observancias —liberal y socialista—, pero pidiendo la abolición de la divergencia más fuerte en poder y jerarquía, la etológica y antropológicamente más fuerte, la diferencia establecida entre lo masculino y lo femenino. Ambos están socavando las certezas heredadas. Y ello está produciendo un proceso de transvaloración. Por eso nos encontramos que hay ciertos filósofos que, no especialmente amantes de lo que están viendo bullir en el seno de lo político y social, reparten sus invectivas ecuánimemente entre los igualitarismos socialistas y los feministas. Según ellos, ambos rebajan la calidad general del conjunto. Menudean las invectivas misóginas —más fáciles siempre de hacer porque tienen el canal ya hecho— contra aquellas que pretenden alterar el orden natural de los sexos. Es más difícil o expuesto ofender a los socialistas. Tenían la manía de organizarse sindicalmente y daban miedo; la práctica del terrorismo a finales del siglo XIX no tenía nada que envidiar a la actual: incluso la sobrepasaba[2]. Siempre ha resultado más fácil ofender a las mujeres porque nuestra capacidad de dar miedo es muy pequeña. Esto no hace falta probarlo porque es patente. Se nos puede seguir ofendiendo sin que se produzca una indiscriminada venganza. Nunca hemos hecho ese tipo de cosas ni tenemos trazas de llegar a hacerlas.

Las sufragistas eran más fáciles de atacar; bastaba con decir que protestaban contra el orden patriarcal porque no eran verdaderas mujeres. Se negaban a la exclusión porque eran individuos mal encajados en su propia psique[3]. Eran seres

---

[2] Hoy nos parece que el mundo está asediado por el terrorismo, pero el final del siglo XIX fue tremendo en cuanto a su práctica: la lucha armada callejera, el asesinato y el atentado indiscriminado eran el pan nuestro de cada día. Cualquier obra de historia de finales del XIX sirve para salir de la falsa sensación de violencia continuada que arrastramos.

[3] Me recuerda todo ello la frase aguda de una feminista de los setenta: «No sé muy bien qué sea el feminismo; pero observo que me llaman feminista siempre que expreso sentimientos que me diferencian de un felpudo.»

a medias porque se estaban negando a seguir lo que la madre naturaleza, en su infinita premeditación, demandaba de ellas. Estas son las conclusiones de Weininger y en parte las de Freud, dos mentes cuyas concomitancias son grandes. Las feministas presentaban sus razones políticas en verdad por razones impresentables. Una mujer se convertía en feminista porque no era una mujer como es debido. Anoto que no sólo no es «una mujer como es debido» normativamente, es decir, una que ha decidido que no será *una mujer como es debido*, es que aunque quisiera, no podría serlo: tiene algún fallo de estructura profunda demasiado fuerte que la hace inhábil para pertenecer a su sexo; por eso se rebela contra él. Por eso busca a otras que estén igualmente mal ordenadas, desviadas. Y entonces todas esas mujeres aparentes, en realidad monstruos, intentan arrastrar a las demás, las sanas y normales, a lugares tan inadecuados como la enseñanza, la universidad, la política o los derechos civiles. Este tipo de juicios, malévolos y con nulo fundamento empírico (porque por lo que bien sabemos la mayoría de las militantes feministas eran mujeres atractivas, madres y con gran capacidad de relación social), estos juicios, repito, son la artillería con la que el cambio de siglo se defiende contra la agenda sufragista. Tales cosas se leen en la obra de muchos pensadores, lo que los convierte en panfletarios de alto nivel.

Sin prueba alguna acusan a las feministas de no poder ser madres, de ser incapaces de realizar su sexualidad... y cada vez las inculpaciones se acercan más y más a temas sexuales estrictos, buscando el límite e intentando amenazar al pudor. El ya citado Weininger afirmará que todas las mujeres que luchan por cambiar su situación son o semi-mujeres o semi-varones, en síntesis, algo mal conformado, en perpetua lucha consigo mismo, repugnante. Esto es, que a la mujer a quien no gustara no tener capacidad sobre los propios bienes, depender de la autoridad marital, no tener derechos políticos y no tener oportunidad de educación, sucede que le funciona mal el útero y su concomitante aparato psíquico.

En resumen, en la literatura de este tipo se daba por sentado que las mujeres no son seres humanos. Si desean lo que es correcto desear, sucede que están mal constituidas como mujeres. Si todo lo que un ser humano corriente anhela en una mujer es monstruoso, es que no son seres humanos. Lo que se aprecia es que «ser humano» se entiende siempre como viril. Y del mismo modo que solamente lo viril es lo que se aprecia como universal. Las mujeres son una *peculiaridad* a la que no se aplican las características universales; constituyen un subgrupo sin capacidad normativa. Una rareza desigual para la que conviene un trato desigual. La emancipación conviene a los varones. Y, como de nuevo Weininger lo expresa, contundentemente, «la necesidad y la capacidad de emancipación de una mujer sólo se basan en la fracción de hombre que ella tenga»[4]. Las sufragistas o las mujeres creativas no son verdaderas mujeres, quieren ser hombres, seres humanos distintos.

LOS CAMBIOS ESTÉTICOS

La Gran Guerra formó una parte esencial y fuerte del proceso de cambio de valores. Parte del mundo al que el sufragismo pertenecía se vino abajo. Pero las libertades de las mujeres y su agenda se consolidaron. Al fin se comenzaba a percibir, ya universalmente, el cambio de valores. Se percibía porque el cambio ético se convirtió, como frecuentemente ocurre, en estético.

La estética es un signo natural de la ética; cuando cambia la estética normalmente hay en marcha un proceso de cambio en valores al que está acompañando. Siempre los grandes procesos de cambio ético cursan estéticamente. Los «felices años 20» fueron una de las épocas más singulares del

---

[4] *Sexo y carácter,* Buenos Aires, Losada, 1945, pág. 95.

pasado siglo. Si queremos vislumbrar su ética, su estética será la mejor guía. La ética no siempre la reconocemos y menos porque aparezca una sentencia moral explícita diferente de aquello que antes fuera admitido; lo que nos aparecen en los cambios son tendencias, nuevas tendencias estéticas. De la estética se dice siempre que es el reino mismo de la libertad, pero en los hechos, en la historia, lo que sabemos es que los cambios estéticos normalmente denotan, señalan, cambios éticos[5]. Son casi un signo natural, por seguir la clasificación escolástica que distinguía entre signos artificiales y naturales, por ejemplo, el humo del fuego, o las palabras de las cosas. Pues bien, lo que vemos tras la Primera Guerra, es que la apariencia de las mujeres en Occidente es por primera vez radicalmente diferente del pasado.

Debemos observar, con detenimiento y también con perspicacia, cómo la imagen femenina, pese a los cambios de moda, ha sido inerte, desde luego mucho más que la masculina, durante largos siglos. Los cambios de la moda femenina son episódicos, porque los rasgos fundamentales se mantienen: vestido hasta los pies, mangas que cubran los brazos, marcar la cintura, taparse la cabeza. Sobre este esquema se apoyan los adornos, los volúmenes, los modismos, en fin. Pero después de la Primera Guerra encontramos el vestido que muestra las piernas, el brazo al aire, el talle bajo y por primera vez el pelo corto e incluso la cabeza descubierta. La moda femenina ha dado un cambio brutal en los felices años 20. Es el mismo cambio de las mujeres, de los usos que vinculan a varones y mujeres. Y cuando las mujeres cambian no se puede pretender que el conjunto social permanezca igual. El aspecto mismo que vemos en el conjunto social en los años 20 y 30, nada tiene que ver con el que percibimos por ejemplo en 1870. Y el principal ingrediente del

---

[5] Una investigación de cabecera en este tema fue la llevada a cabo por Mary Douglas, en *Estilos de pensar* (1996), especialmente en su capítulo tercero (ed. esp.), Barcelona, Gedisa, 1998, págs. 65 y ss.

cambio estético que apreciamos es el cuerpo femenino vestido, porque el traje masculino prácticamente no ha cambiado desde la Revolución Francesa: dos tubos alrededor de las piernas (desde entonces no han vuelto a utilizar calzón corto), ausencia de decoración, ausencia de bordados, ausencia de colores brillantes... color severo, traje cerrado. Esa misma moda viril la encontramos en los años 20, la imagen masculina no ha cambiado, la imagen femenina, sin embargo, sí.

La autopresentación del yo femenino puede leerse; el cambio ético está cursando un cambio estético. Las mujeres presentan y representan su nuevo estatuto de libertad guardando, sin embargo, una vestimenta diferenciada en que radicar los signos más llamativos de agrado: mostración de piernas, brazos y cabello. La moda de los años 20 se presenta como «libre», pero no unisex. Nuevas formas para nuevas mujeres; nuevas mujeres con un nuevo atractivo. El cuerpo femenino «libre» es más expresionista y, desde luego, exhibicionista que el de antaño. Hay un plus erótico con el que compensar la nueva libertad. Las revoluciones estéticas son revoluciones extraordinariamente importantes. Los años 20 inauguraron la nueva estética femenina que desde entonces no ha cesado de mostrar todas y cada una de las fases por las que la libertad de las mujeres va pasando, incluidas sus turbulencias. A medida que las obligaciones, las leyes, usos y costumbres, van cediendo o abrogándose, la imagen femenina lo acusa. Nada tiene de extraño que gran parte de la polémica global sobre la decencia femenina y el puesto de las mujeres en el orden social y moral se juegue actualmente en asuntos de vestuario.

La imagen actual de las mujeres

¿Cuál es la imagen de las mujeres a día de hoy? Los temas que más frecuentemente aparecen asociados a la imagen femenina actualmente son los de la publicidad y el derecho a la imagen. Esto importa porque la publicidad es uno de los indicadores donde leer la imagen presente de las mujeres. Leerla en sus apariencias fenoménicas, no todavía en una lectura moral. Bien, exteriormente no ha habido un cambio de moda tan fuerte como la de los años 20 hasta los 70 del siglo anterior. En los años 70 hay otra gran mudanza en la imagen femenina, aquella por la cual aparece el traje pantalón; de pronto las chicas se hacen con los tubos y se los ponen. La consecuencia es una nueva estética a la que se comienza a llamar unisex, aunque no sea tan cierto, pero de eso ya se tratará. El llamado unisex viola una de las normas, sino es que resulta ser la norma más elemental, de cualquier grupo humano que conocemos: que varones y mujeres tienen que vestirse de manera diferente.

Todos los grupos humanos (en una legislación que no necesita ser explícita porque pertenece al ámbito mucho más firme de la costumbre), todos, hasta los más primitivos, mantienen que el vestuario de varones y mujeres debe ser diferente, porque el sexo de alguien ha de reconocerse a primera vista, precisamente para no confundirse respecto de cómo tratar a ese alguien. Los seres humanos parecen haber querido saber con mucha precisión qué es lo que tienen delante. Esto se manifiesta en la vida cotidiana. Si hacemos memoria de las invectivas normales, por ejemplo, las corrientes cuando comenzó este proceso de apropiación de algunos de los rasgos de la imagen masculina, era que esto era malo porque producía confusión. La gente decía «ya no se sabe quién es quién». Producía también irritación. Cuando las mujeres adquirieron el odioso hábito de fumar, que fue por los felices años 20 también, una de las cosas que se dijeron fue «vas por la noche, ves una brasa encendida y no sabes si es un hombre o una mujer lo que viene por la calle»; el tabaco era un discriminante de sexo porque permitía reconocer, incluso de noche. Pero los setenta buscaban aparentemente la indefinición a la luz del día. Ellas se ponían pantalones, ellos se dejaban crecer el pelo. «Vas por la calle, ves una melena encima de unos pantalones, se da la vuelta y es un hombre», en conclusión, «no sabes qué es nada». Éste era un comentario corriente y enfadado de la gente adulta.

Este cambio estético estaba de nuevo cursando a la vez que la gran tercera ola del feminismo, otro de los grandes cambios éticos y políticos del siglo, ola en la cual seguimos viviendo. Esta nueva imagen, como sucedió con la de los años 20, encarnaba una idea, la de igualdad; si bien esta idea sobre todo se comparte, se transforma en los hechos en ciudadanía, posesión de libertad, de tiempo, de derechos y de «yo», en fin, de voluntad autónoma. En los años 70 este rasgo de individuación se hizo más profundo y de hecho muchas mujeres que en la época no eran particularmente feministas, difusivamente y a través de la moda, compartían justamente esa mostración de una nueva forma de estar en el mundo; lo hacían simplemente al vestirse. Para muchas mujeres la rebeldía de los setenta no fue pertenecer a un pequeño grupo agitador, un *think tank* donde se estuviera pensando el futuro. La mayor parte de las personas no se encuentran en la vanguardia. Pero esas mujeres practicaron la osadía estética, que no es poca cosa.

No todas las gentes son tan fuertes como para concebir nuevas ideas morales y la mayoría han de conformarse con lo que tienen a su disposición, como uno hace a veces lo que puede con lo que encuentra. Y lo que se encuentra más masivamente a disposición común es esa osadía estética encarnada entonces en la moda. La moda viene vendiendo osadía desde hace largo tiempo, tanto que últimamente sólo vende eso[6]. Hay algo en las imágenes de la publicidad femenina

---

[6] Me explico, si tuviéramos que seguir analizando, observaríamos que la osadía en la presentación del «yo» ha ido en aumento, pero ¿encontraríamos un paralelo cambio en la estructura valorativa de fondo? No ha habido tal. Simplemente un rasgo está llevado al límite histéricamente sin que en su fondo de contenido, el que tiene que llegar a soportarlo, se esté dando una fortaleza pareja. Nunca hay que olvidar que, si bien la moda expresa, también tiene su propia dinámica.

que todas y todos sabemos reconocer a poco que se nos ponga por delante, cuándo una imagen es falsa. No me refiero a una imagen tópica, sino falsa. Una imagen tópica tiene niveles de estereotipia señalables. Una imagen falsa muestra que la libertad o la osadía que parece representar no tiene apoyo suficiente en quien la porta.

La osadía estética exige una gran presencia de ánimo ético, pero quienes están especializados en vender osadía tienen a veces que colarla sobre soportes que son evidentemente frágiles para lo que les hacen llevar encima. No se trata de que resulte disforme, sino que es directamente inverosímil; ante la imagen del cuerpo vestido de alguien a quien se le hace portar más presencia de espíritu que la que realmente posee, siempre nos asalta la pregunta «¿qué le han hecho?», o mejor, la exclamación «¡qué le han hecho!». No reconoces la apariencia como surgiendo de la voluntad de quien la encarna, sino de otra que se la ha conferido con malevolencia. Ser «quién» es muy difícil. Así pues, distinguiría entre una imagen estereotipada, en la que la publicidad frecuentemente se recrea, y una imagen de osadía que la portadora no es capaz de mantener. En la actualidad ambas están presentes en los medios.

LAS MUJERES EN LA PUBLICIDAD

La publicidad es el gran registro de las imágenes aceptadas y aceptables. Incluye imágenes osadas e imágenes estereotipadas. Por su propia dinámica, la publicidad es difícilmente innovadora, más bien prefiere funcionar sobre un registro seguro. Por lo mismo, en la publicidad la imagen de las mujeres suele ser estereotipada. Debe apuntarse, sin embargo, que las imágenes estereotipadas son para productos, a su vez, serios y estereotipados. Los productos de uso de todos los días, de microconsumo corriente, no se suelen vender con imágenes osadas. La estereotipia siempre está presente, ya sea en la consumidora o en una referencia que la acompañe. Y nos enseña mucho de lo que ocurre.

En la publicidad las nuevas posiciones y habilidades de las mujeres, sus libertades y sus destrezas, no encuentran lugar. Las mujeres siguen siendo amas de casa y madres, figuras que se ejecutan con imágenes tópicas. A veces, como el publicista no quiere molestar demasiado a la consumidora, para provocar la estereotipia coloca a su lado a una pretendida mujer de una generación anterior, madre o similar[7], que la encarna abusivamente. Insisto, los productos de uso diario no innovan, reculan.

La imagen estereotipada es fácil, es predecible. Una mujer nunca está enfadada y si lo está, lo está por una quisicosa. Las mujeres *son* agradables. Hay publicistas que utilizan la imagen romántica de la cólera masculina, aunque es difícil anunciar cosas con cólera, «él era duro, en su perfil ya se advertía que tenía un carácter impresionante». Entonces aparecerá lo que se quiera vender porque su juez ya ha comparecido. Este esquema casi nunca se conjuga en femenino. Las mujeres siempre están de buen humor, porque además su norma profunda exige que ellas sean las hacedoras de la paz, las que mantienen vivos los resortes cálidos de la vida. Por tanto todas las emociones negativas les están vedadas.

Un ser humano femenino no se enfada, no tiene derecho a ello, por lo menos en la imagen. Si alguien no tiene dere-

---

[7] Es frecuente este recurso en productos de limpieza. La consumidora aparece flanqueada por su madre, de la que se sabe, por el tiempo transcurrido, que era una antigua. La protagonista y destinataria no se ofende porque ella encarna los nuevos tiempos. La figura materna insiste por lo común en consejos desfasados: «tendrás que frotar y frotar», que el nuevo producto invalida. Nuestras pobres madres quedan a la altura del betún, son gente absurda que se pasó la vida frotando, pero por pura negligencia, y además no se han dado cuenta. De este modo la condición femenina adquiere una rebeldía aparente, típica del estilo publicitario de la mística de la feminidad, y la generación anterior queda a la vez desvalorizada.

cho a enfadarse, no tiene por tanto derecho al mal, es que su libertad está en entredicho; lo verdadero es que el mundo es un proceso, a veces, enfadoso. Una mujer puede estar apenada, pero no indignada; la indignación, que es una pasión fruto de la igualdad, tampoco se le reconoce.

Al lado de esta imagen estereotipada, está la imagen de osadía. Ésta normalmente se aplica a artículos de más difícil venta. Ya se apuntó que normalmente la imagen osada no puede con su contenido, de ahí que intente resolverlo por imposición. Algo especialmente difícil de vender tiene que presentar una imagen de osadía extraordinaria: «comprar esto no es cualquier cosa», «comprarlo es dar un salto al límite», «sólo lo puede hacer alguien excepcional». Cuando éste es el caso, se acumulan en la imagen características de osadía sin ningún trasunto real. En ocasiones la publicidad suplanta lo que no alcanza con la verborrea semiótica. Esa osadía excesiva, por ejemplo, acompaña la imagen tópica de la alegría juvenil. Las gentes se mueven en la publicidad de un modo convulsivo, con frenesí, para indicar el disfrute. Cuando esto se conjuga en femenino el resultado es bastante desagradable. La publicidad dirigida a las adolescentes es además insidiosa, porque remarca todos los rasgos ridículos. Si las jóvenes quisieran encarnar tales imágenes sería doloroso y estúpido.

No quiero negar que algunos creativos publicitarios no sean personas extraordinariamente inteligentes; lo son. Las cifras que paga la industria de la publicidad a los buenos creativos hacen que precisamente consigan la inventiva de personas extraordinariamente inteligentes. Pero ni la inteligencia más aguda, cuando está cegada por los prejuicios, ve lo que pasa. Y los prejuicios están instalados en nuestras cabezas, en todas. Y ciegan. Los creativos publicitarios insisten en dos cosas poco compatibles, cuando se les lleva a reflexionar sobre su trabajo. Una, en que la publicidad no crea el mundo de significados, sino que se limita a recoger en él sus modelos; hay lo que hay y ellos lo cuentan, no inventan... Y dos, ellos innovan para fijar un deseo que ellos mismos crean y excitan. Lo cierto es que hacen ambas cosas: utilizan imágenes tópicas que inventan e innovan sin el soporte social real que les sirva de fundamento.

EL JUICIO DE PARIS

Como de todos modos quieren reflejar de alguna forma las nuevas relaciones que ven producirse entre varones y mujeres, intentan también dar imágenes «nuevas» de las mujeres. No siempre, o mejor, casi nunca lo consiguen. En el fondo los prejuicios arrasan. Tomándose a sí mismos por garantía, están intentando la inversión de roles como la gran invención que los nuevos tiempos aconsejan. Ponen en femenino imágenes masculinas. En vez de imágenes estereotipadas presentan imágenes especulares. La plantilla empleada parece ser ésta: si a nosotros nos gusta «a», ahora ellas, dado que son iguales que nosotros, tendrán el mismo gusto. Presentemos a mujeres que sean varones y que tengan simplemente un reflejo especular de los mismos deseos y características; esto ya será suficientemente innovador. Sí, pero falso.

Lo descubrió pronto la pornografía pensada para mujeres. El poner a varones en situación «femenina» no conseguía más adhesiones que las homófilas. Si en vez de presentar la imagen estereotipada presentamos simplemente una imagen especular, estamos reproduciendo una de las estrategias más simples y romas. Los creativos que seriamente piensen que deben desnudar a los chicos para dar relieve a lo que estén anunciando, no van a hacer que las ventas de ese producto suban. No porque el deseo de las mujeres sea diferente, es que simplemente no es especular. El defecto viene abonado por los prejuicios, por la falta de observación y empiria. Y eso que hay grandes ingenios en el campo de la imagen. Pensemos que gente que podría hacer excelentes guiones cinematográficos se ve obligada a hacer anuncios; y no hay mal que por bien no venga, hay algunos que son simplemente espléndidos: lograr contar en quince o dieciocho segundos un guión entero es una proeza. Y hay quien lo logra.

Sin embargo, el esfuerzo de los y las publicistas en dar con la voluntad femenina debería afinarse. Es la vieja pregunta «¿qué queréis?». El feminismo la conoce porque la ha escuchado mucho desde que comenzó su andadura. Querrían saber, y la verdad, es que no acaban de dar con ello. El problema es que mientras no dan con ello, y lo saben, no paran sin embargo de soltar imágenes, de amontonar imágenes fracasadas. Y esto es muy malo para las neuronas de los demás, de los y las que padecen las imágenes. Las imágenes de la publicidad están ante la vista pública y eso no puede dejar de tener sus efectos. Esa marcha a contrarreloj y a trompicones tras la voluntad femenina produce lamentables efectos.

Esas imágenes se vuelven una barrera entre el mundo deseado y el real. Al colectivo completo de las mujeres occidentales le resulta muy difícil reconocerse en las imágenes publicitarias que se le proporciona. ¿Por qué? Porque a nosotras no nos gustan, pura y simplemente. No son nosotras; no nos suscitan empatía. No sientes eso que se supone que el anunciante quiere excitar en ti; no te ves diciendo «¡ah!, ésa soy yo, ¿qué está haciendo?, ¡ah!, eso quizás debería hacerlo yo». Aunque nos digan cosas tan extravagantes como «tú lo vales». Pero no sabes lo que vales porque no vales, en ese mundo, por lo que verdadera y efectivamente vales.

El mayor problema de la imagen de las mujeres en el mundo de la publicidad es que todavía se opera con la invisibilización de logros. La publicidad no conecta con las mujeres reales porque no quiere conocerlas. En el mundo de los medios de comunicación las mujeres todavía son construidas en roles estereotipados. Y en la publicidad esto se multiplica. No aparecen las mujeres que existen porque meramente no hay correlato alguno con las cifras. Las mujeres no comparecen con sus tasas de formación, sus aspiraciones ni mucho menos con sus logros. A decir verdad, y esto es lo sorprendente, hay una auténtica «invisibilización de logros». Las mujeres irreales que se proponen están a medio camino entre la imagen tópica y una imagen especular que no se sostiene. La publicidad no quiere saber nada de las cifras. En sus propuestas casi nunca hay ninguna mujer real debajo. Sin duda les interesan las potenciales compradoras, pero no quieren saber quiénes son.

Cuando hablo de mujeres reales me refiero a algo tan simple como la estadística. La universidad en nuestro país está ocupada mayoritariamente por mujeres. Por lo mismo el contenido actitudinal de los mensajes debería variar. No puedes continuadamente mostrar mujeres a las que se ha dicho previamente «¡tú no pongas cara de que eres abogada!, ¡pon cara de que eres una chica corriente!». En su deseo de encontrar a la «mujer corriente» en realidad la fabrican y ella sólo existe en esos segundos lanzados a comprar su voluntad. De hecho y en nuestras sociedades no quedan «mujeres corrientes»; casi todas son algo o son alguien... o están decididas a serlo.

Las miradas de la libertad son algo difícil de describir, pero fácil de percibir. Son las del respeto que la gente tiene por sí misma. Y no están apareciendo. En ese mundo tiene vigencia todavía la ley del agrado que tiene como expresión perfecta el juicio de Paris. En él, Atenea, la sabiduría; Afrodita, la belleza, y Hera, la honra y respetabilidad, compiten por la inclinación de un jovencito. Y el jovencito elige sin preguntarse qué le avala para hacerlo. En consecuencia la publicidad produce relatos que impresiona cómo han podido sortear los comités de ética[8].

---

[8] Pueden verse desde palos de golf anunciados al lado de un ombligo femenino hasta coches usados utilizando de reclamo a una mujer, la cual se presenta como divorciada, «de cuarenta, pero con buen uso». Y como los ejemplos abundan y cada quien conoce algunos, baste con este par, de frenopático. Cabe que el anunciante no sepa a qué se dedica y que el

La ciudadanía de una democracia suele ser gente seria, que come todos los días, que tiene dinero para sus cosas... se supone entonces que la publicidad ha de hacerse cargo de la situación, del medio en que se mueve. No advierto demasiado esfuerzo; es como si nadie pudiera captar la nueva mirada de las mujeres. Se la suplanta por una imaginación desorbitada, funcionando en caída libre y presionada por los idiotismos de sexo. Yo imagino que un ser humano masculino, normalmente constituido, tampoco empatiza con determinados anuncios. Quizá ésta es una suposición benévola, no lo sé. No puedo pensar que un ser humano mentalmente eficiente confunda, por ejemplo, un reloj con el trasero, aunque... En fin, me niego a creer que haya algo intrínseco en el sexo masculino que le haga correlatar el culo con las cuatro témporas. Bien al contrario me afirmo en que nos merecemos una publicidad mejor, bastante mejor.

AGRADO Y BELLEZA

Las mujeres reales, por otra parte, distan de haberse librado del supremo deber de agradar, como si su nuevo estatuto de libertad no se lo hubiera posibilitado; más bien, desde que son más libres parecen estar en la tesitura de pagar su libertad condonándola mediante un nuevo deber de belleza. Un deber, adelanto, imposible, porque excluye todo lo que la vida conlleva: edad, dignidad e individualidad. Y si bien belleza y agrado tienden a coincidir, no son sinónimos. El agrado implica mucha más extensión de conductas, incluida la disponibilidad, la ayuda y muchas otras. Por ello, y en la relación tópica y externa, la ley del agrado se solapa con la mostración de belleza... o con la apariencia de preocuparse de ella.

publicitario tampoco sepa lo que hace; pero confieso que a mí lo que me maravilla es que ambos pasen por el acordado comité de ética. Y que éste no les haya encontrado nada de particular.

Las mujeres son el sexo que debe agradar. Este mandato antiguo no cede un ápice, de modo que a medida que las libertades aumentan, aumenta también su fortaleza. Como los espacios en los que el agrado se convierte en tiempo, disponibilidad y servicio son privados, las mujeres mantienen el deber del agrado justamente en el espacio público, y ello se traduce en el deber de mantener en público una apariencia más que correcta, para lo cual ayuda la cosmética, la moda y, en último término, la cirugía.

En lo bello apunta una promesa, misteriosa, que, sin embargo, todos parecen saber traducir. Nadie se para en barras. Platón afirmó que la belleza despierta el amor; ése es su fuerte. Y lo hace porque en sí misma promete inmortalidad. En Platón y en todos sus seguidores, que han sido muchos, el deseo amoroso es la fuerza que produce todo movimiento, desde los de los cielos a los de las cosas animadas, los intelectivos incluidos. Vivimos porque hay belleza. Reconocemos la belleza y la amamos porque somos mortales. En la proporción que la gobierna intuimos algo de eterno que se parece al trasfundirse en un ser nuevo que el sexo realiza. La belleza está cercana, inevitablemente, al sexo, a la reproducción, a la cadena del ser. En los últimos años, a la vez que la estética se replantea el asunto del canon global, el feminismo ha producido una notable cantidad de investigaciones y ensayos sobre el tema de la belleza y las mujeres. Sirva de ejemplo el más conocido de ellos, *El mito de la belleza* de Naomi Wolf[9].

Las reflexiones sobre la belleza no están en la filosofía feminista a título de ociosidad. Las condiciones en que es afirmada y vivida la belleza femenina develan las condiciones de libertad real en que las mujeres existen. La belleza

---

[9] Se producen también encuentros y seminarios, y ejemplos de tales son «A propósito de belleza y normativa social» (Oviedo, 1994) y «Belleza, Mujer, Literatura» (Barcelona, Universidad Central, 1997), de entre los celebrados en España.

correlata con el principio de individuación. No es dueño de sí mismo aquel al que se le exija una presentación tópica. Cuanta mayor compulsión exista a encarnar un número restringido de modelos, menor será la libertad de los individuos. Ahorrar el propio ser (si llega el caso mediante prácticas médicas o incluso quirúrgicas) a modelos férreos y estáticos no puede ser bueno. Y menos cuando tales modelos, sin dejar de ser compulsivos, experimentan veloces cambios que escapan al control del sujeto.

Para ser reconocidas como bellas o simplemente aceptables, las mujeres han recorrido una gama finita de modelos, cinco o seis, que, como las jaulas de castigo medievales, han domado sus cuerpos y sus almas. Encarnar tales máscaras es el deber del que ninguna de sus conquistas las ha exonerado. Las conquistas de espacios y derechos no han frenado una carrera hacia la perfección que en bastantes ocasiones es enfermiza.

La máscara

¿Por qué les resulta tan sencillo a los varones disfrazarse de mujeres y, sin embargo, la inversa es tan difícil? Porque la feminidad es una máscara. Una máscara expresionista que puede adoptarse con facilidad exagerando sólo un poco alguno de sus rasgos más tópicos. Sucede lo mismo con los dibujos; un óvalo de rostro se feminiza sólo con alargarle, por ejemplo, las pestañas; o con agrandarle los labios. Algo parecido ocurre con la presentación pública de la obligación de agrado de las mujeres. Las mujeres han de parecer mujeres, ya se sabe, mujer-mujer, reduplicación exigida.

Por lo común un varón travestido en mujer no parece una verdadera mujer, sino precisamente una hiperrepresentación. Tal máscara puede ser adoptada también por las mujeres, aunque no es lo normal. Lo esperable en ellas es una presentación tópica más contenida. Pero los rasgos que la conforman como tópica permanecen iguales. Las mujeres saben disfrazarse de mujeres; es parte de su aprendizaje de socialización y suelen tenerlo concluido en la adolescencia. Los modelos están normados y son pocos. Las revistas, la publicidad y el grupo de edad se constituyen como los prescriptores adecuados[10]. La presentación tópica de la feminidad puede también adquirirse con la de la masculinidad a la que se tienda, en una época en que los roles de género juegan a parodiar las identidades.

Sin embargo, dado que no existen modelos finitos y fuertemente normados de presentación de la masculinidad, las presentaciones «masculinizadas» suelen limitarse al indumento y no comprometen al cuerpo. En verdad, para fingir presentaciones viriles basta con levantar los rasgos tópicos femeninos, lo que lleva a pensar que la autopresentación menos normada, por lo tanto la ausencia de máscara y mostración más verdadera del yo, se constituye como masculina. Así, observamos, patentizar el derecho al principio de individuación es bello en unos e indeseable en otras.

En general puede comprobarse que cuanto más rígido es un tipo social, mayor distancia de presentación existe entre varones y mujeres. Es decir, más fuerte y expresionista es la máscara que aquéllas se sienten obligadas a encarnar. Tal máscara suele recibir el nombre de belleza, pero ¿lo es realmente? Es dudoso. No sólo el cambio en modas y estilos prueba que pocas cosas parecen tan ridículas como la moda inmediatamente pasada, y por tanto la fácil conversión de aprecio en desdén, sino que además la máscara nunca es

---

[10] Naturalmente el proceso puede fallar, pero no es lo común; o puede ser enfrentado violentamente por la que tiene que sufrirlo: es el caso de algunas anorexias adolescentes. La anorexia que se produce por lo general en jóvenes con inteligencia por encima de la media, ocurre no por querer seguir los imposibles modelos de la publicidad, sino, a menudo, por renunciar expresamente a la feminidad. El asunto merece una investigación más profunda de la que se le otorga.

confundida de hecho con la belleza aunque se la haga pasar por tal. El estatismo de la máscara evidencia su normativa externa y deprecia a quien la lleva: es mero portador, pero carece de lo que representa. Para el caso del aprecio de la belleza todos nos comportamos como platónicos. Parecemos desear el instante de quietud que revela la proporción áurea sobrehumana en el ser finito. Por tal secuencia, la belleza atribuida a las mujeres, la que torpemente la máscara exige, nunca forma parte de la belleza en sí.

Además, la recurrencia en las comparaciones de la belleza femenina al orden natural —ya sean gacelas, gatas, flores, mariposas, garzas o tigresas— revela su inserción en la semántica de los deseos del alma inferior, por seguir en vena platónica. La verdadera belleza, se ha dicho siempre, eleva. Pero como la belleza concedida a las mujeres es utilitaria, eleva donde no tiene que elevar una belleza que merezca el nombre. No señala al mundo eterno de las ideas, sino que aprieta al perpetuarse en la cadena del ser. Ese descontento intelectual con la belleza «meramente animal» que bautiza a las mujeres de «hembras», recorre la historia completa de la cultura. De modo que cumplir los requisitos de la belleza se hace imposible. Los costos son o la renuncia a la individualidad o la deshumanización. En la belleza hay una terrible trampa. Los cepos metafísicos, no por tales, son menos fuertes.

De siempre las civilizaciones monásticas han avisado de que la belleza femenina es una trampa, se entiende que para los varones que, prendidos en ella, se dejen desviar del recto camino. La presentación recurrente de la belleza de las mujeres como una «trampa», que ponen ellas o la naturaleza, ha evitado comprender que la verdadera trampa es la que agarra a las mujeres mismas; se les da el territorio de la belleza como único espacio de valor; se las viste con los adornos de la libertad. Y después comparece la obligación de la presentación tópica y el enajenar el valor entero de la vida al instante. La belleza de las mujeres, aun en el caso de que se la creyeran, nunca es para ellas; y es fugaz. De la poca duración de esa cualidad está llena el arca de la poesía. Tanto aviso enseña cierto regodeo de quien se sabe dueño del mecanismo: lo que tienes es frágil y me lo debes. Desde el «Hermosa, vamos a ver la rosa que esta mañana ha brotado» de Ronsard, que concluye apremiando a que la joven deje en manos del cortejante su prenda más amada y cuanto antes, a las pinturas flamencas y alemanas que evocan la terrible vejez en clave del deterioro de la belleza femenina, todo es mover unos dados cargados. Lo cierto es que la obligación irrestricta de agrado debe ser levantada, así como también la presentación tópica: bajo la máscara late la figura individual que busca espacio y reconocimiento.

Fátima Mernissi ha escrito que Occidente tiene su propio harén en la talla 38. Tiene gracia, aunque sea falso. Falso corriente, como lo es siempre el ingenio, porque la comparación no deja de ser ingeniosa[11]. Pero hoy por hoy el deber del agrado o incluso el enorme tinglado económico que vive a su alrededor no son comparables a la poliginia y a la falta de derechos civiles. Y eso que el tinglado es enorme. Conviven en él las llamadas «revistas femeninas», el negocio de la cosmética y la moda y la cirugía embellecedora, que juntos son el cuarto volumen mundial de flujo económico. Todo eso se alza, amparado además en la publicidad, contra una imagen no distorsionada de las mujeres actuales.

---

[11] Durante la Conferencia Internacional de la Mujer en Nairobi, se produjo algo similar: las asistentes de parte del África más pobre y violenta se negaron a admitir que estuvieran bajo el dominio de la violencia patriarcal si las occidentales no aseguraban que lo estaban exactamente en la misma medida. No hubo acuerdo y el documento final se resintió por la falta de unanimidad, pero es que en el tablero de la agenda feminista también juegan los orgullos heridos de las identidades nacionales.

El gasto en belleza es uno de los grandes pesos en la economía de las mujeres[12]. No es éste un «consumo conspicuo», sino obligado y vicario: las solteras son un contingente seguro a quienes vender belleza; las mujeres profesionales compran, en parecidos lugares, estatus. Y las mayores sufren una publicidad mentirosa que promete directamente juventud. Todo ello muestra el escamoteo de libertad en que el deber irrestricto de belleza consiste.

Vindicar la belleza

La publicidad no es una aliada de la libertad de las mujeres, al menos por ahora. Pero negar la belleza sería absurdo; es uno de los grandes bienes que hacen la vida deseable. «¿A qué te compararé?» Responder a esta pregunta nos conduce a los marcos más antiguos de reconocimiento de la belleza en los seres humanos. En el *Canto de Salomón* —la madre de todos los cantos—, la esposa es «como las yeguas del Faraón», sus ojos son «como palomas», su boca «una cinta de púrpura», su presencia «imponente como un ejército formado», su talle «como una palmera», su vientre «un montón de trigo rodeado de lirios». Las descripciones del esposo no ceden a éstas en profusión. Es «como un cervatillo», su cabeza es «oro puro», sus labios «son lirios que destilan mirra», su pecho es «una masa de marfil guarnecida de zafiros», sus piernas «columnas de alabastro», él todo «imponente como los cedros». La belleza engendra belleza; está en las imágenes, en los gestos y en las palabras.

Es relativa, es verdad; los diversos cánones no son plenamente coincidentes. Cada época ha marcado su belleza. Pero lo que es relativo en los diversos cánones de hermosura

---

[12] Por este orden: más solteras que casadas, y más gasto cuantos menos estudios. Las mujeres consumen cosmética en orden inverso a su formación. La moda es un caso diferente.

nunca debe exagerarse, porque el riesgo es perder el principal: que la belleza en todo mundo ha sido reconocida y ha producido similar arrobo entusiasmado. Que lo bello se compara con lo bello para multiplicarlo. Que parece arrastrar en sí una perfección que lo separa, para nuestro bien, del lugar de las cosas comunes. Señalé que en lo bello apunta una promesa, misteriosa, que, sin embargo, todos parecen saber traducir. La publicidad engañosamente lo hace. La traduce a tópico y máscara, a belleza utilitaria que puede ser superpuesta a la individualidad que considera insignificante. La belleza es, según los publicistas, asunto de poner y quitar: un trasiego constante de fundas y máscara.

Pero, ya lo avisó Platón, a medida que la belleza es más pura, el movimiento cede a la quietud. Sin embargo, la belleza no es estática, sino quieta: presenta un instante de proporción absoluta captada en lo mudable. La belleza es un despliegue del que captamos un instante.

Pues bien, nuestro mundo todavía no ha dado con la nueva belleza de las mujeres. Tampoco tiene los canales que capten lo que es decisivo. En su intento de masificar y vender, se olvidan de que una verdadera obra buena no lo es sólo por lo que presenta, sino por cómo permite ver lo que no está allí, pero flota en el mismo aire. Eso lo pone la mirada. Y esto es lo que los publicistas aún no hacen. Cambian las formas, pero la mirada androcéntrica y cosificadora persiste; y esa mirada es enemiga de la belleza. Amagan con un conjunto de detalles y juegos de roles porque han sido incapaces todavía de captar la mirada, la nueva mirada que las mujeres ahora mantienen.

Esa nueva presencia y la mirada con la que contempla al mundo, ha sido capaz de alterar los valores del conjunto social y les ha dado un orden nuevo. Esa nueva mirada y su verdad son uno de los grandes motores de cambio todavía presentes. Pues bien, eso todavía no tiene reflejo. Y si quizá es demasiado elusiva, al menos habría que empezar por fijarla no desfigurando a las mujeres reales, esto es, no invisibilizando sus logros; por algo habrá que empezar, por un poco de empiria.

Ello además haría un favor al mundo: si los modelos que nos ponen delante no nos gustan, si no nos podemos reconocer en ellos, quizá es que son malos, no que nosotras estemos mal. Por qué van a gustarnos si no se nos parecen. Son, más bien, una colección de escarceos dubitativos de una mente para la que el mundo ha dejado de ser claro. Muestran más de la condición masculina actual que el mundo en que todas y todos vivimos. En buena parte de la publicidad, por ejemplo, se aprende más de la estructura mental de quien lo creó que del producto que pretende anunciar. Más que profesionales que saben orientarse, algunos parecen estar haciendo psicoanálisis en público.

Capítulo XII

La violencia contra las mujeres

Comienzo por subrayar el título, violencia contra las mujeres, porque la expresión «de género», aunque vigente, me parece poco adecuada. «Género», como ya he argumentado, es una categoría analítica, no moral ni política. En todo el planeta tierra la gente sufre y realiza violencia una sobre otra. Las mujeres tienen el dudoso triunfo de soportar un índice muy elevado de violencia justo por una razón que no pueden cambiar: porque son mujeres. Ser mujer no es una identidad que se escoja o que se pueda levantar. Y ha implicado y desgraciadamente todavía implica una sobrenormativa que puede ser puesta en ejercicio y demandada por recursos violentos aceptados por el grupo de referencia. Expresiones como *violencia de género,* encubren más que aclaran de qué violencia se trata, o sea, de qué género es la violencia de género. El tema no puede ser más desagradable y habrá que tomarlo como es y como viene.

Género, como ya he dejado dicho, es una categoría analítica; sirve para entender situaciones y poder analizar, justamente, qué ocurre en las relaciones que existen entre varones y mujeres en las diferentes sociedades y culturas. Pero que una categoría analítica se transforme en una categoría política no es corriente, ni debe serlo. La categoría analítica sirve para hacer discurso y teoría y las categorías políticas sirven para ejercer una acción política consensuada. Con la categoría analítica *género* lo que se corresponden son las políticas feministas. Las democracias iniciaron, hace treinta años, y cada vez con mayor decisión, políticas feministas. Están muchas de ellas suficientemente probadas, por ejemplo en la educación, el acceso a los puestos de decisión, los derechos políticos, etc. El desafío de la violencia es antiguo como problema, pero nuevo como política. ¿Con qué contamos para enfrentarnos a él?

Podemos intentar, mediante las acciones políticas y presupuestarias convenientes, minimizar su impacto. Esto es, tratar de evitar, prevenir o bajar el perfil de la violencia que las mujeres están amenazadas de sufrir en sociedades, incluso tan dulces como la nuestra. Subrayo esto porque no está bien dar la impresión de que los tiempos ahora son particularmente terribles. Nuestra sociedad es mucho más dulce, mucho menos violenta que cualquier sociedad que nos haya precedido y aclaro que lo es en el uso de violencia en las relaciones individuales; no así, por ejemplo, en la capacidad de ejercer violencia en situaciones bélicas, donde el siglo XX probablemente haya sido uno de los peores en cuanto a capacidad efectiva de destrucción y violencia. Empero, nuestras relaciones no cabe duda de que se han dulcificado. Se hace patente si simplemente comparamos nuestros tipos sociales con tipos todavía existentes, en los que la relación entre los sexos es mucho más violenta y la violencia es mejor admitida[1]. Y donde, también, la manera en que los individuos pueden relacionarse, fuera de la estructura varón-mujer aprueba insumos de violencia más altos. Por comparación, nuestra sociedad es suave, pero aun

---

[1] Para un enfoque general, el seminario de F. Héritier, *De la violence*, París, Odile Jacob, 2005.

así existe y asiste a violencia; en particular toca enfocar ahora la violencia contra las mujeres.

Y lleva a tener que glosar uno de los conceptos centrales del feminismo de los años 70. En su tercera etapa, que es en la que vivimos y que comienza en los alrededores del 68, la de la gran innovación valorativa que se produce en el 68, el feminismo diseña un concepto propio, que es el de patriarcado.

Llamamos patriarcado a un tipo de esquema de poder universal y ancestral en el cual las mujeres han estado y están, real y simbólicamente, bajo la autoridad masculina. Quizá debemos deshacernos de ciertos mitos intelectuales que se han depositado en nuestra cultura corriente: a propósito de la inversión del patriarcado, ha de decirse que para el patriarcado no existe un homólogo que sea el matriarcado. El matriarcado no ha existido nunca, excepto en la imaginación de literatos y antropólogos del XIX; el patriarcado sí existe y ha existido.

Lo que importa para entender la violencia masculina es este colocar a las mujeres bajo el poder real y simbólico de los varones. Insisto en un poder que es tanto real como simbólico: hay un poder eficaz y efectivo, las mujeres están en manos de los varones, y toda una enorme capa de espesor simbólico que da legitimidad a esta manera de existencia de los sexos: las mujeres deben estar en manos de los varones. Todas las religiones y todos los discursos validantes han explicado esta misma verdad, que no sólo esto ocurre, sino que es bueno que ocurra. Pueden haberlo hecho mediante el recurso a un mito origen (que nos diga que las mujeres fueron entregadas a este poder viril porque no supieron hacer uso del poder que previamente tenían, por ejemplo, porque son las causantes del mal originario), y así sucede en las Religiones del Libro, o pueden adoptar las formas de oración, consejo o ley.

En cualquier caso, lo que se pretende con todo ese monto simbólico es hacer aparecer al poder masculino como un poder justo, justo y legítimo. Es afirmar que es justo que los varones tengan en sus manos el destino de las mujeres, puesto que ellos son mejores que ellas. Y todas las sociedades humanas han creído esto. Lo han creído con mayor o menor fiereza. Pero no ha existido ninguna discrepancia en lo fundamental.

Sólo el pensamiento de la igualdad, y éste es muy tardío, del que a menudo hay que recordar que no lo traemos puesto de serie, hace imaginar que, después de todo, cada uno de los seres humanos pudiera tener sus propios índices de dignidad y que no fuera tan cierto que unos estuvieran entregados legítima y justamente en manos de otros. Pero ¿podríamos asustarnos si sabemos que hasta 1965 y a catorce kilómetros de España la esclavitud fue legal? Hace cuarenta años se podían comprar y vender personas legalmente. Hasta hace un siglo nosotros mismos estuvimos implicados en el tráfico de seres humanos para ser vendidos. Debemos recordar siempre que hace muy poco que somos decentes, que lo tenemos todavía en trámite, que toda nuestra libertad es reciente, no intuitiva, y que ha costado. A menudo decimos que la democracia y nuestras formas de vida han de ser defendidas porque han costado mucho. Lo decimos sin reflexionarlo y se vuelve trivial; hay que decir no sólo que han costado, sino a quiénes les costaron mucho: a las mejores de las personas, no a las peores. Las mejores de las personas, durante generaciones, se sacrificaron por estas cosas y las hicieron posibles. Ahora son de todas y todos.

Por supuesto que involuciones y vueltas atrás siempre caben. La democracia va aliada con modos de vida generalmente suaves y con un índice de riqueza bastante alto. Bien sabemos hasta qué punto una democracia que no cuente, por ejemplo, con unas buenas condiciones sociales de partida y de tranquilidad relativa de sistema social, con amplias clases medias, es inestable. O que muchas que en el planeta se producen y se llaman democracias son democracias sólo de nombre. Pero la democracia en este momento tiene una cosa a favor, tiene buen nombre, lo que favorece, y mucho, a las mujeres. Tiene buen nombre desde hace poco tiempo: Robert Dahl, uno de los buenos teóricos de la democracia, no se equivoca cuando afirma que la democracia ha adquirido buen nombre sólo después de la Segunda Guerra Mundial y poco a poco. El término «democracia» antes de esta fecha cae mas bien dentro de la semántica de anarquía o desgobierno. El empleo negativo de la palabra democracia ha sido el corriente y en él si algo se califica de democracia, se quiere decir que no se sabe quién manda. Tal saber ha sido importantísimo, y en las relaciones de los sexos hemos heredado una estructura rígida en que hay que saber, precisamente, quién manda.

Democracia e igualdad

La jerarquía sexual lleva fragilizándose los últimos tres siglos y, además, éste es un fenómeno de alcance global. Pero es difícil, porque produce confusión acostumbrarse a una nueva forma de vida en que no hay un claro principio jerárquico naturalizado, no hay *quien mande*. A mayor abundamiento, la democracia, por ella misma, tiende a extrapolarse a lugares para los que no ha sido, en principio, concebida. Fue pensada para el sistema público y político, pero en este momento es obvio que la democracia es proliferante en sus formas e invade incluso las formas familiares, que no son formas democráticas en origen ni han sido calculadas para ello. El matrimonio, por ejemplo, nunca ha sido una relación entre iguales. Ahora lo es y tal novedad produce sus efectos.

Bien está que la gente se asuste de cómo son las antiguas fórmulas matrimoniales, de expresiones como «en tus manos la pongo» o «te la entrego», pero es que así era. El matrimonio ha sido una relación entre desiguales. Ahora a la familia se extrapolan las categorías y procedimientos de la democracia hasta tal punto que algunas familias últimamente votan, votan cosas como qué hacer mañana o dónde ir de vacaciones. «A ver, a votación». Y entonces, ¿quién manda? Aunque esos aparentes procedimientos sean bromas, son bromas que desvelan que el orden antiguo está roto, o al menos en trance avanzado de disolverse.

Patriarcado o *patriarcal* en el antiguo orden, tomado por ejemplo en la definición figurada de nuestra Real Academia, tendrá la acepción de «poder sencillo y benévolo». Así, en efecto connotaba: un poder patriarcal es un poder benévolo que se impone desde arriba y que se hace para el mayor bien de aquellos a los que se domina. Es la misma semántica por la cual nos referimos a Dios como Padre o Pastor de su pueblo, de nuevo un poder benévolo. Es la misma, al fin y al cabo, que aparece en la *Ilíada* cuando Agamenón es llamado $\pi o \iota \mu \epsilon \nu \alpha \ \lambda \alpha \tilde{\omega} \nu$, pastor de hombres. Pero todos esos poderes son la glorificación misma del poder masculino y suponen una estructura en la cual tanto varones como mujeres admiten algunas certezas elementales: que los varones tienen superior jerarquía que las mujeres, que los varones son mejores que las mujeres, que los varones son importantes y que ellos deciden qué es importante. Si lo importante es la fuerza, tendrán más. Si lo importante es su capacidad de programar, de imaginar, de adivinar, sabrán hacerlo mejor. Si lo importante es la danza o la caza, serán suyas. En fin, todo aquello que se considere bueno estará vinculado con lo que los varones saben hacer de un modo excelente. De tal manera que la educación de los varones tenderá a hacer que en ellos crezca si no la virtud que se les supone, la expectativa de compartirla de una forma vicaria. O en otros términos, que ser varón ya asegura la posesión de todas las virtudes, puesto que las virtudes encarnan un tipo de excelencia que basta con que algunos la tengan y los otros la reconozcan.

LA FRATRÍA

La formación de este modo de instalarse en la realidad es bastante temprana. Es, como se va viendo, exigente, pero premia más que castiga, por lo cual es económica para quien la posee. Eleva una figura arquetípica en la que reconocerse y, aunque todos los demás sintieran que no están a la altura, esto no la desactivaría, sino que, muy al contrario, podría fortalecerla.

La conciencia viril consiste en buena parte en un reconocimiento, siempre vicario, de una jefatura, que supone la detentación de la virilidad de un modo extraordinario y en la posesión de ese rango por participación. En los hechos es hacer constantes listas de importancia: quién es el más, en lo que sea, y cómo es para ocupar ese puesto. Cuando esta conciencia se solidifica se resuelve en que ellos-nosotros son temibles e imitables, ellas-vosotras, deseables. Pero tal seguridad tiene una gestación previa.

Existe una organización de aprendizaje de la importancia del propio grupo que en antropología se suele conocer con el nombre de *fratrías*. Los varones se inician en las fratrías muy pronto, incluso en el modo de la educación actual. Los estudios de pedagogía y masculinidad muestran que aunque ahora en los sistemas coeducativos corrientes niñas y niños están a la par, hay un momento en que los grupos se separan, como si se hubiera mezclado agua y aceite. En verdad lo que ocurre es que a los seis, siete u ocho años, un grupo se separa, y ése es el grupo viril, no es el grupo femenino. Comienzan a estar juntos y a ocupar juntos el espacio. Comienzan a aprender unos de otros unas reglas diferentes de las reglas comunes y explícitas.

Además, y también inmediatamente, el grupo viril empieza a educir un discurso sobre por qué ha tenido que realizar esa separación. Suele ser un discurso misógino, asertivo, cerrado. A renglón seguido, la fratría, según su tamaño, reparte entre sus miembros la tarea de representar todas las caras posibles de la virilidad en la que van a ejercitarse. Comienzan, y esto es muy notable, a reconocer diferentes tipos de virilidad. Se reparten los papeles, pero los aceptan todos. En las condiciones demográficas europeas la fratría está ahora algo debilitada, pero en sistemas mayores las fratrías pueden llegar a ser amplias, si bien nunca extraordinariamente amplias. Cabe, pues, desdoblar roles, y así atribuir a algunos la fuerza, a otros la capacidad de decidir, a otros la inteligencia e incluso a otros la ironía, esto es, la capacidad de salir de las situaciones mediante fintas verbales o intelectuales. En todo caso, la fratría es un grupo viril, en formación, para el cual la violencia siempre es importante. La cobardía es complicada de asumir[2].

La fratría no teme la utilización de la fuerza, sino que esto sigue formando parte de la educación masculina informal. La violencia siempre es un recurso que está ahí. E incluso, la falta de valor, la poca disposición para solucionar algunos asuntos de un modo violento, es considerado todavía, desde el punto de vista masculino corriente, un grave error de formación del carácter. Si alguien no se atreve a pelearse, teme a otros, se achanta, no soporta los golpes o ver sangre, es que es... como poco *una nena*. Ser varón es asumir que la violencia es *ratio* y, a veces, *ultima ratio*. Las nenas reales no se pegan, piensa la fratría. Esto es falso, las chicas también se golpean, llegado el caso, pero eso es otro tema, ahora lateral.

La fratría consolidada sabe que compite con otras. Tienen y tenían diversas maneras de insultarse que prueban la existencia de los valores subyacentes: gallina, chica, nena... y otros que conocemos y excuso citar. Normalmente dentro del propio grupo, incluso aunque haya *nenas*, el grupo no admitirá que sus *nenas sean nenas,* serán chicos tímidos. Un grupo no admite el calificativo hacia dentro, sino que precisamente lo profiere y lo expulsa: *nenas* o similares serán los chicos tímidos de la fratría con la que hay que medirse. El grupo no es universal, por el contrario, tiene rivales; lo universal es su aceptación de las reglas.

Todo esto forma la trama elemental de un sistema de poder que es sumamente complejo y su aprendizaje también. Tiene tramos duros, incluso muy duros. La fratría conspira,

---

[2] Sobre la constitución social de la masculinidad es muy sugerente la obra de Howard Ross, *La cultura del conflicto,* Barcelona, Paidós, 1995.

persigue, juzga, ordena... no es sencilla de soportar para sus miembros. Es sobre todo un sistema antropológico elemental de aprendizaje de valores y romperlo no es tan fácil porque está mucho más metido dentro de las actividades corrientes de lo que somos, en principio, capaces de imaginar. Sobrevive a las disuasiones. Quiero con todo esto transmitir que ciertamente el patriarcado, si bien es un sistema antiguo y recio de poder, tiene en la política democrática uno de sus peores enemigos, porque una democracia es casi necesariamente feminista. Sin embargo, desde el sistema político podemos decidir que hay que bajar la violencia de los varones hacia las mujeres, pero si no somos capaces de interrumpir el momento de aprendizaje viril en el cual la fuerza y la violencia están presentes y nadie les está marcando diciendo hacia dónde deben ser llevadas, la fratría no será disuadida y, lo que es más grave, la propia idea de igualdad concurrirá en maleficio de las mujeres.

A MITAD DE CAMINO

Venimos de un sistema de poder y de jerarquía, poder incontestado de los varones sobre las mujeres que cursaba con violencia, por la sencilla razón de que ningún sistema de poder se desarrolla sin ella. Cualquier sistema de poder siempre implica violencia, porque no existe ningún poder que sea admitido de modo espontáneo por aquellos sobre los que se ejerce. Cuando la apariencia de espontaneidad, de naturalidad, se alcanza, es que ya se ha logrado lo principal, esto es, que ese poder sea admitido completamente; y entonces ni siquiera lo llamamos ya poder, lo solemos llamar autoridad. Es la antigua e importante distinción ya vista entre *potestas* y *auctoritas*. El poder es, en principio, *potestas,* es poder obligar a alguien a que haga algo, le guste o no, le apetezca o no, obligar a alguien a que se comporte de determinada manera, use un tiempo o un espacio, o se excluya de él. La *potestas* se establece mediante fuerza y no la oculta. Pero detrás de *todo* poder, por aceptado que esté, siempre hay fuerza; en los casos extremos, cualquier poder tiene que mostrar la fuerza que lo avala. La demostración más clara y tradicional de *potestas*, por ejemplo, es un desfile militar, que no sirve en principio para ver los hermosos atuendos que llevan los que desfilan, sino para poder enseñar lo que hay detrás de la dulzura con la cual un gobierno se comporta. Es decir, «llegado el caso», hay un respaldo en fuerza. Y ese «llegado el caso» no ha sido suprimido jamás. Somos una especie violenta.

Hemos tomado nuestras tierras con violencia, hemos hecho con violencia nuestras leyes y con violencia las hacemos respetar cuando llega el caso. El derecho, un logro máximo, es también potestas en último término; como escribió Hegel, se pone en existencia ante quien lo niega: deja de presentarse como razón y desvela su esencia como castigo, como violencia. La violencia está en todas las creaciones que implican orden. Cuando un poder, sin embargo, ha logrado su objetivo de ser plenamente admitido, no necesita enseñar la violencia que tiene detrás y dentro; el poder entonces aparece naturalizado, admitido, es *auctoritas*. Se avala como inmanente y deja de mostrar su envés, su violencia; quizá el ejemplo más claro de auctoritas sea el poder religioso, aparentemente basado en la capacidad de convicción, pero todos conocemos los recursos violentos de las religiones. La violencia nunca desaparece, está larvada: se ejerce de un modo continuado en pequeñas dosis, simplemente para recordar el asunto. Cuando los estallidos de violencia se producen hay que buscar en la dinámica del poder. Brotan por *jacquerie* —violencia sin orden de los de abajo—, cuando el poder legítimo se pone en entredicho. Son respondidos por el orden con una violencia mayor y sistemática. Sabemos bastante sobre las relaciones de violencia y poder desde que la Modernidad nos dio ejemplos continuados en los últimos cuatro siglos.

Pues bien, hemos heredado el patriarcado como sistema que no tenía refutación, en el cual las mujeres podían sufrir violencia y lo sabían y, en consecuencia, la aceptaban. Quien era indócil, hacía lo que no debía, caminaba como y por dónde no se podía, estaba destinada a sufrirla y nadie la iba a compadecer; tendría su merecido. Este acaso era atribuido a la fortuna. Recordemos que todavía madres y abuelas decían que el matrimonio era una lotería. ¿A qué se referían? ¿A que les podía haber tocado aquel hombre igual que cualquier otro? No, se referían a cómo se desarrollara después la relación matrimonial, porque nunca conoces del todo a la persona con la que te casas y en tu lotería puede estar que aquel que parece un individuo suave, no lo sea. Todas las precauciones que tomar pueden ser pocas, porque la verdadera faz del marido no aparecerá hasta que la convivencia le dé lugar. Y puede no ser la que mostraba durante el noviazgo. Eso es muy mala suerte, pero, como tal, no imputable a nadie; lo que se debe hacer es minimizarla. Y esto quiere decir, conformarse con ella. Ante nadie se puede protestar y el modo de alcanzar el respeto ajeno es sufrir con mansedumbre esa mala fortuna.

Decía San Agustín de su madre Santa Mónica que ésta era una mujer excelente, porque mientras todas sus amigas llevaban la cara y los brazos marcados por los golpes de sus maridos, su madre, que tenía uno de una condición sumamente mala, nunca llevó un golpe, porque lo sobrellevaba con suma paciencia. Ella aconsejaba a sus amigas su misma receta: transigir en todo, sufrirlo todo. No despiertes al monstruo. Se sabe que es monstruo, por tanto, si le pisas el rabo se pondrá todavía peor. Caminar de puntillas, ceder, mostrar buena cara ante la adversidad, no despertar al monstruo. Dentro de un sistema en que la violencia es posible, aunque una desdicha, es una desdicha admitida. Las mujeres sobre todo aprenden a tratar a los varones. Lo aprenden en su propia casa, con su padre, con sus hermanos, y fuera, en los pocos lugares de tránsito libre que poseen. Aprenden en ambos espacios a no ponerse a tiro de la violencia.

El ámbito privado es instructivo y a veces el único, porque cuando el patriarcado funciona a pleno rendimiento, éste es el único lugar de las mujeres. Ellas no tienen causa ni razón para tener presencia en el ámbito público, extramuros; si son honradas, no son ni mujeres de la calle ni mujeres públicas, que hasta ese punto nuestro idioma marca los espacios femeninos y muestra su rechazo a que las mujeres transiten los espacios públicos. En el ámbito público lo mejor es que las mujeres no se detengan: si hay que transitarlo se pasa con todos los signos y actitudes que muestren que se hace sin interrumpir su ley; se aquilatan los términos que expliquen la pertenencia social y pertinencia del tránsito, porque si no la violencia se levanta. La que está fuera a hora o lugar donde no debe estar, sabe que le puede pasar cualquier cosa y que, si así sucede, la culpa es suya, se lo merece. En las sociedades de encierro femenino, relativamente corrientes hasta el siglo XX incluso dentro de la civilización occidental, las mujeres se distinguen por su interdicción de paso por el ámbito público; las de familias poderosas viven una vida de encierro con salidas contadas y muy normadas: lugares, compañía adecuada, presencia, vestido...; de hecho el velarse es un privilegio de las mujeres urbanas de clases altas que otorga una especie de permiso de tránsito: el velo, que indica que quien transita el ámbito público no está autorizada para ello y que lo acepta, es tan antiguo como Babilonia. Quien no porta las señales pertinentes está a merced de lo que ocurra.

En el viejo sistema la violencia está admitida, es siempre una posibilidad y además no está mal vista, sino que es algo que puede ocurrir. Va desde el comentario soez en una acera hasta la muerte por honor. Puede ser una disfortuna que le ocurra a una mujer que no se la merece, pero siempre está entendido que hay varias que sí se la merecen y que deben encontrarla, para que todo se desarrolle como es debido y la honestidad del conjunto se mantenga. La violencia masculina cae sistemáticamente sobre algunas para que todas aprendan. Aparta a algunas y las entrega a todos, para que todas aprendan que hay suertes peores que la de la malcasada. Vigila a cada una. Se ensaña con aquellas que no tengan la educación adecuada, la índole adecuada, que no sean serviciales, que no sean respetuosas, que no sean limpias, que no... que no... lo que sea de mandar.

Las mujeres en este tipo de sistema están hipernormadas y comparten la norma. Cuando una norma es fuerte la gente la introyecta, es decir, no la siente como algo ajeno, sino que la acepta y la comparte. Quiero también con esto apuntar que el patriarcado tiene tantos valedores como valedoras: ningún sistema de poder puede cursar y desarrollarse sin la anuencia de los dominados. Las mujeres son, en un sistema sin fisuras, tan patriarcales como lo varones, aunque ningún bien se les siga de su posición. Sólo cuando la libertad está presente entonces la norma que padecíamos nos puede empezar a parecer muy gravosa. O, dicho en otros términos, que —lo que es notable— para percibir lo injusta que es una situación hay que poder primero haberse separado relativamente de ella. Si no, simplemente la situación se vive como paisaje. Si le preguntáramos a alguien que estuvo en el fondo del mar cómo era aquello, nos dirá todo menos húmedo. El medio, lo más presente, la estructura profunda, no se percibe.

La libertad de las mujeres es reciente, en realidad, muy reciente y también tentativa. En gran parte consiste en poder ver y juzgar, en adentrarse con riesgo en lugares antes prohibidos. En un sistema de poder hasta que no se aleja, no se puede vislumbrar hasta qué punto era gravoso. Daré un ejemplo: en los años 70 y en la legislación del Estado Español, los golpes que recibía una esposa se llamaban *corrección marital;* eran aprobados y supuestos, algo que el marido podía hacerle a la esposa cuando llegaba a la conclusión de que ella lo necesitaba; eran potestativos y, desde luego, a nadie se le habría ocurrido que constituyeran un delito, sino más bien un derecho. Sólo cuando se daban casos extremos —lesiones gravísimas, muerte— sobre una perfecta esposa y madre, inocente de cualquier rebelión, se podía imaginar que eso estaba mal hecho. Recordemos también que una mujer, por ejemplo, no se podía ir de su casa si su marido la golpeaba, porque eso no era motivo suficiente y la propia policía la volvía a reintegrar a su prisión con su torturador. Cuando nos separamos de ese terrible mundo, empezamos a ver hasta qué punto tal situación era inimaginable. Pero es que hay que saber de dónde venimos: ¿recuerda alguien que un marido podía dar a sus hijos en adopción sin el consentimiento de su mujer?, ¿que una mujer no tenía derecho a sus hijos? La patria potestad llegaba hasta ahí. Hasta tal aberración era «patria», del padre.

A DÍA DE HOY: DOS TIPOS DE VIOLENCIA

¿La violencia actual es ésa o ha cambiado, es otra? Es importante hacer una etiología de la violencia actual para saber dónde estamos, y creo que es importante, sobre todo, para aquellas personas que tengan que actuar contra esa violencia. Éste es mi diagnóstico: el viejo sistema de poder está ilegalizado, pero no ha caído. En muchas mentes masculinas sigue funcionando como algo que es de sentido común. Como perciben que los tiempos son distintos, se retraen y supongo que piensan que es políticamente correcto no demostrar lo que en el fondo se cree, pero lo creen; creen en su superioridad y en su derecho a la violencia. Puede que transijan sin ceder en su fuero más íntimo.

Cuando un orden se tambalea enseña lo que antes estaba oculto, se perciben sus costuras y sus intersticios. Parafraseando a Hanna Arendt, es entonces cuando verdaderamente se revela. La *cosa en sí* se percibe en su ruptura. Pues bien, es muy curioso que, por ejemplo, algunos varones, después de realizar actos inimaginables, incluidos asesinatos de sus mujeres, se presentan ante las autoridades como héroes. Esto es, se entregan, como si formaran parte de un ejército de mártires. Sí, se entregan. «El agresor se ha entregado a la policía.» Ésa es una manera corriente de relatar la conclusión de bastantes asesinatos de mujeres en el ámbito doméstico. Podría pensarse que es sólo retórica, sin embargo, la retórica nunca es inocente y, en este caso, se corresponde con lo que ocurre. Porque lo decidente, los jueces y las juezas nos lo contarán, es cómo hacen ese «entregarse». Lo hacen, bastantes, con la conciencia del deber cumplido. Lo hacen en la actitud de «no me ha quedado más remedio». Lo hacen reclamando ser comprendidos, «mira lo que he hecho, en fin, compréndeme». Y esto es posible porque esperan la complicidad del sistema de valores compartido. Esperan la convalidación y el reconocimiento. Es como presentarse afirmando «yo, pobre de mí, punto hemorrágico he actuado por todos, porque la situación que yo padecía no era soportable y he hecho lo que hay que hacer». Lo que debe hacerse para que siga siendo respetable la virilidad que se tiene en común y en estima. El asesino, el torturador, el que ha golpeado al débil, se presenta como víctima y vengador: alguien, su víctima, le ha obligado a presentar la fase vindicativa de la comunidad viril. Le ha tocado, no podía más. «Ahí la tienes, cuánto lamento tener que haber tenido que llegar tan lejos.» En estas descoseduras se advierte la carne viva del patriarcado como fuerza, como violencia.

Pienso que ese es el fondo de la cuestión, pero que no la agota, porque tenemos a la vez una extraordinaria novedad: *la violencia igualitaria*. Intentaré exponerlo: tenemos todavía relaciones que funcionan según esta plantilla antigua, relaciones para las cuales la nuevas posiciones de las mujeres son incomprensibles; varones que vivencian una situación de igualdad como un continuo ataque a la virilidad y que se ven en el caso de «poner en su sitio» a las mujeres. Esta percepción, dura, abarca muchos casos de violencia que pueden terminar sumamente mal y comprende dentro de sí a aquel que se entrega heroicamente, como quien ha vindicado al sexo en su conjunto. Pero a su lado está naciendo una nueva violencia que dimana exactamente de la asunción de la igualdad.

A día de hoy ambas se solapan. No está de más señalar el segundo tipo: existe una violencia que cursa con la igualdad y que tiene que ver con el mantenimiento del sistema de la fratría, con que los sexos sigan sin mezclarse. Todas las personas menores de treinta años han tenido una educación corriente juntas, en el mismo espacio, varones y mujeres, niñas y niños. La idea de igualdad ha permeado el ambiente en que han crecido y se han educado. Está en el ambiente, en efecto, pero no se sabe en qué consiste ni se explica. La fratría actual cree ahora vagamente en esa igualdad y es violenta porque cree en ella.

La fratría es un conjunto de iguales violentos, potencialmente violentos, acostumbrada a que la violencia pueda ser invocada como *ultima ratio*. Esto es, si somos iguales y porque lo somos, a término cada individualidad se prueba en la violencia con que sea capaz de mantenerse. Te golpeo porque eres mi igual.

Esto explica, por ejemplo, cómo se producen ciertas situaciones también ante los jueces. Puede ocurrir que una pareja, normalmente de cuarenta años hacia abajo, verbalice que se han pegado, uno a otro, recíprocamente, sin que lo juzguen como violencia masculina. Ella puede afirmar, «sí, él me pegó, pero yo le pegué también». Las chicas lo dicen. Pero ¿qué asunción o entendimiento de igualdad es éste? Uno en el que la fuerza física parece irrelevante, una tontería. Pero ¿cómo va a ser irrelevante un dato como éste? Por la parte masculina funciona algo como «si es igual a mí, que lo demuestre» y por la femenina se admite tanto el marco de esa igualdad como la regla violenta de la fratría.

¿Qué pasa con la debilidad? Una igualdad torcida la ha dejado sin amparo. El patriarcado no es violento sin canon ni medida. O no lo era. Administra la violencia. Nunca ha estado bien acorralar al débil, aunque alguno lo haga. La debilidad está relativamente protegida, o, de otro modo, tendríamos constantemente niños y niñas, ancianos y ancianas muertos a golpes. Y no los tenemos, porque todo el mundo sabe que obrar así contra alguien débil es sumamente malvado. La debilidad impone a la fuerza su propia *ultima ratio*. Se expone y es cobardía infame atacarla. Esta creencia está ahí funcionando para hacer que la fuerza se pueda utilizar, que sea presentable. Entonces ¿por qué algunos varones creen que usar la fuerza contra una mujer no es malvado? Porque lo creen, lo expresan, con el asentimiento de ellas. No puede ser sino porque piensan que la igualdad les avala: «¿No es igual a mí? Bueno, pues entonces que lo demuestre.»

La igualdad puede volverse contra las mujeres, pero la libertad también. No me refiero a procesos psicológicos, que tienen otro tipo de análisis y otros estudios, sino a procesos sociales en el arco largo. Hablo de los valores que soportan las prácticas sociales, de los cuales, la psicología de las relaciones violentas son sólo una muestra. En nuestras vidas muchas instancias juzgan, es muy amplio el sistema de los que juzgan, y no se restringe al sistema judicial. Todos y todas juzgamos lo que ocurre y juzgamos a los demás, les damos o les quitamos razón en lo que hacen. Sentimos que merecen unos u otros resultados. Hablamos de ello. Pues bien, una igualdad mal asumida por el conjunto puede dar lugar a una violencia nueva. Y esto creo que también está ocurriendo con la libertad.

Si la violencia de los iguales puede hacer que la igualdad se torne violencia contra las mujeres, el sistema de los que juzgan la libertad, tan recientemente conquistada, también puede volverse contra ellas. Es el enojoso asunto del consentimiento. ¿Qué ocurre con la violencia consentida?, ¿deja de ser violencia?, ¿deja de ser punible?, ¿deja de ser rechazable? Si no se puede intervenir desde fuera en una relación violenta, o el juicio social no ampara todavía ese procedimiento, ¿cuánta violencia se está dispuesto a tolerar? Si la igualdad se puede volver contra las mujeres y la libertad también, es obvio que tenemos que hacer explícitas muchas cosas y que tenemos que hablar pormenorizadamente de lo que ocurre entre los sexos, a fin de que unos y otras puedan llegar a una plataforma de entendimiento más conveniente. No puede ocurrir que el peso de la libertad y de la igualdad lo esté viviendo cada mujer por separado. A caballo entre la vieja violencia, la asumida por la inferioridad, y la nueva, la provocada por la igualdad, lo que resalta es que las víctimas no cambian.

SER IGUALES Y CÓMO SERLO

Ser iguales significa ser política y moralmente iguales, pero ésa es toda la igualdad que cabe vindicar. A partir de ahí, no sólo las diferencias, sino más cosas que las diferencias, empiezan a jugar. Las diferencias, por descontado, pero también las divergencias y hasta el sistema general de las necesidades y los gustos. Los varones y las mujeres son moral y políticamente iguales. Es una verdad indudable del registro político. Significa que tienen los mismos derechos y tienen la misma capacidad de acceso a lo que se suponga que son bienes y la misma protección contra aquello que se supongan males evitables. Pero ésta es toda la igualdad que en el campo político puede estar disponible. Es, estrictamente, la igualdad político-moral.

A partir de ahí, inferir que la igualdad es que todos tomemos un modelo único de comportamiento no es de recibo. No podemos compartir un modelo masculino estereotipado de estar en el mundo. No es posible, para empezar, porque el modelo viril es una subcultura y no se puede tomar a sí mismo como universal. Bien al contrario, haría bien en deflactarse, al menos en sus aspectos más idiosincrásicos. Vamos a aclarar algo decisivo: las mujeres hemos tenido que tomar y tomamos el modelo de valor y de éxito que estaba presente cuando tuvimos que hacernos cargo y apropiarnos de las normas que no estaban calculadas para que nosotras las tuviéramos. Pero de estas normas, muchas de ellas están hechas para un determinado tamaño de deseo y necesidad que no es el nuestro. No porque el nuestro sea divergente en origen —no hay ningún esencialismo en esto—, sino porque esas mismas normas forman parte de una subcultura que sirve para seguir manteniendo el poder sobre nosotras. Luego, difícilmente nos podemos hacer cargo de ellas, dado que forman parte de la exudación normativa que permite el mantenimiento de la jerarquía viril. Si se nos proponen como modelo, no las podemos encarnar, porque a nosotras no nos sirven para nada, no están hechas para nuestro caso, están hechas para el complementario. Y nos queremos deshacer del sistema completo, esto es, del esencial y de su complementario.

Por eso creo que desvelar las claves antropológicas de la violencia, ya no sólo las claves sociales, es importante. Hay que profundizar más. Comenzando por atender a algo que es muy difícil de admitir, *la universalidad de la violencia*. Es muy fácil decir que son las mujeres en situación marginal las que están realmente en peligro; que son las que no tienen empleo, con poca educación o pocas oportunidades, aquellas que sufren la violencia masculina. Pero no es verdad. Ésas sufren la violencia masculina y otras que sí tienen empleo, sí tienen familia, sí tienen situación, también la sufren. Y el sistema completo sigue siendo violento. Hablamos de un sistema que cursa en todas partes y no nos vale simplemente con imaginar que se produce esta violencia en los márgenes sociales. Cierto que allí se percibe mejor, pero eso es todo. Existe de cien maneras, se traslada en cien modos. Afecta a las más débiles socialmente, cierto, pero también a mujeres que nunca imaginaríamos. Las más débiles son las que probablemente tengan que hacer uso de las instituciones públicas para encontrar refugio o para encontrar ayuda. Otros casos se solucionarán atendiendo a la propia cuerda familiar y, digamos, con la discreción que sea de rigor. Nadie se libra.

Con anterioridad afirmé que un sistema de poder no cursa sin violencia, y el patriarcado es un grande y vigente sistema de poder. Gran parte de la cultura heredada consiste en asumir esa violencia. Que los pacíficos no han heredado todavía la tierra se percibe en los nombres de las calles y las estatuas de las plazas. Y en los grandes monumentos de la cultura. Recuerdo, no hace tanto, estar sentada tranquilamente viendo, escuchando, en el teatro la ópera *Otelo*. Los celos, por supuesto infundados, de Otelo. Y en un momento dado pensar, «esta Desdémona, lo que tenía que hacer era dejar al moro, reabrir su despacho de arquitecta en Venecia, conseguirse unos buenos encargos y mandar esta relación al sumidero». Evidentemente esto es un anacronismo, pero es que hay muchas Desdémonas ahora que pueden hacerlo y no lo hacen. Los celos, y la apropiación invasiva, siguen existiendo, pero las condiciones de las mujeres han cambiado. ¿Pero lo han hecho?

No se trata de comprender este complejo asunto en clave psicológica y preguntarse si sus víctimas «se dan cuenta» de que las condiciones han variado. Claro que se dan cuenta. Y sin embargo entran en esa relación. Se trata por tanto de entender qué es la violencia estructural de un sistema y se trata de entender, también, qué es lo que un individuo del sexo femenino acepta como parte de su culpa en una relación violenta. Se trata de saber si estamos haciendo lo suficiente o debemos dar un paso más. Somos complejos todos los seres humanos y la igualdad no la traemos de serie, como tampoco el respeto. En verdad hay una larga serie de cosas que no traemos de serie, sino que son producto del aprendizaje. Pero sólo a medida que desplegamos y vamos aplanando todo lo que es la existencia de la normativa en función del género, sabemos qué cantidad de nudos relacionales están puestos en peligro y lo violento que puede resultar cada uno de ellos cuando se pone en peligro. Cuando se toca fondo hay que buscar qué ocurre en el fondo.

La violencia que en este momento tenemos viene de elementos del antiguo sistema que no acaban de admitir el nuevo tipo de orden, que les resulta enojoso de admitir, y de asunciones erradas y parciales de la idea de igualdad. Todo ello cursa con la admisión, a término, de la violencia viril como componente esencial de la *Bildung* masculina. Esto suele manifestarse de una forma poco taimada. Son conductas explícitas, que se manifiestan incluso en el ámbito de lo público. Todas las mujeres conocen la estructura de la fratría que va pidiendo guerra por la calle, mirando directamente a los ojos a quien pasa y sobre todo a las mujeres, mirándolas con la mirada decidida de «tú eres cosa». Nadie rechaza el galleo adolescente, del mismo modo que nadie entorpece la violencia de la fratría en los espectáculos donde se considera que «pueden desfogarse». Se sabe que esa permisividad está ahí. Es parte del programa.

LA DOMA DE LA BRAVEZA

¿En qué confiamos para que esas actitudes decrezcan? Confiamos en el sistema de pareja. Dejamos que la fratría crezca, tome sus decisiones, aprenda sus contenidos y luego suponemos que, como están —después de todo—, destinados a fundirse en las relaciones matrimoniales, allá cada cual será domado por una mujer a la que no le quedará más remedio que hacer de aquello, bravío e informe, un varón corriente adornado de las cualidades de prudencia, protección de los débiles y agrado. ¿Cómo lo logrará ésta? Mediante su paciencia y superior atractivo, porque no queda otra. Si a las mujeres no se les concede ni la dignidad, ni el poder, ni la jerarquía, ni la inteligencia, entonces... exclusivamente haciendo torsiones de agrado, bailando ballet social y moral, podrán hacer que aquello, que viene socializado para ser puramente una mala bestia, se transforme en un caballero. Es duro expresarlo así, pero es que es así.

¿Pueden las mujeres hacer esto cada una individualmente cuando han sido previamente convencidas por la ideología ambiente, dado que ya no estamos en el anterior modo de vida, de que somos iguales? No saben y no lo esperan. Muchas de ellas, las jóvenes, para empezar, no entienden la situación. Están confusas con su propia igualdad. No saben tampoco qué modelo deben tomar, ni por qué. Dado que son iguales, ¿qué deberían hacer, iniciar la lenta doma o tomar el mismo camino? Nuestras madres sí lo sabían; a ellas se lo habían contado: «Mira hija, todos los varones, menos tu padre, es verdad, son peligrosos y algunos unas malas bestias.» Pero ahora las jóvenes han convivido con ellos; creen que los conocen. Pero no piensan que deban cambiarlos. Y tampoco sabrían cómo hacerlo. Nadie les ha enseñado a poner límites y menos, su propia cultura juvenilista. Uno de los rasgos más extraños y decisivos de nuestro tiempo es la existencia de culturas juvenilistas, impermeables desde el exterior; los grupos de edad no piden modelos ni consejos: se forjan en un interior en que los pares son supremos jueces; ahí se está fraguando, con los mimbres dichos, la nueva violencia masculina.

Recordemos el cuento del *Conde Lucanor* del marido que se casa con mujer brava. Pues como a la mujer brava no se lo han contado en su casa, se lo cuenta el marido la misma noche de su casamiento. Se sienta a la mesa y dice: «Señor perro, venid y traedme la cena.» Y la esposa, que lo está contemplando con cara de «atrévete a decirme algo», se queda un tantico asombrada de que el marido le pida al perro que le ponga la cena. Entonces, el marido, airado, repite: «Señor perro, os he dicho que me pongáis la cena.» Y como el perro no lo hace, se levanta, coge la espada y deja al perro deshecho. Calmadamente se sienta de nuevo y apunta: «Señor caballo, venid a ponerme la cena.» El señor caballo ni a la tercera responde, ni le pone la cena, de ahí que el marido se levanta, destroza al caballo allí mismo y ya en una habitación por completo ensangrentada, con la mejor de las voces, dice: «Señora mujer, parece que nadie quiere ponerme la cena.» La señora mujer, que hasta entonces era mujer brava, sin que nadie le tenga que decir nada, rápidamente le pone, temblorosa, la cena. Así se doma la braveza, pero la femenina. El modelo es antiguo y probado. Véase que el varón no ejerce sobre su mujer violencia, sólo apunta la que tiene y le es permitida. Pero ¿cómo se doma la braveza masculina? De antiguo sólo nos viene la receta de la paciencia y el agrado.

Ahora sucede que las leyes que han regido los equilibrios complementarios entre los sexos, cambian; y no me refiero a las leyes explícitas del estado, que también, sino a las más profundas del saber y comprobar qué y quién es el otro. Las mujeres mayores no soportan lo que soportaban y las jóvenes no están por la labor de soportar. Como dos masas tectónicas en equilibrio precario, los sexos chocan y el resultado aparece en sus puntos de fractura. El orden antiguo ha quebrado y el nuevo no es estable. En el antiguo nuestras madres y abuelas deflactaban la violencia masculina, educadas como estaban para hacerlo, por medio de la ley del agrado, desde luego, y pidiendo silenciosamente el respeto que se les debía por mantener la honestidad. Pero ahora, en tiempos en que la honestidad femenina está abolida —esto es que las normas de uso diferente del sexo ya no existen para varones y mujeres—, y el agrado también está en entredicho, ¿cómo actuar? Compruebo que el respeto entre los sexos ha de encontrar un fundamento distinto y una manera distinta de desarrollarse. Insisto en ello: la situación heredada genera en este momento violencia, pero la situación presente también, porque no está aclarada. Todos y todas somos lo bastante torpes como para tomar las cosas en bloque y no pararnos a analizarlas tal y como ellas lo merecen. La nuestra actual es una situación mixta, a caballo entre lo nuevo y lo viejo, pero también es dinámica.

Encontrar canales

Montesquieu distinguía sabiamente entre leyes y costumbres. Las leyes eran explícitas y se avalaban con su fuero, las costumbres eran bien sabidas y tenían, en bastantes casos, más fuerza que las leyes; las unas las enseñaba el Estado o la Iglesia. Las otras, el grupo de pares. Ejemplificaba, y bien, con el duelo: las leyes lo castigan, la Iglesia lo prohíbe, pero los iguales saben que hay que defender con la espada el honor propio. Pues bien, ahora la igualdad está generando violencia en la manera en cómo es asumida por la conciencia masculina corriente. «Si somos iguales y yo soy violento —y nadie me ha dicho que no puedo ni debo serlo, y si se me ha dicho se me ha dicho con la boca pequeña porque yo sé que la verdad es la otra—, la igualdad es compatible con la violencia, luego la aplicaré.» Al sexo masculino se le sigue repitiendo que cultive todas sus destrezas violentas, porque puede tener que utilizarlas alguna vez, porque están en el fondo del campo antropológico, porque son útiles y son verdaderas. Ésa es su parte en este todo. Y tenemos una situación compleja en la que se pide que, no la sociedad, sino atomizadamente, las mujeres, reciban y domen una violencia masculina que no ha sido deflactada en el momento en que se está dando su periodo de formación. Que cada una soporte su parte alícuota de imput violento, porque la violencia en sí sigue siendo buena. Y, ciertamente, sería muy peligroso condenar por principio cualquier forma de violencia; es un maximalismo ingenuo hacerlo.

Lo cierto es que la violencia se canaliza, no se elimina. Los seres humanos, primates muy avanzados, somos violentos y no toda la violencia es mala; la violencia todavía nos sirve para muchas cosas. Luego lo que hay que hacer con ella es canalizarla bien. Tenemos varios modos: el ejercicio, el deporte, la sublimación y diversos depósitos menores. Obviamente, la violencia entre los sexos demuestra que no está bien canalizada en este momento. Hay que llevarla hacia otro lugar que no sea justamente la relación entre los sexos. ¿Cómo se podría hacer esto? Creo que no lo podremos afrontar hasta que no lo veamos. Si no vemos el lugar en que la violencia misma se gesta como posibilidad, difícilmente podremos entrar en cómo se canaliza.

Se me ocurre que una educación en democracia, una educación en el debate —y esto lo hacemos—, una educación en el buen uso de los argumentos, deflacta una gran cantidad de violencia. El patriarcado no ha muerto, ni mucho menos. Está, eso sí, severamente templado por la democracia, Justamente las democracias son, por lo común, menos violentas que cualquier otro sistema político del pasado o del presente que esté acompañándolas históricamente. Son pacíficas hacia el interior y menos violentas que las autocracias hacia el exterior. Deflactan y atenúan la violencia mediante el diálogo. Cierto que la violencia se puede deflactar con diálogo, y es la mejor manera, pero, aun así, siempre queda una violencia residual del sistema. Nunca se puede eliminar toda, porque existen también acasos no contemplados y también imprevistos. Hay dolo ocasional en muchos lugares sociales. Toda fuerza no puede ser *auctoritas* y siempre queda el residuo o la fatalidad. Pero ello es distinto del mantenimiento a sabiendas de un orden de violencia sólo masculina.

El sistema de poder patriarcal está también severamente templado por una cosa, importantísima, que es que las mujeres ya no creen en él. Pero podría ser una creencia errónea, se puede replicar. No. Un sistema de valores y domino es vital que cuente con la anuencia de aquel que es el dominado en la situación. Un sistema de poder, si no cuenta con ella, no funciona. Y las mujeres de nuestro tipo de mundo ya no creen por lo común en la superioridad masculina. Esta increencia se está extendiendo por todo el planeta Tierra como una mancha de aceite. Y produce efectos, algunos indeseados. Templado por la democracia y no respetado por las dominadas, el patriarcado, cuyo apoyo económico es también al presente bastante débil, podría figurársenos que se sostiene agarrándose por sus propios cabellos. Pero aguanta y hiere. Golpea y mata. Viola. Destruye. Allá donde puede muestra toda su crueldad y ferocidad.

Nuestro mundo ya no lo necesita, más bien lo repugna, dados sus fundamentos en la libertad y la igualdad. La democracia tiene que imaginar situaciones en las cuales la relación de superioridad no es corriente, ni es la corriente. Las interacciones se solventan mediante modales, cortesía y un uso constante y fino del sentido del humor. Todo ello, acumular tales destrezas, exige educación y tiempo, mucho tiempo. Y los conflictos pueden seguir presentándose igualmente. Por descontado, no todos pueden ser previstos. Por ello también aprendemos a resolver conflictos. La educación formal tiene que internarse en la maraña de los conflictos de género, en especial, en los abiertos por las nuevas situaciones.

Cuando se admite determinada superioridad, el conflicto sólo se produce en su margen de aceptación. En cualquier caso, su solución es previsible. Ahora la igualdad entre varones y mujeres plantea una arena nueva, menos previsible, donde se juegan las fuerzas y los respetos. Probablemente nuestra sociedad cree en el consenso, cree que se pueden ir limando las cosas hasta alcanzar un nuevo contrato sexual. Ojalá sea así.

Pero existe un último punto que simplemente dejo adrede colgando: los etólogos avisaron en los años 60 y 70 (aunque algunos de ellos comenzaron en los 40) de que hay algo en las propias relaciones entre los sexos, ya no sólo en la especie humana, sino en cualquier especie natural, que implica —recuerdo una frase de Lorenz— que «la relación sexual... sólo se puede producir entre un macho atemorizante y una hembra atemorizada». Si estuviéramos ante una invariante ya no sólo antropológica, sino de esta naturaleza etológica, sencillamente como especie nos habríamos embarcado en un camino sin retorno y sin solución. No cabe descartarlo. Nunca podríamos deflactar la violencia masculina, si está ella misma implícita en la prosecución de la especie, sino al precio de que la especie siguiera siendo viable. Puede que Lorenz y también los sociobiólogos hayan exagerado por prejuicio patriarcal. Pero hay muchas cosas en nuestro mundo que lo hacen muy extraño: sumamente interesante para la mirada de la teoría, pero muy extraño y difícil en la práctica.

Me parece que estamos en un lugar a medio camino, en el que la especie humana no sabe todavía lo que es, porque no sabe comportase como una especie no natural. Hay aún un terrible peso de la naturaleza en nuestras relaciones. El patriarcado siempre afirmó que la naturaleza eran las mujeres. Ahora que se disuelve, estamos viendo claramente que la naturaleza presente entre la humanidad es esa no canalizada violencia, y que la violencia es por lo general masculina. ¡Extraño bucle!

En fin, si recupero el pulso primero de este análisis y desdeño importar interrogantes en exceso profundos, me resta un pequeño asunto: la visibilización de la violencia contra las mujeres. Asistimos a una publicidad de la que no sabemos si la frena o la excita. En todo caso, no creo que sea buena para el sexo femenino en su conjunto. Me explico, a no ser que esas imágenes aterrorizantes y humillantes vayan sistemáticamente acompañadas de la mostración de los logros femeninos en todos los campos. Las mujeres no pueden ser perpetuamente el sexo humillado, el sexo atacado, incluso como ocurre ahora, injustamente. No ayuda a la libertad ni a la igualdad. En el fondo el machismo terrorista del sistema alcanza su objetivo si la mayor parte de las imágenes de mujeres que recibimos son imágenes victimizadas. Habrá que redimensionar, también, ese flujo quizá mal orientado de buena voluntad.

El tratado de Amsterdam de 1997, en su artículo 141.4, consagra que para garantizar en la práctica la igualdad de varones y mujeres, se pueden y deben ofrecer ventajas concretas a quienes sufren desventajas de hecho. Ese artículo habla del trabajo. ¿Pero acaso no es la violencia un tema del mismo o mayor calado? Varones y mujeres son, aquí, en nuestra convivencia, declaradamente iguales. Pero no es cierto, y lo sabemos. Y que es injusto, lo sabemos también. Las mujeres arriesgan más y tienen menos: menos oportunidades, menos empleo, menos seguridad. Las cifras hablan tan alto que estremecen: la misma formación, el doble de paro; la misma dignidad... las humillaciones y violencias cotidianas. Pero hay un punto insufrible, la violencia explícita, cargada, repetida, y con el resultado de muerte. No se puede bromear con estas cosas. Si algunas de las mujeres necesitan amparo, uno especial y firme, como ciudadanas que son, el Estado debe procurárselo con el mayor cuidado. Eso es lo justo, que cada cual obtenga lo que precisa para poder llevar una vida digna.

Perfeccionar la democracia quiere decir tratar de modo diferente situaciones que necesitan afrontarse de modo diferente, en recursos y apoyo especiales, en cuidado y atención especial. Las mujeres han sido y son todavía, desgraciadamente, discriminadas, por la clásica; de modo que es hipócrita decir que nos alarmamos porque se use con un colectivo en riesgo, y riesgo grave, las amenazadas, las perseguidas, las maltratadas, una discriminación inversa, positiva. Lo que las mujeres conocen bien es la discriminación de siempre. La de toda la vida. Sólo cuando se acabe serán de recibo los argumentos especiosos que hoy únicamente intentan no hacerse cargo de la gravedad de la situación.

La sociedad que hemos heredado no es siempre justa, ni está bien encajada. Debemos contribuir a hacerla mejor: y proteger más a quien más protección necesita es lo adecuado y lo honesto. Lo demás son disputas en las que no nos entretendremos; disputas vacías en las que es hasta indigno entrar: si no fuera que es más grave, inhumano, hacer depender de ellas la seguridad de una sola víctima en riesgo. Cuando la mera simetría no es capaz de producir justicia hay que hacer más. El objetivo de cualquier medida de «discriminación positiva» es siempre lograr el bien mayor de la justicia social, aunque ello comporte no usar la misma evaluación con los colectivos que la vindican que con el resto de la ciudadanía. Ése es nuestro caso y el de nuestra ley de violencia.

Capítulo XIII
Los retos de la globalización

«Multiculturalidad» es un palabra relativamente reciente en el vocabulario político español. Sin embargo lleva cierto tiempo funcionando en la filosofía política. El «debate del multiculturalismo» ha sido ya desde hace casi una década motivo o título de más de una reunión o congreso profesional, al igual que, adelanto, su antónimo, el «universalismo»[1]. En el caso español el interés por el debate viene de la mano de la propia estructura autonómica del Estado. Bastantes comunidades autónomas asocian su legitimidad o su aspiración a un mayor autogobierno a la existencia en ellas de un «hecho diferencial» defendible; suelen con ello aludir a un conjunto amplio y difuso de características singulares que

---

[1] Mucho más, desde luego, y veremos más tarde el porqué, en el exterior, pero también aquí. Basten dos ejemplos españoles: «El multiculturalismo a debate», dir. Luis García San Miguel, Llanes, Universidad de Alcalá de Henares, 1996, o «Los universalismos», *Semana de Ética y Filosofía Política,* dir. Amelia Valcárcel y Gabriel Bello, Santa Cruz de Tenerife, Universidad de La Laguna, 1997.

van desde la lengua propia, tradición anterior de autogobierno, usos peculiares de derecho consuetudinario, mitología, folclore, tradiciones, etc. Para defender ese conjunto de la tentación jacobina que siempre se le supone al Gobierno Central, muchas comunidades echan mano de la defensa de la multiculturalidad tal y como ésta ha sido realizada sobre todo por la teoría política canadiense y norteamericana en las dos últimas décadas. En esos ámbitos la multiculturalidad se ha invocado de diversas maneras para promover más finos encajes en la concepción de una democracia avanzada.

Quizá el de Canadá es el caso más claro: son conocidas las tensiones políticas entre las comunidades anglófona y francófona y las varias consultas ya efectuadas acerca de su separación. A fin de propiciar una dinámica particularista que, sin embargo, admita la estructura de un estado único, ambas comunidades tienden a nombrarse a sí mismas como «culturas». Pero el caso de Canadá es aún más interesante porque al lado de esta tensión a resolver, conviven en él también y forman parte de su «riqueza cultural» grupos de pobladores autóctonos, previos a las migraciones europeas que reclaman un estatuto diferenciado, así como comunidades posteriores de diverso origen que mantienen la pretensión de conservar su acervo propio de tradiciones. En el primer caso están, por ejemplo, los pueblos indígenas, que se nombran a sí mismos como las «primeras naciones», cherokees con hurones, pawnis, dakotas... que se resisten, y con argumentos, a aceptar sin más los procedimientos de una democracia representativa; en el segundo, las comunidades hindúes, asiáticas, hispanas, africanas, etc., que quieren continuar cultivando sus propios idiomas, herencias y modos de convivencia.

Con esos tres frentes tan distintos abiertos, en 1988 Canadá estableció una *Ley de multiculturalidad* para «preservar y realzar el carácter multicultural del País», ley que pretende acudir a todos esos extremos. Cita la ley a los pueblos aborígenes, las dos lenguas, francesa e inglesa, oficiales, así como a las minorías de otro origen y declara que

Es política del Gobierno de Canadá reconocer y promover el entendimiento de que el multiculturalismo refleja la diversidad racial y cultural de la sociedad canadiense y reconoce la libertad de todos los miembros de la sociedad canadiense de preservar, realzar y compartir sus patrimonios culturales.

Canadá, ha de tenerse en cuenta, es uno de los escasos países que solicita a día de hoy emigrantes y cuyas prácticas de asilo son más abiertas. Está positivamente empeñado en avalar la idea de que «diversidad es riqueza» y poner freno a cualquier brote racista.

Cito el caso canadiense porque es uno de los primeros en los que el multiculturalismo pasa de ser un debate académico a convertirse en una regla de uso de la comunidad política. El multiculturalismo, en la acepción que lo toma la ley canadiense, procede de lo que he llamado «el elogio de la diferencia»[2] y como tal se manifiesta en los considerandos y proemio de esta ley[3]. Asume la concepción de una democracia participativa en la que «todos los individuos tengan asegurado igual trato e igual protección bajo la ley respetando y valorando su diversidad». Se refiere también a las comunidades como sujetos y objetos de protección.

Y ello nos lleva a otro asunto, otro aspecto, que también se encuentra, además del previo debate filosófico del multiculturalismo, debajo de ese texto legal: el comunitarismo.

El comunitarismo

De nuevo nos encontramos ante otro debate en filosofía política, debate que surge en los años 80 del siglo XX, y que

---

[2] En *Ética para un mundo global,* Madrid, Temas de Hoy, 2002 (hay 2.ª edición en 2007).

[3] Que cita además como fundamento declaraciones anteriores: la *Convención Internacional para la eliminación de todo tipo de discriminación racial* y el *Pacto Internacional de Derechos Políticos y Civiles.*

también tiene la pretensión de mejorar y profundizar una democracia avanzada. El asunto consiste en la vindicación de la comunidad como sujeto moral y político dentro de la estructura estatal de administración. Es un asunto simple: si el principal cauce de expresión de la democracia es solamente el voto libre y secreto de los individuos votantes, la democracia queda limitada a un procedimiento para la toma de decisiones; pero todos sabemos que una democracia, y más la democracia como ideal normativo, no se reduce a esto. Comporta también un conjunto de valores que el estado democrático tiene como trasfondo. Ahora bien, el comunitarismo afirma fundamentalmente dos cosas: que las comunidades que se integran en el estado son sujetos morales y políticos que han de encontrar vías de interlocución y participación en el estado y que el individualismo es un mal compañero moral. Por la primera parte es fácil acordar que limitar la democracia al voto cada cierto tiempo marcado para ello es, sin lugar a dudas, tergiversar lo que «democracia» significa en toda su extensión. Y, yendo al segundo argumento, la estructura simple de participación que el voto supone es individual. En opinión de los comunitaristas este hecho, sumado a un concepto prevalente de los derechos como derechos individuales, ratifica de facto una de las peores características del conjunto social y político actual, el individualismo.

El individualismo es el responsable, según los comunitaristas, del emotivismo moral y sus funestas secuelas: sobreimpostación del interés propio y pérdida de sentido de la acción moral humana[4]. Por el contrario, y a su entender, los individuos no pueden ser vistos como previos a sus comunidades de origen y adhesión en las cuales sus acciones cobran sentido y durabilidad. El individualismo es el principal disolvente del sentido de comunidad, que sin embargo ha sido y

---

[4] El máximo expositor de este punto de vista es A. McIntyre en su conocida obra *After virtue* (1981) (trad. esp.: *Tras la virtud,* Barcelona, Crítica, 1987).

continúa siendo el único pilar capaz de marcar fines a los individuos en tanto que sujetos morales. Para contar con gente que esté dispuesta a ser moral —lo que implica necesariamente no poner el interés propio por encima de todas las cosas—, esta gente ha tenido que ser llevada a otra disposición, la obediente y altruista, dentro de su grupo de amparo y subjetivización, normalmente una comunidad, ya sea la familia, la aldea, su iglesia, su pueblo, etc. Si tenemos todavía sujetos capaces de ser morales es porque las comunidades los fabrican. Pero las comunidades poco pueden hacer si no son reconocidas ni ayudadas en esta función imprescindible. Por ello las comunidades no reclaman, sin más, un derecho a la diferencia fundado en una especie de narcisismo, sino que exigen ser atendidas como las fuentes privilegiadas, si no únicas, de sociabilidad moral. Hasta el momento, y quizá a causa de un universalismo mal entendido, las comunidades no se han sentido apoyadas por el Estado; por el contrario, han sido vulneradas por él y por su capacidad uniformadora. Perfeccionar la democracia quiere decir, en el lenguaje comunitarista, prestarles voz, canales y recursos.

Vemos ahora cómo se vinculan el comunitarismo y el multiculturalismo. La suposición es que la diferencia añade un plus de riqueza a la convivencia estatal. Pero, para poder realizar esa benéfica labor cada comunidad no debe ser obstaculizada por el propio Estado que, con prácticas ajenas a ella, la deslegitime o peor aún, la disuelva. Si el pueblo hurón, por ejemplo, ha elegido siempre a sus jefes por medio de un consejo de ancianos que actúan inspirados por antiguos ritos, no tiene sentido imponer a los hurones el sistema de listas y voto que utiliza un ayuntamiento pequeño corriente. Los hurones obedecen a sus jefes porque advierten en ellos una marca de sacralidad que viene directamente de su modo de ser seleccionados y tal marca desaparecería de serles conferida la jefatura por el sistema democrático corriente. Así pues —por ejemplo—, si la existencia del pueblo hurón supone una riqueza a la que la comunidad estatal canadiense no quiere ni debe renunciar, ello implica que los hurones han de ser eximidos de los procedimientos democráticos corrientes. Ellos son distintos, desean seguir siendo distintos y todos queremos que sean distintos y lo que son; por lo tanto han de poder mantener rasgos diferenciales aunque ello suponga modos comunitarios y políticos arcaicos o poco compatibles con ciertos derechos individuales.

En el caso de la «Ley de multiculturalidad» canadiense los casos a que se ha querido atender, aunque disímiles, están claros. Y con independencia de cuál sea nuestro juicio sobre el asunto, se ha buscado un criterio abstracto, la «riqueza cultural» para enfocar la cuestión. Un caso bastante similar se produce en otro de los ámbitos del pensamiento político donde multiculturalismo y comunitarismo han tenido gran presencia y desarrollo, los Estados Unidos. Es cierto que el debate académico no ha producido todavía resultados contantes políticos, pero está en vías de hacerlo.

No tenemos en este caso dos comunidades fuertes en cierta tensión[5]. Los pueblos indígenas tampoco son tan fuertes y variados como sus vecinos del norte. Pero están las diversas comunidades europeas, africanas y asiáticas de origen, muchas de las cuales insisten cada vez con mayor fuerza en la interlocución directa con el Estado. De hecho, los llamados «líderes de las comunidades» son personas suficientemente significativas como para que se las convoque o se les den a juzgar los programas electorales. Debemos además pensar que en el caso de la democracia americana este modo de actuar ha sido relativamente corriente. Tocqueville, en su temprana descripción de su funcionamiento, nos informa del gran protagonismo de los «grupos

---

[5] Como es el caso de anglófonos y francófonos, pero hay que decir que «todavía». Si el ritmo demográfico y de autoconciencia de la comunidad hispana continúa, podría presentar en breve tiempo un escenario parecido al canadiense.

de interés»[6] en la vida política que contempla. Todos estos grupos buscaban y buscan interlocución con las instituciones públicas e introducir en la agenda común sus objetivos. Las comunidades son, sin ninguna duda, fuertes grupos de interés. Ahora bien, la novedad reside en que en los Estados Unidos del siglo XIX la mayor parte de las comunidades que buscaban de este modo sus fines eran las iglesias y grupos similares. Por su propia naturaleza tenían que aliar sus objetivos con la idea de tolerancia religiosa. Ahora es otro asunto.

Los grupos comunitarios de interés han suplido, puesto que son grupos de encuadre que suponen un origen común y una voluntad de conservar sus diferencias, la idea de tolerancia religiosa por la de riqueza multicultural. Han avanzado un paso, que consideran decisivo, el elogio de la diferencia, sobre los planteamientos anteriores. Y no se trata ahora de un elogio de la diferencia simple, sino moralmente motivado, el que plantean los principales pensadores comunita-

---

[6] «Los americanos de todas las edades, de todas las condiciones, de todas las mentalidades, se unen constantemente. No solamente tienen asociaciones comerciales e industriales, sino que también las tienen de mil otras especies: religiosas, morales, intelectuales, serias, fútiles, muy generales y muy particulares, inmensas y muy pequeñas. Los americanos se asocian para dar fiestas, fundar seminarios, edificar albergues, levantar iglesias, distribuir libros, enviar misioneros a las antípodas... si se trata en fin de poner en evidencia una verdad o de desarrollar un sentimiento se asocian... He encontrado en América clases de asociaciones de las que confieso que ni siquiera tenía idea y frecuentemente he admirado el arte infinito con que los habitantes de los Estados Unidos conseguían fijar un objetivo común a los esfuerzos de un gran número de hombres y hacerles marchar hacia él libremente... Así, el país más democrático de la tierra resulta ser entre todos aquel en que los hombres han perfeccionado más en nuestros días el arte de perseguir en común el objeto se sus deseos comunes y donde han aplicado esta nueva ciencia a mayor número de propósitos. ¿Ha sido esto el resultado de un accidente o será que existe, en efecto, una relación entre las asociaciones y la igualdad?» *La democracia en América*, Madrid, Aguilar, 1989, tomo II, pág. 147.

ristas, como McIntyre o Sandel. Sea mediante la recuperación de la ética aristotélica o por otros procedimientos, la convicción de fondo es que la democracia y la pertenencia tienen que hacer ajustes entre sí. Muchos intuyen que no son del todo compatibles. La dinámica entre particularismo y universalismo se muestra compleja.

MULTICULTURALIDAD, MIGRACIONES Y COMUNIDADES

En Europa no desconocemos tampoco esta dinámica, pero, desde luego, ni nuestras políticas ni nuestras costumbres asociativas han llegado tan lejos... todavía. América es, en casi su totalidad, un continente formado por emigrantes. Ha sido colonizado en oleadas en las que, quienes primero llegaban, difícilmente podían justificar ante los más recientes un primitivo y previo «ius solis». Ese no parece ser nuestro caso. Pero, dejando por el momento esto aparte, lo único previo entonces sólo podía consistir en la forma general de la convivencia política, cuyas reglas y procedimientos generales habían de asumirse. El problema ahora es que el comunitarismo, aliado con la multiculturalidad, pone en duda alguno de esos supuestos de fondo.

Lo más significativo es que, para la mejor existencia de la comunidad, no sólo los rasgos del individualismo han de ser desterrados de su cultura moral común, sino que, me temo, han de serlo también los ejercicios plenos de algunos derechos individuales. Y adelanto que esto reza sobre todo para los derechos individuales de las mujeres.

Hablar en abstracto de la comunidad compromete poco con la forma efectiva en que una comunidad se produce y reproduce y además borra las diferencias «de género» que en ella tienen vigencia. Una comunidad no es sólo el intento de mantener la memoria del origen común y la voluntad actual de diferencia; es, en los hechos, también y ante todo un conjunto de prácticas, entre las cuales son especialmente relevantes las de género. Las mujeres son el «como siempre» de todas las comunidades, real o ficticio. Una comunidad supone costumbres, creencias a veces religiosas, rituales, normas familiares, matrimoniales, vestimentarias, de uso de espacios, de tiempos, tabúes alimentarios, relaciones de los grupos de edad y, en lugar principal, *grupos de género*.

En realidad este enorme sustrato normativo fue señalado tempranamente por la filosofía. Primero lo señaló Montesquieu, al marcar la diferencia entre leyes y costumbres y al oponer las normas explícitas legales y religiosas a las normas que cada sociedad tenía por más seguras[7]. Poco más tarde, a principios del siglo XIX, Hegel en la *Fenomenología* le dio nombre a ese monto previo normativo: *eticidad*. Filósofos y comentaristas posteriores han alabado la perspicacia hegeliana o han usado su distinción *moralidad/eticidad* para diversos fines. Pero pocos han reflexionado en algo evidente: que Hegel hace correlatar en directo la *eticidad* con la división sexual de la normativa social.

Varones y mujeres no están separados por una mera dimorfia natural espontánea, biológica, diríamos utilizando un término anacrónico en el contexto hegeliano pero que permite comprender lo que Hegel afirma. Ser lo uno o lo otro dice, es una realidad espiritual; y con ello quiere afirmar que son conjuntos normativos los que separan a los sexos. Los varones viven para el espacio público y las mujeres para el

---

[7] En *El espíritu de las leyes;* las costumbres son previas a las leyes y su forma de enunciación es diferente. Pero también leyes penales, religiosas y morales explícitas son distintas de las normas que una sociedad sabe realmente vigentes. Por ejemplo, en las sociedades monárquicas, marcadas por la virtud prevalente del honor, ya se dio este ejemplo, dará igual que las leyes del Estado y la Religión prohíban el duelo: éste se realizará porque todo varón adecuado sabe que su honor depende de llegar a mantenerlo por medio de él. Así existirán siempre dos morales: la que se enseña en la educación formal, que se acata pero no se cumple, y la que se aprende cuando se sale del colegio, que resulta ser la que no admite violaciones ni excepciones.

privado. Ellos para el Estado y ellas para la familia. Ellos son, por la naturaleza de su espacio simbólico, móviles, y ellas, por lo mismo, inertes. Unos se arriesgan y otras conservan. Sin tener que recurrir a caracterizaciones de la eticidad tan abstractas como suelen serlo las hegelianas —la eticidad llega a ser definida como «lo sabido y querido»—, podemos reconocerla en todos los aspectos normativos tan asumidos por todos que no necesitan por lo común ser explícitos. Varones y mujeres se visten de modo diferente y tienen también reglas diferentes del vestir honesto. Se expresan y han de expresarse de modo diferente. Asumen disposiciones corporales y posturas diferentes. Ningún grupo humano —ninguna comunidad en los términos en que venimos hablando— ha visto con buenos ojos un proceso de aglutinación e indiferencia de estas normas elementales. Las relaciones que tengan los sexos y que cada comunidad considere óptimas pueden variar; pero lo que no varía es que la existencia de la comunidad siempre ha implicado normativas diferentes en función del sexo. Creo que conviene seguir echando mano de Hegel porque su análisis es magistral: los varones, dice, son lo diferenciado y las mujeres lo indiferenciado. Ellas son un continuo y ellos una reunión de individuos. Y recuerdo esto porque traerlo al caso permitirá saber algo sobre de qué se habla cuando se habla de individualismo.

El individualismo, ese azote que los comunitaristas quieren prevenir y combatir, responsable del deshacerse del tejido moral y social moderno, les está supuesto por su normativa a los varones y prohibido completamente a las mujeres. En otros términos: nadie puede ser individuo si no es también un tanto individualista, pero quien tiene por eticidad el deber de mantener lo homogéneo no puede en modo alguno permitírselo. El relativo individualismo de los unos asegura la capacidad grupal de amoldarse a cambiantes circunstancias, readaptar la tradición y triunfar, asegura la pervivencia del grupo en último término. Sin embargo, sería nefasto en quienes cargan con el deber de mantener la inercia.

Algunos de los más significativos comunitaristas, McIntyre por ejemplo, hacen tabla rasa de todos estos más que importantes aspectos, pero enseñan sus verdaderas convicciones cuando realizan el juicio a la Modernidad. Llamamos así al gran periodo de innovación y cultura que comenzó en Europa una vez cerradas las Guerras de Religión por la Paz de Westfalia en 1648. Casi todo el repertorio de nuestras ideas se gestó en el pensamiento barroco y tomó carne durante la época que le siguió, la Ilustración. Ahí es donde McIntyre señala el comienzo de la disolución del sentido moral y el ascenso rampante del individualismo. Su solución es conocida: como vivimos en un periodo de barbarie del que no somos conscientes, algunos pocos avisados deben reconstruir pequeñas comunidades, no de otro modo que como lo hizo San Benito cuando el Imperio romano desapareció. La catástrofe iniciada por la Modernidad ha sido tan grave que casi nadie se da cuenta de ella. Peor aún, en vez de percatarnos, consideramos que son logros las más evidentes marcas de la disolución generalizada que vivimos. El lenguaje moral no funciona, la gente cree tener derechos individuales, pero los individuos están lanzados a una lucha cínica de todos contra todos... ¿Tendrán estos juicios generales algo que ver con la disolución de la eticidad?

EL CUIDADO Y LAS REGLAS

Capturemos otro hilo argumental que viene aparentemente desde otras posiciones. En la filosofía moral contemporánea y también en el feminismo ha tenido presencia en los mismos momentos del arreciar comunitarista una distinción bien conocida: ética de las normas y ética del cuidado, los deberes abstractos contra los deberes concretos. Gilligan, en un *best seller* internacional[8], fue la autora que la consagró.

---

[8] *In a different voice* (1982), nueva edición con un nuevo y largo prefacio en 1993, Cambridge (Mass.), Harvard University Press.

El origen estaba en un estudio previo de otro autor, Kohlberg. Éste encontró diferencias significativas entre la forma en que varones y mujeres parecían abordar los mandatos morales. Los unos solían fijarse en la noción de derechos individuales y en los criterios universales de justicia, eran capaces de buscar tales criterios incluso saliéndose para ello de los corrientes en sus grupos de encuadre; las otras no solían pensar en tales términos, sino que más bien estaban situadas en un marco emocional caracterizado por «un fuerte sentido de ser responsables del mundo», pero, subrayo, del mundo próximo: una misma, la familia, la gente que se conoce... y tenían dificultades para traducir las abstracciones morales a deberes concretos[9]. Kohlberg sacó de todo ello la chusca idea de que las mujeres nunca alcanzaban el desarrollo moral completo; y éste fue el detonante de la obra de Gilligan, quien, por otra parte, había trabajado con él.

Ella, por el contrario, sostuvo la existencia de una ética diferencial entre mujeres y varones; el nombre que ha venido recibiendo tal ética es «ética del cuidado». El argumento de Gilligan es que lo que Kohlberg supone estadios de desarrollo moral humano son sólo los rasgos de la moral masculina, marcada por las abstracciones, mientras que las mujeres tendrían un sentido acusado de la proximidad moral. Al ser ambos psicólogos y operar desde su disciplina, en la que tan difícil parece hacer entrar el sentido histórico y algunos de los datos de la antropología, ambos suponen que sus caracterizaciones son, sin más, intemporales, sin radicación territorial y verdaderas «en cualquiera de los mundos posibles». Pero, considerada su polémica desde otro ángulo, lo cierto es que sus caracterizaciones casan perfectamente con lo esperable si los rasgos de la individualidad se toleran o no en función del género.

---

[9] L. Kohlberg, *The philosophy of moral development,* San Francisco, Harper and Row, 1981.

Hegel, también en la *Fenomenología,* no sólo señalaba esta escisión en el seno de la *eticidad,* sino que suponía la existencia muy posterior de un nuevo modo moral que habría dependido del proceso general de autoconciencia humana, la *moralität,* a la que propiamente llamaba *moral.* Su formación habría sido tan tardía como la época ilustrada, aunque habría tenido formas y precedentes en las escuelas helenísticas, la religión cristiana antigua y la Reforma. En verdad y entonces asimilaba su hallazgo a la formulación del imperativo categórico kantiano: una moral a la vez individual y universalista que abolía a la tradición y a las religiones como fuentes normativas primarias.

Tal moral, decidió Hegel más tarde[10], era «abstracta». Y cierto que se parece bastante a la que Gilligan llama «moral masculina». Esto es así porque Kohlberg se inspira directamente en un kantiano, Habermas, a la hora de diseñar sus «estadios» del desarrollo moral. Pero lo que ella mantiene que es una moral diferente, femenina, «del cuidado», es toda la larga serie de deberes inargumentados asociados además con fuertes sentimientos de responsabilidad y culpa que caracteriza a las morales previas a la libertad de conciencia. Sostengo, por lo tanto, que no se está hablando de una «moral femenina», sino de la moral que es forzado a mantener todo aquel que es dependiente, sea mujer, sirviente, esclavo, vasallo o inferior. Concluir que tener por naturaleza tal conglomerado me parece simplemente una monstruosidad carente de sentido social e histórico.

Recuperando el tema de las comunidades, he afirmado que en todas ellas el estatuto diferencial de varones y mujeres se mantiene; siempre hay una *eticidad* que norma, sobre todo, al colectivo femenino, llámese cuidado, decencia, abnegación o por nombres todavía más sonoros. Y que cualquier comuni-

---

[10] En la *Filosofía del Derecho,* catorce años posterior a la *Fenomenología.*

dad, aunque es vigilante del excesivo individualismo de sus miembros, se fija especialmente en que sean las mujeres las que no se desmanden. Esto es tan conocido que no necesita ejemplos y explica que las mujeres se sientan «hipernormadas» no sólo por la existencia de una doble moral, sino por tener que cumplir con el doble o el triple de deberes.

Evidentemente, hasta las sociedades más individualistas mantienen cierta tasa, bastante alta, de eticidad. Y todos la reconocemos cuando se producen lo que llamaré «situaciones de contraste». Por individualista que sea la sociedad en que vivimos, cuando una persona mayor cae enferma, nunca se busca con la mirada a sus hijos varones, sino a sus hijas, hermanas o nueras. Del mismo modo, no se las busca si de lo que se trata es de ejercer presión o violencia sobre extraños. Los papeles, por así decirlo, siguen asignados. Y existen, además, regresos significativos y queridos a esa eticidad grupal en fechas señaladas: los ritos de paso, por ejemplo, o ciertas festividades, suelen volver a separar los espacios entre los varones y las mujeres, incluso en los grupos cuyos miembros son acusadamente individualistas por inoculación social.

Seguimos, y lo sabemos, teniendo reglas diferenciales, algunas de las cuales estamos dispuestos a asumir, al menos de modo esporádico aunque significativo, pero también es cierto que nos hemos deshecho de un gran conglomerado anterior de ellas. Y en este trance, o medio camino, nos cogen tanto el comunitarismo como la multiculturalidad.

LA VIEJA EUROPA

La vieja Europa no es, en principio, un lugar que carezca de un *ius solis* previo y haya tenido que pactar principios reguladores universales con comunidades celosas de su propia identidad. Como mucho, y en algunos Estados solamente, comunidades que se declaran previas a la propia existencia del Estado-nación han luchado por un cierto grado de autonomía política. Pero, y no precisamente de modo pacífico, en su mayor parte los Estados de la vieja Europa se libraron de sus propias comunidades distintas o disidentes por medio de asimilaciones forzosas, expulsiones e incluso genocidio. Europa, a excepción de su pluralidad de lenguas y sus estados del todo independientes, es relativamente homogénea, tanto étnica como religiosamente.

La importación del «debate de la multiculturalidad» ha afectado sobre todo a las alas más progresistas del pensamiento político europeo, por un lado para dotar de legitimidad a las escasas autonomías y por otro para completar la idea primitiva de tolerancia religiosa con una tolerancia cultural que se enfoca hacia los todavía pequeños grupos de emigrantes. Algunas de las naciones europeas han sido, en el no tan lejano pasado, imperios. Los procesos de descolonización han llevado hacia las antiguas metrópolis oleadas de emigración que dependen para su homogeneidad con la población metropolitana, del tipo colonial prevalente en el siglo colonizador. Así la colonización española, que fue territorial y religiosa, como la más temprana de ellas y lo mismo en el caso de Portugal, recibe principalmente un reflujo migrante que es homogéneo, cultural y religiosamente, con la población peninsular, aunque no exista uniformidad racial.

Los casos de Gran Bretaña y Holanda son distintos: al haber sido su colonización sobre todo comercial y como mucho administrativa, el reflujo contiene diferencias religiosas y culturales notables. Y éste es el mismo caso de Francia, cuyo protectorado sobre el Magreb da ahora como resultado la presencia de un número considerable de emigrantes musulmanes. Los grupos asiáticos son numéricamente y de momento poco significativos. Y a este reflujo se está añadiendo en los últimos tiempos la emigración ilegal africana y otra bastante fuerte de los antiguos países del Este. Pero, incluso contados todos estos grupos, Europa dista bastante de ser un mosaico cultural. Aunque es probable que esté abocada a convertirse en él.

La combinación del atractivo que nuestra sociedad rica produce en las zonas deprimidas de África y América con la bajísima tasa de fecundidad de nuestro continente llevaría a cualquier lego a vislumbrar el horizonte a medio plazo: lo que ahora se presenta como reflujo de los imperios coloniales, se extenderá cada vez más y dará como resultado una sociedad europea tan diversa como pueda ser la estadounidense. De ahí que el pensamiento progresista, siempre más ocupado por las cuestiones de horizonte que el conservador, se afane en incorporar los términos del debate multicultural y realizar con ellos los debidos ajustes. Pero no podemos esperar que encajen por sí solos.

Las demandas de unos y otros, por justas que fueren, no son asintóticas, sino que existen aquí y ahora. La tolerancia no es ninguna panacea y plantea bastantes problemas prácticos. Desde luego a una fuerte rama del progresismo, el feminismo, se los plantea. Y pensemos que el feminismo, aunque sigue teniendo su núcleo principal de emergencia y propuesta en el progresismo, es, de alguna manera, un rasgo general y común del mundo en que vivimos. La democracia lo ha incorporado y los individuos, mal que bien, lo asumen. Al menos hasta cierto punto[11].

Universalismo y feminismo

El feminismo es un universalismo de raíz ilustrada que ha dirimido siempre su agenda política con la ayuda de las declaraciones universales. Lo que nace como una polémica

---

[11] Hasta este, notable, de que un varón o mujer de escasas convicciones feministas de nuestro modo de vida occidental, casi con seguridad las tiene más asumidas que cualquier varón o mujer de los mundos que nos preceden o que nos son contemporáneos, por avanzados que pudieran ser en sus planteamientos individuales. Al fin, el que Averroes llamara «entendimiento agente» parece que existe.

sobre la igualdad de los dos sexos, remitida exclusivamente a su igual capacidad y dignidad, se transforma en una lucha por los derechos individuales y políticos cuando éstos son por primera vez enunciados. Ha funcionado por una lógica deductiva irrefutable, pero sus conquistas no se deben precisamente a la fuerza en sí misma de la lógica deductiva, sino a su sistemática puesta en ejercicio por medio de grupos de interés que tuvieron que afrontar un grave rechazo moral y social.

Resumiendo, me temo que en el campo político, y por mucho que Franklin introdujera esa expresión en la Declaración de Independencia, no hay casi nada autoevidente. Evidencia es como llegamos a llamar a las innovaciones políticas cuando han alcanzado el consenso y la fuerza suficientes. Pero, por la propia naturaleza de las innovaciones que plantea, el feminismo tiene su nicho de acogida más asentado dentro de las tradiciones progresistas y es ahí donde recientemente también el multiculturalismo busca su lugar.

El feminismo es, por descontado y por su raíz ilustrada, un universalismo y un adherente a la idea de derechos individuales. Por tales rasgos, resulta disolvente para la eticidad y, es más, ha contribuido como nadie a disolverla. Ha venido marcando una agenda en los últimos tres siglos que, a medida que se ha ido cumpliendo, ha sacado a las mujeres de la eticidad y ha convertido en opresión política lo que era sin más admitido anteriormente como buenas costumbres. Esto ha sucedido en el plano práctico, pero no quiero ocultar que en el sustrato teórico del feminismo y en las argumentaciones que usa y ha tenido que usar para desmontar tramos completos de prácticas y valores, el feminismo se ha servido de fuentes muy próximas a las del multiculturalismo. Me refiero al relativismo cultural. Es un precedente del multiculturalismo que se presenta, esta vez en el panorama europeo, a mediados del siglo xx. Y en parte se debe al propio desarrollo de la antropología como discurso experto.

La idea de que todas las sociedades, incluidas aquellas que han alcanzado un alto desarrollo institucional y las que no han pasado de ser pequeños grupos tribales son más o menos equivalentes, es el mismo núcleo del relativismo. Pero el relativismo, con independencia de ese exagerado aserto, ha sido extremadamente útil al feminismo. El relativismo permite, justamente, relativizar. Y cuando una situación, y fuerte como era la femenina con la eticidad en todo su esplendor, se presenta como absoluta, sin contraejemplos e inmune a las argumentaciones, ha de ser desfondada, el relativismo y su compañero el comparativismo son y han sido una excelente ayuda. Contra la idea de que los rasgos que una cultura atribuye a lo femenino son «naturales» basta con invocar a otra que los sitúe de otra manera, y los ejemplos abundan. Y no menos servicio ha hecho al feminismo la antropología cultural, fundada siempre en un cierto relativismo, cuando ha desmontado el mismo concepto de «cosas que son como son por naturaleza»[12]. De hecho, una de las herramientas conceptuales que el feminismo utiliza a menudo, incluso con demasía, el concepto de «género», tiene también este origen próximo. Digamos que en estos casos el relativismo ha presentado su faz más amable, pero desde luego posee otra bastante peor: si se extrema —si todo vale lo mismo—, cualquier principio moral o político queda abrogado.

Normalmente el feminismo ha usado la cara amable del relativismo. Pero el multiculturalismo puede y suele usar la otra. Cada cosa es simplemente un rasgo de cultura, defendible en su contexto, de modo que igual da que en Occidente las mujeres elijan a sus parejas sin coerciones familiares y que en otras culturas se venda a las esposas. Por ejemplo. Y visto esto, el feminismo ha solido usar con cautela el relativismo y normalmente no lo ha llevado al extremo.

---

[12] Por ejemplo, en los espléndidos trabajos de M. Douglas: *Símbolos naturales, Pureza y peligro* o *Cómo piensan las instituciones*.

Pero allí donde el debate de la multiculturalidad ha alcanzado mayor desarrollo, Estados Unidos y Canadá, se asiste también a la inclusión de la teoría feminista dentro de los «estudios culturales» o los «estudios de género». Todos ellos están marcados, en efecto, por la impronta de cierto grado de relativismo cultural.

Y, cierto, encontraremos que esa cercanía produce discursos académicos de «feminismo multicultural» cuando menos complicados de asumir. Que también tienen sus respuestas dentro de su propia área cultural, todo hay que decirlo. Autoras como Young[13] o Ferguson coquetean con el multiculturalismo y el feminismo diferencialista y otras como Okin o Benhabib[14] mantienen posiciones más templadas o universalistas. De todos modos el resultado es, de momento, variable. De ahí que otros autores, por ejemplo Bloom, identifiquen sin más los fines del feminismo y el multiculturalismo y los hagan, en compañía de otros, responsables de la decadencia cultural, moral y política de Occidente[15].

Como ya he dicho, del hecho de que todas las vindicaciones del progresismo se autoconciban como asintóticas, esto es, capaces de ser puestas todas vigentes a la vez en el horizonte utópico, no se sigue que tales vindicaciones sean realmente compatibles entre sí. En el horizonte utópico cada progresista desea que se llegue a instaurar una sociedad igualitaria, participativa, pacífica, ecológica, libre y planificada; pero en el aquí y el ahora, y ya escribió Hegel que siempre hay aquí

---

[13] I. M. Young, *La justicia y la política de la diferencia,* Madrid, Cátedra, 2000; A. Ferguson, *Sexual democracy: women, opression and revolution,* Boulder (CO), Westwiew, 1991.

[14] S. Moller Okin, *Women in western political thought,* PUP, 1991; S. Benhabib, *Situating the self: Gender, community and postmodernism in contemporary ethics,* Nueva York, Routledge, 1992, y *Teoría feminista y teoría crítica,* Valencia, Alfons el Magnànim, 1990.

[15] *El canon occidental,* Barcelona, Anagrama, 1994, especialmente págs. 525 y ss. Bloom habla de una «escuela del resentimiento» de la que hace formar parte al feminismo.

y ahora, muchas de estas demandas o son incompatibles entre sí o necesitan severos ajustes. La demanda de respetar la diferencia cultural, por ejemplo, nos puede llevar a pasar por la violación de demasiados derechos individuales duramente conseguidos en los dos últimos siglos. Son, sobre todo, los derechos individuales de las mujeres aquellos cuyo estatuto es más vacilante. Y de los primeros, elementales e inalienables, no de los derivados. El derecho a la libertad puede ser interrumpido por varias prácticas matrimoniales o paternales de algunos grupos. El derecho a la integridad física pasa por los mismos avatares. Y otro tanto sucede con derechos más recientes, pero no menos importantes, como la salud, la educación, la libre circulación, etc. Sin contar con el limbo en que nuestras leyes colocan al derecho a la imagen.

Cuando el feminismo ha afirmado que, pese a que en la Declaración del 48 se hace expresa mención de abolir toda forma de discriminación en función del sexo, las mujeres aún no tienen reconocidos la plenitud de sus derechos individuales, no se equivoca en absoluto. Lo prueban todas las cifras que nos son conocidas. Y no hace falta para ello ni siquiera salirse de las sociedades occidentales que son, hoy por hoy, aquellas en que la condición de las mujeres ha experimentado mejoras más sensibles. Con la familia como principal mecanismo de encuadre de las mujeres, sometidas a una eticidad diferencial en honor de la decencia grupal, aceptando y reproduciendo prácticas de minoramiento y exclusión y todo ello avalado por las instancias religiosas y en bastantes ocasiones las políticas, la mayor parte de las mujeres del planeta simplemente no ha adquirido todavía el estatuto de individuos de pleno derecho.

ÉTICA Y ESTÉTICA

Los signos, y especialmente los vestimentarios, puede que en el momento presente y en las sociedades occidentales no estén demasiado cargados, pero lo estuvieron hasta el pasado más reciente. El vestido ha sido jerárquico y genérico. Todavía yo tuve la oportunidad, si se puede hablar de ello en estos términos, de escuchar en los años 70 un sermón dominical en que se glosó la apropiación de los pantalones para la indumentaria femenina —que nosotras estábamos realizando—, acudiendo al versículo de la Biblia que reza: «No se vista el varón con ropas de mujer ni la mujer con ropas de varón porque esto es abominación a los ojos de Dios.» Y eso me lleva al punto del porqué de aquellas modas.

Desde los felices años 20 del pasado siglo, ya se apuntó en otro contexto, la vestimenta femenina sufrió transformaciones asombrosas. Éstas no sólo correlataban con un nuevo estatuto, se daban a la vez, sino que lo hacían explícito sobre todo para aquellas que seguían las modas sin necesidad de seguir las ideas que les estaban dando aliento. Quiero decir que al lado de una rebelión ética siempre se produce una rebelión estética y que su orden no es mecánico. En los años 20, al lado de la tendencia a la androginia muy poco seguida, el vestido diferencial se mantuvo, pero el femenino comenzó a expresarse como «libre». Muchas mujeres, que no habían expresado adhesión por la agenda del sufragismo, comenzaron entonces a introyectar sus nuevas posiciones por medio de la aceptación calurosa del nuevo vestido. Y no olvidemos que la moda es un fenómeno masivamente igualador. Y, por si fuera poco, tampoco cabe olvidar que para muchas gentes que por posición social no están nunca en la órbita cercana de los grupos innovadores, la rebelión estética es su manera inconsciente de sumarse a unas causas que desconocen o incluso podrían rechazar. Si por ejemplo estudiamos la historia y progresión de las vindicaciones feministas en el último franquismo, podemos fijarnos en los grupos agitadores, su cantidad, su ubicación geográfica y política, sus miembros, sus nombres o sus coberturas legales. Pero si queremos saber la verdadera capacidad de penetración del nuevo trasfondo de ideas, no nos queda más remedio que acudir a los números masivos expresados por la moda. Bastantes mujeres de aquellas décadas no serán capaces de describir la situación legal y moral existente y tampoco recordarán haberse opuesto frontalmente a ella, pero guardarán memoria de su propia *Bildung* en la historia personal de sus leves rebeliones estéticas y afirmarán que fueron valerosas al ponerse pantalones, fumar en público, abandonar los cardados o no llevar medias, del mismo modo que las mujeres tras la Primera Guerra hacían alarde de cortarse el pelo, ir de manga corta, evitar el corsé o gastar zapato bajo.

Es muy distinto portar un signo ética o estéticamente. Un signo se porta estéticamente cuando su anterior carga ética está desactivada. Desplegaré un poco la afirmación anterior de que el vestido ha sido jerárquico y genérico. En todas las culturas humanas habidas, varones y mujeres no se indistinguen, ni siquiera lo hacen en nuestra sociedad indiferenciada. Y, de vez en cuando, en ocasiones especiales, el vestido jerárquico y genérico reaparecen. La obligación de «vestirse», para ciertas ocasiones de relieve, quiere decir vestirse adecuadamente, según el rango y el sexo de cada uno. Por lo general las novias no se casan con pantalones. Y también por lo común los varones no se visten con prendas femeninas. El estándar usado siempre es el superior, el varonil. Los varones no se ha feminizado, sino que las mujeres han adquirido el derecho a llevar, sin esfuerzos morales, prendas antes masculinas: blaziers, americanas, pantalones, calzado, sombreros, corbatas, etc. En las ocasiones especiales el vestido genérico regresa: cada sexo vuelve por sus fueros en los trajes de gala o en la portación de los antiguos trajes étnicos en sus fechas. Para las mujeres el frente de batalla contra sus derechos individuales han sido los moralistas, y casi nunca las leyes explícitas; los moralistas, situados en la eticidad, en la defensa de la moral y las buenas costumbres, realizan el ataque cuando la eticidad se tambalea; con sólo esto, suelen cumplir su propósito. Hablo de nuestro suelo europeo y de hace bien poco.

El multiculturalismo, debo repetirlo, ha querido ser la plantilla de desarrollo de la democracia avanzada. No es fácil porque no afina lo suficiente; permite, por ejemplo, defender con argumentos ilustrados prácticas pre-ilustradas. Admite el anacronismo. Como instrumental teórico no discrimina lo bastante. Sin embargo debo ahora realizar una distinción que creo precisa y de hondo calado; es de Celia Amorós: la multiculturalidad, esto es, que pertenecemos a ámbitos sociales, normativos e imaginarios diferentes, es un hecho y planetariamente innegable. El planeta es multicultural, lo sabemos desde las primeras exploraciones. Estuvo y está lleno de identidades humanas diversas. Nadie en su sano juicio lo negará. Pero el multiculturalismo es otra cosa: es una toma de postura sobre ese hecho. Procede del elogio de la diferencia. Y como toma de postura es bastante problemática. Porque el asunto de la diferencia es que hay una, la femenina, que las recorre todas, de ahí que nos resulte, a algunas, tan sospechosa. Porque en el juego de las identidades conviene saber bien el terreno que se pisa.

¿Multiculturalismo y feminismo disputan por el espacio o por el fondo del asunto? Una comunidad, repito, no es sólo el intento de mantener la memoria del origen común y la voluntad actual de diferencia; es, en los hechos, también y ante todo, un conjunto de prácticas, entre las cuales son especialmente relevantes las de género. Las mujeres, por parafrasear a Aristófanes de nuevo, son el «como siempre» de todas las comunidades, real o imaginado. Una comunidad supone costumbres, creencias, a veces religiosas, rituales, normas familiares, matrimoniales, vestimentarias, de uso de espacios, de tiempos, tabúes alimentarios, relaciones de los grupos de edad y, en lugar principal, grupos de género. Creo que ya se ha dicho. Seguimos, y lo sabemos, teniendo reglas diferenciales, algunas de las cuales estamos dispuestos a asumir, al menos de modo esporádico aunque significativo, pero también es cierto que nos hemos deshecho de un gran conglomerado anterior de ellas. Y en este trance, o medio camino, nos cogen tanto el comunitarismo como la multiculturalidad.

Los signos, significan

En realidad las polémicas que venimos ventilando se reducen en Europa a la vigencia de la semiótica. Y he intentado mostrar que no tiene nada de casual tal hecho. En estas prácticas se ventila el «frente moralista», que es siempre previo al frente político en el caso de los derechos individuales de las mujeres. Las mujeres no han precisado leyes explícitas que las excluyeran mientras las costumbres sirvieron para hacerlo. Sólo cuando los moralistas, sus defensores, tuvieron que ceder terreno, comparecieron las leyes. Conocemos bien ese tracto que en Europa representaron los graves y gruesos trazos misóginos y excluyentes de las llamadas codificaciones napoleónicas. Las mujeres pasaron en el derecho civil a formar parte de la esfera privada, lo que además las expulsaba de todo el campo público, tanto educativo como político.

Pero el estatuto de las mujeres, en pleno proceso de globalización y no sólo en Occidente, ya no pertenece al orden privado, sino al público. Como escribe Walzer, «la línea teórica y práctica entre lo tolerable y lo intolerable es muy probable que se dispute y se trace aquí en torno a lo que llamaré, por abreviar, cuestiones de género»[16]. El «género», prosigue el mismo autor, «se consideraba como un problema esencialmente interno». Pero ya no lo es, desde 1948 no lo es, aunque haya que haber recordado, y en convenciones internacionales, que los derechos de las mujeres son derechos humanos[17]. En

---

[16] *Tratado sobre la tolerancia,* Barcelona, Paidós, 1998, pág. 73.
[17] La ocasión y sede más importante, nada menos que por la Asamblea General en la ya citada CEDAW, 1979.

todo el planeta, mujeres de los grupos más diversos se mueven a favor de sus libertades, lo que suele implicar ir, de manera frontal o más lateral, contra las prácticas heredadas. Y ello produce tensiones grupales.

Podemos imaginar, y todavía volveré sobre ello, que las civilizaciones chocan por sus maneras divergentes de ver el mundo y que luchan por los recursos energéticos. O que también lo hacen porque asumen prácticas de valor diferentes que tienen su frontera en el estatuto de las mujeres. De esta severa fractura, muy operativa, el feminismo no puede ser eliminado.

La ciudadanía global exige un manejo prudente de la virtud de la tolerancia, pero no sólo por el riesgo de tolerar lo intolerable o hacer el ridículo de varios modos[18], sino porque la tolerancia no puede, así lo haya afirmado el propio Rawls, ponerse por encima de la justicia[19]. El papel que las mujeres desempeñan en los grupos humanos correlata de modo efectivo con la libertad y la igualdad que haya fluyendo en el conjunto social. Lo afirmó Montesquieu, lo repitió Condorcet, que la libertad de las mujeres era la medida de la libertad que existía en un lugar o en un país. Pero, sobre esto, el feminismo ha avanzado algo. Sabe que la subordinación de las mujeres es *la invariante,* pero sabe además cómo y para qué se maneja. La única hipótesis es que, en sociedades no igualitarias, en sociedades del antiguo régimen, es la sumisión de las mujeres lo que asegura la igualdad de los varones, por lo tanto *habrá más sumisión cuanta menos igualdad efectiva haya para repartir.* Los tipos sociales más rígidos extremarán las formas de la sumisión femenina para asegurar la relativa

---

[18] Por ejemplo recibiendo una ministra del Estado Español, a un ayatolá, dentro de España (en el territorio internacional del aeropuerto de Madrid), cubierta con un ridículo velito. Si el clérigo no puede ver mujeres no veladas, puede él mismo ponerse gafas muy oscuras.

[19] Rawls, en *The law of peoples* (1993), versión española: «El derecho de gentes», *Isegoría,* núm. 16, mayo de 1997.

igualdad de los varones: todas las mujeres les serán o inferiores u ocultadas, para cementar la adhesión y no despertar la envidia. Las *sociedades de encierro femenino* evitarán la mostración de aristocracias duales, porque la virilidad común es lo que debe quedar a salvo. Todas las sociedades temen la envidia. Se desactiva con la mucha distancia, pero también con una fuerte identidad compartida.

La identidad viril evita pensar en el despotismo en tiempos en que su crédito es cada día más bajo. Hay estados en este planeta que en vez de repartir bienestar reparten «hombría». La naturaleza no se ha hecho cultura sin gastos. La libertad y los cuerpos de las mujeres han pagado un gran monto del proceso de hominización. Las condenas bíblicas siguen dando la regla general: «Parirás con dolor y estarás sometida al varón.» La antropología, la cultural por ejemplo, tiene este discurso ya bien identificado[20]. Pero estas seguridades han jugado en el pasado. Tras los procesos de ilustración y la revolución industrial que les es paralela, esas seguridades basales se pierden. La primera consecuencia es la desestabilización de los valores compartidos, por lo que se pueden esperar bastantes tensiones. La comparecencia del individualismo femenino no es deseable para el grupo.

El feminismo altera el horizonte de valor al simplemente apropiarse la norma masculina. Normalmente, para entendernos, sólo parece que se la apropia: en realidad lo que hace es construir una más universal, tras diversos tanteos, que acaba siendo aceptada[21]. La identidad previa quedará alterada, pero se habrá logrado una nueva homeóstasis. Las mujeres, en las sociedades occidentales y durante los últimos tres

---

[20] Françoise Héritier, *Masculin/Feminin*, I y II; existe traducción del primero, *Masculino/femenino, el pensamiento de la diferencia,* Barcelona, Ariel, 1997; y sobre idéntico asunto, el ya citado *De la violence,* I y II, ed. y dir. F. Héritier.

[21] A. Miyares, *Democracia feminista,* ed. cit., págs. 161 y ss.

siglos[22], hemos ido perdiendo virtudes peculiares, *aretai,* que las llamaban los griegos, y eso ha implicado un descenso continuado del monto de *eticidad* presente, por lo tanto un incremento paralelo de la *moralität* necesaria para sostener el conjunto; de ahí que en la actualidad casi todos los deberes sean y deban ser argumentados, hasta el punto de que hayamos convertido a la propia ética en el procedimiento, la argumentación. Esto es radicalmente nuevo y extraño. La moral grupal, ya lo explica a la perfección McIntyre, nunca ha sido discursiva ni universalista; ni sus actores individuos. El grupo ha sido el señor.

LAS MUJERES Y LAS IDENTIDADES REACTIVAS

Hay gran cantidad de varones a los que desestabiliza tanto la libertad femenina, que prefieren la tiranía antes que el temido desorden moral. Lo que las mujeres puedan hacer con su libertad es peligroso, *haram,* porque son el sexo sobre el que se ha depositado la decencia. De ellas dependen la autoestima y la identidad del grupo.

Y por ello ocurre que las mujeres y el cómo deban comportarse forman parte esencial de las *identidades reactivas.* Llamo así a las identidades que se crean como efecto del rechazo a la integración, por ejemplo, el caso de varios fundamentalismos islámicos en territorio europeo. Sin querer olvidar el peso de otras variables, como la propaganda salafista o wahabí y quien la financia, o la importación selectiva de imanes fundamentalistas, lo que aparece es el intento de control del grupo de los pares, los varones hermanos, sobre las mujeres propias, porque precisamente están dejando de ser

---

[22] O en un periodo mayor, si aceptamos la tesis de Duby, según la cual la especificidad europea es la libertad femenina, cuyo origen habría de buscarse en la Baja Edad Media, *Historia de las mujeres,* vol. 2, Madrid, Taurus, 2000.

«propias» e incluso «apropiadas». Casar por fuerza asegura que el grupo no se abrirá al matrimonio exogámico; para ello ha de mantenerse la prohibición mayor de la inclinación propia o el enamoramiento. La exogamia acaba con el grupo. Mejor castigar muy cruelmente la pérdida de la virginidad que tener que acudir al remedio cuando ya no lo haya. Mejor el velo, que es un signo aunque haya quien quiera olvidarlo, que la desaparición. La identidad del grupo va cargada sobre los hombros de sus mujeres, estén ellas de acuerdo o no. Cierto que algunas pueden estar de acuerdo. Muchos esclavos lloraron y se resistieron a ser liberados. Las situaciones individuales siempre son singulares y a veces extrañas; el individuo juega en el terreno justamente de la negociación de la valía individual, el elegir entre cola de león o cabeza de ratón; por eso la libertad individual para avalar tales prácticas es una razón tan débil[23].

El feminismo, Pepito Grillo de la democracia, como frecuentemente lo llama Celia Amorós, como vindicación y como teoría de la democracia no excluyente, universal, ha tenido ya que recordarle sus fundamentos a ésta casi desde su origen; en verdad, viene haciéndolo de modo sistemático. Su énfasis casi nunca está en los contenidos, sino en el grado de universalidad. Ahora lo hace en la nueva situación de contraste que presenta la multiculturalidad, dentro del Estado y también en el proceso de globalización. «No sin las mujeres»[24] se llama ahora su aporte formal esencial.

El programa de máximos del feminismo se enunció muy tempranamente «el salir las mujeres de una perpetua y no querida minoría de edad», pero ello ha implicado el conoci-

---

[23] Leo con asombro que una mujer conversa al islam, que ya tiene un hijo, se ha hecho *reconstruir ¡¡¡el himen!!!*, dice que como «un detalle de amor» hacia su nuevo marido. De nuevo afirmo que la realidad siempre supera a la ficción.

[24] Este título emblemático puso Soledad Gallego a uno de sus magistrales artículos dedicados a Afganistán, en el diario *El País*.

miento cada vez más exacto del sistema de poder que tiene vigencia entre los sexos, el patriarcado, que pasa de ser paisaje moral corriente a sistema de dominación difícil de justificar. Allá donde se fragiliza las mujeres adquieren los rasgos de la individualidad, abandonan la *sittlichkeit* y dejan de representar la identidad del grupo. Ese nuevo individualismo correlata de un modo característico con la caída del pautaje diferencial de lo honesto en función de género. Las mujeres no reivindican el derecho al mal, lo ponen por obra, con los riegos que asumen por ello. Pero al ponerlo, lo imponen; si se cruza socialmente la línea de la honestidad, entonces todo el sistema normativo se resiente e incluso aparece una cierta dosis de anomia: cuando la invariante se mueve, el edificio se resiente. La libertad, por ejemplo de opción sexual o amorosa, dimana como práctica directamente de las libertades de las mujeres en el momento presente. También algunos debates como el de la prostitución. La libertad de las mujeres ha introducido altas dosis de inseguridad en la eticidad heredada, esto es, en el patriarcado, que es su otro nombre.

La Modernidad abrió el debate de la tradición y desde Descartes el pasado dejó de ser asumido como un todo; en otros términos, las identidades comenzaron a quebrarse. Y el feminismo fue una muy contundente maza, de ahí lo poco simpático que siempre ha resultado a los moralistas, que le han devuelto los mazazos multiplicados.

Es cierto que la Modernidad no hace nada de esto sin costos y de perfecto acuerdo; está por estudiarse la profunda relación entre la libertad de las mujeres y la tensión política, o si se quiere, está mal estudiado todo el fenómeno porque se ha hecho ignorando este aspecto basal. Bueno, no es éste ahora el caso. Por eso, porque la Modernidad es un proceso y no precisamente pacífico, porque no es ninguna identidad, es tan absurdo asumir que el feminismo sea un «emic» occidental.

Así lo enfocan las identidades pre-ilustradas a fin de deflactar una buena parte de su atractivo entre sus propias mujeres. Ser feminista es ser traidora. Y además cada quien, máximamente los clérigos, están calificados para decidir en qué consiste ser feminista, y no suelen ni proferir el nombre, encubriéndolo bajo el término «familia», privado, o «modas procedentes del extranjero», estética[25]. La defensa de la tradición, que conocemos bien en nuestros lares[26], implica casi siempre autarquía moral. La tradición señala un grueso cúmulo de seguridades que ni quieren perderse porque amenazan directamente a la pervivencia de la comunidad; la transforman en una totalidad atomizada en individualidades cargando cada una con su libertad; cambian las reglas del juego patriarcal. Fátima Mernissi se preguntaba en los noventa[27] por qué la cuestión sobre la modernización en el Islam acaba siempre convirtiéndose en la cuestión sobre las libertades de las mujeres; la respuesta, que creo que no pedía, es obvia: porque son lo mismo.

PATRIARCADO, MORAL Y POLÍTICA

Occidente no es una cultura más, posición que sólo se puede tomar por exceso de liberalismo o por ignorancia de la facilidad de las comunicaciones. En un caso, puesto que Robinson sigue estando solo, no quiere compartir con nadie sus valores, sino sólo comerciar y seguir su ruta; lo que hagan las gentes exóticas no es de nuestra incumbencia. Allá ellos. Y menos aún es de nuestra incumbencia lo que hagan con ellas, las mujeres, porque son suyas; este estado de cosas puede mantenerse si el patriarcado es asumido como lo

---

[25] No me resisto a recordar que el feminismo sufragista era denostado en la Alemania bismarckiana como un «intento venido de Francia» para debilitar a la patria.

[26] Es la única ventaja de haber nacido, como lo hizo mi generación de mujeres españolas, en las coordenadas espirituales del siglo XIII.

[27] F. Mernissi, *El miedo a la Modernidad,* Ediciones del Oriente y del Mediterráneo, 1992.

que se tiene en común, como la humanidad que es común. Porque esa reconoce en el otro la misma capacidad de dirigir su dominio, aceptado por todos, como mejor haya parecido en cada pueblo. Allá las encierran, acá salen demasiado, pero la autoridad del otro es reconocida en esa esfera suya. No hay conflicto. Ahora, evolucionada la Modernidad y activo el frente feminista, autoconsciente, el solitario Robinson ya no es lo que era. Y, además, el otro ya no se contenta con vender buenamente sus materias primas o sus riquezas exóticas, sino que se nos planta dentro de nuestras fronteras. ¿Cómo mantener sobre él la mirada exotizante?

El patriarcado es un sistema de poder que ya no se comparte tanto como antaño, aunque sin llegar a la chusca afirmación de que ha muerto[28], porque es ridícula, dado que tenemos el empirismo asumido. La línea fuerte del patriarcado es la división entre público y privado, con una frontera nítida, el varón soberano en su casa y las mujeres excluidas de la esfera del pacto. Mal podrían ocuparla si son el fundamento de lo pactado. Y lo pactado es la ley, la legitimidad, la herencia, el respeto, lo decoroso. El patriarcado, escribe Longman[29], no es un ordenamiento especialmente agradable para los varones; al fin es un orden que tiene sus exigencias y para que exista hay que mantenerlo porque no se produce ni se reproduce solo. Implica un varón proveedor, reproducirse según un orden legítimo, cuidar de la prole, el castigo del amor homófilo en nuestra variedad y, añado, la defensa de la virilidad del otro y su capacidad de ponerla en ejercicio. Cuando este tejido normativo se deshilacha, añade, la natalidad se derrumba, así que caeremos en manos de los

---

[28] Afirmación clásica del grupo conocido por el nombre de la Librería de Milán, muy contundentemente refutada por Celia Amorós en *Tiempo de feminismo,* Madrid, Cátedra, 1997, y también en *La gran diferencia y sus pequeñas consecuencias,* Madrid, Cátedra, 2005.

[29] Ph. Longman, «El retorno del patriarcado», *Foreing Policy,* febrero de 2006.

que lo mantengan, porque les apoya la fuerza del número: nuestras cunas están vacías y las suyas no[30]. De modo que, por la evidencia de esa explicación que hace de lo que normalmente llamamos historia sólo una parte de la demografía, feminismo, libertad individual y democracia son autodestructivas.

No sé si es tan grave, pero sí conozco que, cada vez que capas no expertas han llegado a detentar el poder de élites duales más antiguas, por lo común las posiciones de las mujeres se resienten; los recién llegados aplican normalmente sus estándares de honestidad, es más, los ponen como ejemplo; así nos lo enseña la historia, que hasta yo comprendo que algo reza con la demografía. En ese caso, atención, porque el momento actual nos pone frente a uno de esas situaciones y nos pone globalmente. No parece buena táctica ante ella predicar la falsa tolerancia multiculturalista o diferir la realización de los foros internacionales de población o mujer, como se viene haciendo.

La humanidad que tenemos en común ya no es viril. La natalidad que tenemos rompe las solidaridades de la hombría. El individuo es epiceno. Este panorama ¿es tan optimista? Según Huntington, sí; esto es lo que piensan, pensamos, lo que él llama *la gente Davos;* ni que decir tiene que no le concede universalidad, que en su caso quiere decir número, suficiente[31]. La universalidad del número no aparece planetariamente en su opinión por parte alguna, ni en la di-

---

[30] Ph. Longman, *The empty cradle,* Nueva York, B. Books, 2004.
[31] Escribe: «La expresión "civilización universal" se puede referir a los supuestos, valores y doctrinas que comparte actualmente mucha gente en la civilización occidental y algunas personas en otras civilizaciones. A esto se le podría llamar la *cultura Davos*. Cada año, aproximadamente un millar de hombres de negocios, banqueros, funcionarios estatales, intelectuales y periodistas de decenas de países se reúnen en Davos... casi todas estas personas tienen titulación universitaria... Pero ¿cuánta gente en todo el mundo comparte dicha cultura?... menos de un uno por ciento de la población mundial», *El choque de civilizaciones,* págs. 66-67.

fusión de las técnicas y el consumo, ni menos en lo que vengo llamando ideas basales. En opinión de Huntington lo que él llama «cultura subyacente» permanece intocada. Pero es que la libertad de las mujeres precisamente opera en ese nivel. ¿Cómo mantener la *sittlichkeit* heredada cuando un número masivo de mujeres accede a la formación media? Está demostrado que esa variable cambia todas las sociedades en que ocurre. Y ahora es casi global.

La Modernidad se abre paso desgastando la cultura subyacente y reemplazando la tradición automática por la tradición deliberada. Ya nos lo enseñó Burke cuando tuvo que acuñar el nuevo concepto de tradición, autoconsciente, de la Modernidad. La tradición dejaba de ser automática, se desgajaba del monto de la superstición y se volvía patrimonio. Nuestra reivindicación de la tradición es tradicionalista porque no es espontánea. La aparición de tradicionalismos en áreas planetarias que no los tenían indica hasta qué punto las verdaderas tradiciones han sido socavadas. Nuestra tradición, sistemáticamente, convierte las prácticas en ritos[32].

En la propia historia de Occidente el fundamentalismo nos es bien conocido, pero no siempre termina como en sus inicios pretende. El humanismo renacentista lo tuvo, como antítesis en la Reforma, pero, a la postre, la Reforma llevó a libertades antes no imaginadas y para mucha más gente, no sólo para las escasas élites; por lo tanto, el humanismo ha dado varias vueltas antes de arribar a nuestro presente realizando torsiones que no debemos olvidar.

El feminismo es un humanismo que no ha descuidado ni descuida los datos de antropología, que, es más, supone una antropología no androcéntrica y no antropocéntrica, que sabe de sí y de sus límites. Que entiende qué tipo de proceso es la Modernidad, por lo tanto que distingue bien cuando habla

---

[32] Tomo prácticas en el sentido que usa la expresión McIntyre en *Tras la virtud;* esto es, un conjunto de conductas, de teleología compartida, que anudan la vida social, presididas por valores-virtudes.

como teoría del conocimiento, filosofía de la historia, antropología o agenda política. En su nivel teórico explicativo, alimentado por muchas fuentes, es muy rico y presenta además variables que hacen entender cosas que sin él o no se perciben o no se entienden. Pero no se limita a entender, sino que siempre implica transformar. En buena parte del mundo las mujeres tienen ya ciudadanía y donde esto no ocurre la rebeldía está presente. Nuestros enfrentamientos civilizatorios no son por los ritos, tampoco por los recursos o no solamente por ellos; son por el modelo general de humanidad. Y la libertad de las mujeres es el cuño del modelo universal y universalizable. Rebeldes, Solas o Juntas, las mujeres comenzamos a ser Ciudadanas del Mundo.

Capítulo XIV

Lo que el feminismo ha hecho por ti

Desde que en los setenta del pasado siglo el feminismo comenzara su gran tercera fase, aquella en que vivimos, se han producido en su seno diversos vaivenes que han ido colocando temas diferentes en el punto central del pensamiento y la acción. Del mismo modo que a la obtención de las conquistas sufragistas le siguió la mística de la feminidad, los ochenta vieron también aparecer una formación reactiva que intentó volver a poner las cosas en su lugar a fin de deflactar las vías abiertas por los nuevos espacios legales. Sin embargo tuvo mucha menos capacidad que su predecesora. Por una parte, el panorama internacional no era homogéneo, y, por otra, el feminismo en los ochenta se estaba transformando en una masa de acciones individuales no dirigidas.

Mientras que en algunos países se intentó suprimir o reconducir los organismos de igualdad a fin de que contribuyeran a positivar un modelo femenino conservador, en otros, por su distinto signo político, el pequeño feminismo presente en los poderes públicos reclamó la visibilidad mediante el sistema de cuotas alegando como fundamentación la discriminación positiva. Internacionalmente a la vez, el feminismo, que de suyo siempre ha sido un internacionalismo, llegó a lugares antes impensables, las sociedades en vías de desarrollo, y se encarnó en prácticas «de género» que nunca anteriormente habían existido, reclamando su entrada en la construcción de las democracias. El feminismo de los últimos años 80 y la década de los 90 encontró en el sistema de cuotas el útil que permitía a las mujeres adquirir visibilidad en el seno de lo público y, previamente, había diagnosticado que la visibilidad social estaba interrumpida precisamente porque sus nuevas habilidades y posiciones no tenían reflejo en los poderes explícitos y legítimos. En los hechos esto significaba el fin de la dinámica de las excepciones.

El feminismo de los noventa se centró en los números: los repasos cuantitativos se afirmaron como perentorios. Cuántas mujeres había en cada sector relevante y encontrar el porqué de su escaso número fue la tarea de conteo que se emprendió. El diagnóstico fue que existía un «techo de cristal» en todas las escalas jerárquicas y organizacionales, puesto que, a medida que se subía de nivel, y con formación equivalente, la presencia de las mujeres iba reduciéndose. Avanzaba el convencimiento de que los mecanismos de selección sólo eran aparentemente neutrales[1]. Entonces comenzó a pensarse en la conveniencia de promover medidas que aseguraran la presencia y visibilidad femeninas en todos los tramos: había que profundizar en discriminación positiva y cuotas.

---

[1] Traté este asunto en *La política de las mujeres*, Madrid, Cátedra, 1997, si bien algunas de mis apreciaciones han variado, sobre todo con la entrada en la paridad como objetivo de la agenda feminista actual.

En este terreno los mejores resultados se han obtenido por ahora en el seno de los poderes públicos, pero queda el reto de trasladar este tipo de acciones al mercado, lo que exigiría acuerdos políticos y sindicales bastante amplios. Ambos mecanismos, discriminación positiva y cuotas, pertenecen de suyo a las democracias cuando éstas prefieren incrementar los saldos igualitarios; por lo mismo suelen quedar fuera de los contextos liberales o ultraliberales. Son instrumentos, en el caso de las cuotas, para asegurar la llegada a los lugares seleccionados de aquellos colectivos que son sistemáticamente preteridos; es decir, imponen por cuota la igualdad de salida. Pero el cumplimiento de la meritocracia, cuando la cooptación pura y simple no la asegura, es ya la paridad. La discriminación positiva intenta la imparcialidad en el punto de salida, en lugar de en el de llegada; individuos afines pueden no ser tratados de modo afín para asegurarles un pequeño margen a favor en el inicio de la competición. La paridad impone cooptar a los que presentan iguales méritos. Las mujeres necesitan ambos mecanismos. Por discriminación positiva estar presentes en las ramas de actividad que no cuentan con ellas. Por paridad, en los espacios pertinentes de poder.

El feminismo de los noventa, ya se dijo, se vio abocado a estudiar la dinámica organizacional, lo que no quiere decir que abandonara los temas de filosofía política general, sino que tuvo y aún tiene la necesidad de iluminar, cada vez con instrumentos más finos, la micropolítica sexual. Nódulos y puntos de los poderes efectivamente existentes, formas económicas y relacionales, autopresentaciones y capacidad de expresar autoridad, etc., se convierten en parte de sus análisis, lo que dio origen a trabajos minuciosos y sumamente informativos. Por este expediente el feminismo consolidó su complejidad, al continuar siendo, en esencia, un igualitarismo doblado de una teoría de las élites. Por lo mismo, continúa siendo un resorte agitativo global que al mismo tiempo se está convirtiendo en una teoría política experta. Políticas feministas, y a ellas están obligadas todas las democracias, son las que también conocemos como «políticas de género». Todas ellas tienen un único fin: evitar las malas prácticas que se derivan del sometimiento secular de las mujeres, por tanto, aumentar su capacidad de ciudadanía y puesta en práctica de los derechos individuales.

Los retos inmediatos

El feminismo tiene retos inmediatos y los tiene también de largo alcance. Entre los primeros, inmediatos, está el desactivar la ginofobia del mercado. Implica el iluminar el mercado, que tiende a ser opaco, e incentivar el empleo por medio de medidas positivas, programas y estímulos apropiados. A la par, hay que vigilar los indicios, tan frecuentes, de acoso en el trabajo y contrataciones basura. Hay que hacer sentir a las mujeres, máxime a las que buscan el primer empleo, que tienen en la Administración una aliada. Urgir también a que los sindicatos asuman las políticas de género. Abrir lugares en que se puedan recibir y canalizar demandas e incluso denuncias. También favorecer las oportunidades de las mujeres en formación para el liderazgo.

El empleo y la violencia son dos graves problemas de las mujeres. Y de ellos el empleo es el más radical, si esto significa ir a la raíz del asunto: sin autonomía económica no hay libertad individual que aguante. Se necesitan políticas que solucionen esos problemas. Pero ésos son retos en nuestro mundo, en el mismo en que la conciliación es un asunto de envergadura. Hay que darles cauce, pero sin olvidar que se inscriben en grandes marcos de interpretación. Y ahora quisiera citar algunos de esos marcos.

El naturalismo

En este punto se impone hacer una pequeña excursión por la ontología y la teoría del conocimiento: la subordinación de las mujeres se ha desenvuelto siempre en un marco ontológico que la validaba. Lo vemos aparecer en los registros más antiguos que conocemos, como, por ejemplo, los pitagóricos. Ese marco a menudo también ha sido sacralizado, porque no es raro que los dioses quieran lo mismo que quieren los hombres. Al igual que la sumisión de las mujeres es antigua, antiguo es el marco que la alimenta.

En los últimos siglos, cuando sobre todo en Occidente el debilitado registro religioso ha dejado de darle consistencia, el marco ontológico de la sumisión femenina ha sido el naturalismo. Para dar entrada a las demandas de paridad planteadas ahora, parece claro que el marco teórico actual, todavía a grandes rasgos naturalista, debe cambiar. El naturalismo presente en la escena ideática lo hemos heredado sin duda del pensamiento ilustrado. Pero ha sufrido suficientes avatares como para haber cambiado varias veces de rostro: positivismo, eugenismo, sociobiologismo, etc. Sin embargo el naturalismo no es el paisaje corriente de las ideas globales y las concepciones corrientes del mundo de la Modernidad porque dé mejores explicaciones de algunos fenómenos que las dadas por las explicaciones espiritualistas anteriores a él. El naturalismo corriente es sobre todo fundamento y resultado de las prácticas sociales corrientes, como ha demostrado cumplidamente M. Douglas[2]. Si sobre tales prácticas —como

---

[2] *Cómo piensan las instituciones* (1986), Madrid, Alianza, 1996, trabajo que culmina el iniciado en *Símbolos naturales* (1970), Madrid, Alianza, 1978. Toda institución necesita algún principio estabilizador que normalmente consiste en la naturalización de las clasificaciones sociales. Lo logra aplicando sistemáticamente una analogía. «Cuando se aplica la analogía una

ejemplo sobresaliente las que aseguran la jerarquía sexual—existe el disenso suficiente, tenemos al menos una buena razón para confiar en la decadencia futura del reduccionismo naturalista. Con todo, es tal su peso en la cosmogonía moderna que se necesitará un gran esfuerzo conceptual para cambiar de fondo y dejarlo atrás[3]. Si el marco global continúa su iniciado giro hacia el dialogismo y la hermenéutica las posibilidades ya abiertas se ampliarán. Como digo, la aplicación de categorías naturalistas a las desigualdades de género mantiene férreamente el actual estado de cosas. El giro ya iniciado hacia un marco hermenéutico, que es un ingrediente fuerte del pensamiento actual, permite, tras sus iniciales excesos postmodernos, planteamientos generales mejor afinados. El feminismo siempre se ha construido con la conceptología que le haya sido contemporánea, pero con la que le permitía edificarse. Es obvio que los planteamientos hermenéuticos y la práctica dialógica son ahora sus mejores opciones filosóficas.

Variar un marco ontológico es algo que sucede quizá una vez en una era completa, de modo que no cabe hacerse ilusiones sobre el tiempo que tomará. Habitamos un mundo construido sobre pares enfrentados, par-impar, noche-día, húmedo-seco, caliente-frío, varón-mujer..., que es ances-

---

y otra vez, pasando de unos conjuntos de relaciones sociales a otros y de éstos nuevamente a la naturaleza, su estructura formal se torna fácilmente reconocible y acaba por revestirse de una verdad autovalidadora.» Y, ahondando en el análisis, precisa: «La analogía compartida es un mecanismo para legitimar un conjunto de instituciones frágiles.» M. Douglas (1986), págs. 78 y ss. de la ed. esp.

[3] Eso por no tomar en cuenta su capacidad de resistirse, probada fehacientemente a lo largo del siglo que ha terminado. Por ejemplo, las claves sociobiológicas, suficientemente desacreditadas en los niveles científicos competentes, han trasladado sus explicaciones en las últimas dos décadas a los mass media, prensa, televisión y documentales, sin que a sus cultivadores parezca importarles un ardite que lo que exponen ya no cuente con ningún crédito en las esferas científicas solventes.

tral[4]. Y el par masculino-femenino, aunque aparezca aquí el último, es su par fundante, más que probablemente. Si tomáramos como objetivo la propia ontología, la libertad de las mujeres nos llevaría a la idea de que todo orden ha de ser subvertido. Pero ésta es una conclusión excesiva. Hay ya aliados políticos que encontraron caminos en el medio. La libertad de las mujeres pertenece de lleno al nuevo orden político que sale del abandono y reforma de las sociedades tradicionales y sus esquemas de poder. Las mujeres juegan y ganan en la democracia.

La democracia

Por lo que toca a las sociedades políticas, dentro del mismo marco de globalización, es evidente que las oportunidades y libertades de las mujeres aumentan allí donde las libertades generales están aseguradas y un Estado previsor garantiza unos mínimos adecuados. El feminismo, que es en origen un democratismo, depende para alcanzar sus objetivos del afianzamiento de las democracias. Aunque en situaciones extremas la participación activa de algunas mujeres en los conflictos civiles parezca hacer adelantar posiciones, lo cierto es que éstas sólo se consolidan en situaciones libres y estables. Bastantes mujeres han descubierto en su propia carne que el hecho de arriesgar su seguridad o sus vidas para derrocar una tiranía no las pone a salvo de padecer las consecuencias de su victoria si el régimen que tras ella se instala es otra tiranía.

Cualquier totalitarismo y cualquier fundamentalismo refuerza el control social y, desgraciadamente, eso significa

---

[4] Y bastante repartido; en Occidente está presente desde el pensamiento en la Grecia arcaica y en Oriente tiene la forma característica del Tao, cuyo ying-yang presenta idéntica estructura.

sobre todo el control normativo del colectivo femenino. Por eso las medidas de decoro que toma una insurrección triunfante —vestimentarias, de reforma de costumbres, de protección de la familia, de «limpieza moral»— siempre son significativas y nunca deben ser consideradas meros detalles accidentales. Montesquieu escribió que la medida de la libertad que tenga una sociedad depende de la libertad de que disfruten las mujeres de esa sociedad. Sólo la democracia, y más cuanto más profunda y participativa sea, asegura el ejercicio de las libertades y el disfrute de los derechos adquiridos. Por imperfecta que pueda ser, siempre es mejor que una dictadura de cualquier tipo, social, religiosa, carismática.

En una democracia los cauces para la resolución de las demandas han de estar abiertos y por ello su presentación pública —aunque ello no signifique inmediato acuerdo— es condición previa de viabilidad y consenso. Los derechos adquiridos en una situación tiránica se pierden, lo que indica el escaso consenso que habían logrado suscitar. Precisamente porque ninguna ley histórica necesaria rige los acontecimientos sociales, porque las involuciones siempre son posibles y nada queda asegurado definitivamente, la democracia es un tipo político que exige su constante defensa, puesta en práctica y perfeccionamiento, lo que puede hacerse desde las más variadas instancias, individuales o asociativas.

Incrementar los flujos de participación —lo que supone favorecer la contrastación, el debate y el afinamiento argumental— siempre favorece la presentación en la esfera pública de los excluidos y sus demandas. Feminismo, democracia y desarrollo económico industrial funcionan en sinergia, de modo que incluso la comparecencia de feminismo explícito en sociedades que no lo habían tenido con anterioridad, es un índice de que están emprendiendo el camino hacia el desarrollo. El feminismo está comprometido con el fortalecimiento de las democracias y a su vez contribuye a fortalecerlas.

Por ello, tanto las mujeres como la agenda feminista tienen que estar presentes en la esfera pública. La entrada en las instancias de poder explícito sigue siendo una tarea en curso. Los sistemas de cuotas —formales en unas fuerzas políticas e informales en otras— han contribuido a que todas las listas presenten un número mayor de mujeres que el que habría producido una cooptación sesgada. A pesar de sus defectos, y los tienen evidentes[5], se aplicaron con buenos resultados. Ahora la paridad, que supone un paso definitivo sobre las cuotas, se aplica porque precisamente y hasta el momento presente no se puede asegurar la imparcialidad en los mecanismos de la cooptación.

Aunque sistemas de acción positiva deben ser previstos —por sectores, por género estrictamente, maternidad, por ejemplo—, hay que repetir que la paridad no es discriminación positiva. No existe para colocar mujeres donde no las hay —eso sí sería discriminación positiva—, sino para evitar que la cooptación sesgue en función del sexo. Cuando la democracia es meritocrática, y debe serlo, que de cualquier área las mujeres estén ausentes presenta una incógnita: ¿qué pasa allí? Hay entonces que investigar, no sea que esa ausencia sea el resultado de varias maniobras premeditadas. La democracia no quiere ser injusta con sus ciudadanas, por eso es paritaria.

El poder explícito y legítimo, cuyo primer analogado es el poder político dentro de las democracias, sirve sobre todo al objetivo de la visibilidad. Hace visible la calidad real de los logros curriculares alcanzados. El sufragismo, en su empeño por los derechos educativos, cubrió el tramo más fuerte y decisivo del camino a la paridad. La visibilidad sólo intenta que ese hecho antes impensable, la educación igual y los resultados —con medida meritocrática— de las mujeres, sea sistemáticamente obliterado u ocultado «como si todo si-

---

[5] El mayor de ellos, que no tienen modulación interna capaz de impedir un uso pervertido, por lo que han de ser sistemáticamente vigilados.

guiera igual». La paridad sirve para atajar dos conductas recurrentes por las cuales el privilegio masculino se reproduce: la invisibilización de logros y la discriminación de élites. «No por ser mujeres» es un lema doble que ilumina la acción política feminista: *ni dar de más, ni quitar lo justo*. Paridad en méritos, paridad en logros. Y visibilidad para estos logros a fin de que la democracia los sienta como propios.

Hay que reparar los déficits cuantitativos y para ello primero deben hacerse patentes. Debe proseguirse la tarea de conteo iniciada en los años finales de la década de los 80 y que adquirió carta de naturaleza y precisión metodológica en los noventa del pasado siglo. Importa siempre conocer las cifras de acceso a puestos relevantes y contrastarlas, tanto entre ellas, como con las habilidades educativas y meritocráticas adquiridas por las mujeres.

La globalización

El feminismo es también un internacionalismo y también lo ha sido desde sus orígenes, como aplicador que es de la universalidad ilustrada en su doble vertiente, como panmovimiento y como universalismo político-moral. Esto requiere al menos tres instancias de acción dentro del progreso hacia un mundo globalizado. Debe entrar en el debate del multiculturalismo. Debe buscar presencia en los organismos internacionales. Y debe apoyar la posibilidad de una buena rápida acción internacional.

El multiculturalismo, que se acoge fundamentalmente al concepto de diferencia y al derecho a exigir el respeto por esa diferencia, cuando se alía con el comunitarismo puede pretender hacer legítimos y argumentables rasgos sociales de opresión y exclusión contra los que el feminismo se ha visto obligado a luchar en el pasado. Para prestar asentimiento a las posiciones multiculturalistas el feminismo puede y debe cerciorase del respeto de éstos a la tabla de mínimos constituida por la Declaración Universal de Derechos Humanos, a poder ser complementada por la CEDAW y el resto de las declaraciones de derechos de las mujeres actualmente en curso.

En un mundo que es global, el feminismo, que siempre se planteó como universalismo, que durante el siglo sufragista aprovechó todo el entramado internacional para extender su agenda, debe ahora dirigirse con ella y con las personas adecuadas a las instituciones internacionales. La presencia y visibilidad de las mujeres en los organismos internacionales debe aumentarse, así como la capacidad de acción de las propias instancias internacionales de mujeres, ya sea dentro de los partidos y organizaciones, ya en foros generales.

Las experiencias habidas en conferencias internacionales, declaraciones y foros[6] indican la voluntad de presencia en el complejo proceso de globalización, así como la capacidad de marcarle objetivos generales éticos, políticos y poblacionales. Por otra parte, la presencia del feminismo en las mismas instituciones internacionales asegura también la adecuación de los programas de ayuda en función del género, así como su eficacia. En un momento en que los Estados nacionales no son ya el marco adecuado para resolver gran parte de los problemas, porque éstos se plantean a nivel mundial por encima de su capacidad de acción, el contribuir a la capacitación, mejora y empoderamiento de las instituciones internacionales contribuye a la causa general de la libertad femenina.

El asunto de la buena y rápida acción internacional se vincula, además, con el escabroso tema de la violencia. Las mujeres no están esencialmente comprometidas con la paz. Aunque hasta una filósofa tan crítica e ilustrada como Beau-

---

[6] Un buen compendio de análisis y documentos en *Hacia una democracia paritaria: análisis y revisión de las leyes electorales vigentes*, Paloma Saavedra (ed.), Madrid, CELEM, 1999.

voir haya llamado al varonil «el sexo que mata» y al femenino «el sexo que da la vida», eso no pasa de ser apelaciones retóricas que sólo cierta mística diferencialista puede tomar como si fueran conceptos. Con todo, las mujeres, aunque no sean esencialmente pacíficas ni tampoco lo sean funcionalmente en un sistema jerárquico patriarcal —porque cada mujer usa su capacidad de violencia con quienes sean débiles aunque de su mismo sexo y porque la disposición atomizada hace que cada una, con independencia de su voluntad, apoye la violencia de los varones propios—, en una sociedad imparcial nada tienen que ganar con la violencia.

La democracia, que es ella misma una manera de evitar la violencia y remitir al principio de mayorías éticamente guiado las decisiones, y que en ocasiones puede y debe ser violenta hacia el exterior, tiene que deflactar al máximo la violencia interna. Y no termina su acción cuando evita la violencia política y civil, sino que está obligada a preservar a sus ciudadanos lo más posible de su capacidad de violencia mutua; esto es, tiene el deber de ser segura. En una democracia las mujeres no deberían vivir atemorizadas. Pero sabemos que todavía no es así; no sólo por la violencia en pareja o de la ex pareja, sino por la constante violencia cotidiana, que va desde el lenguaje a la imagen estereotipada, de la inseguridad en la calle al acoso en el trabajo, del insulto machista a la violación; el asesinato comparece también cada tanto con su carga espeluznante. El riesgo, el miedo que produce toda esta enorme indefensión, forman parte de la educación femenina en todo el planeta tierra; también, desgraciadamente, en las democracias. La vida para las mujeres ha de ser segura; las ciudades han de ser seguras. Las cifras de maltratadores registrados, más de trescientos mil en España, son terroríficas. Las muertes violentas y desapariciones de mujeres, también. Y si tanto peligro corren, no es en su sexo donde debe buscarse la causa. Una nueva pedagogía viril se hace imperiosa.

Por otra parte, el florecimiento de formas suaves de vida es sólo esperable allí donde la violencia externa e interna del Estado no ocupe demasiado lugar en el imaginario colectivo. La paz vuelve «femeninos» a los pueblos, decían ya los historiadores romanos conservadores. Y esto que ellos escribían como una severa crítica, podemos afirmarlo como una firme convicción de las democracias avanzadas. Los valores que la paz promueve, la convivencia, el cuidado, los placeres... no son esencialmente femeninos, sino que son apetencia común en sociedades que pueden permitírselos.

Dejo para mejor ocasión profundizar en este tema, las mujeres y la paz, porque, por su enjundia, no cabe despacharlo sin más. Pero adelanto que el feminismo puede constituirse en garantía de paz, del mismo modo que está absolutamente empeñado en la desaparición de la violencia de género y las violencias individuales. No es contradictorio afirmar que pueden las mujeres libremente reclamar las armas dentro de los ejércitos y puede el feminismo colectivamente exigir una sociedad pacífica e internamente desarmada. Allí donde la capacidad de ejercer violencia es todavía un valor, a las mujeres se les da muy poco y son las víctimas corrientes de cualquier atropello.

La excelencia

Gran parte de los tramos de acción presente y futura hasta ahora enumerados, naturalismo, globalización, democracia, se dejan resumir en tres: variación de marco conceptual, aumento de la capacidad de acción y reparación de los déficits cuantitativos. Quisiera, por último, señalar algunos objetivos inmediatos que despejen en efecto el camino de la paridad. Enumeraré al menos tres de ellos. El primero es solventar también el déficit cualitativo. No podemos pensar que la discriminación de élites no forma parte de los déficits cuantitativos, aunque de suyo es un déficit cualitativo. Y en este momento en particular fortísimo.

Dado el actual nivel de formación y preparación curricular de la población femenina, su fracaso masivo —y en esto los números que se comenzaron a hacer en la década anterior son rotundos— no puede producirse sin voluntad expresa de que ocurra ni sin voluntades operativas que lo persigan. El «techo de cristal» se sigue produciendo y reproduciendo en el conjunto completo de los sectores profesionales. Esa perversión de la meritocracia debe ser poco a poco iluminada y eliminada.

El segundo es que se debe iluminar también la ginofobia del mercado y desactivarla. Las mujeres resultan ser los sujetos peor parados en el sistema de mercado —en apariencia indiferente—, con menores posibilidades de empleo, con peores empleos y con tareas a menudo muy por debajo de su capacidad individual. Ajustar el mercado a la meritocracia para el caso de las mujeres es una tarea primordial. La actual generación de mujeres de treinta a cuarenta años soporta, como ninguna en el pasado, una discriminación continua que, además, tiene muy poco de sutil. Esa generación, la de mayores logros y mejores tasas educativas que hayamos tenido nunca, está sufriendo, por el momento, un auténtico desastre.

Hay que iluminar el déficit cualitativo. Pero éste es uno de los aspectos del sometimiento femenino más difíciles de abordar. Supone el derecho a la excelencia, más allá de la acumulación de habilidades y sobrepasando los márgenes cuantitativos de acción positiva. Interviene en la acumulación de autoridad y respeto por parte del colectivo de las mujeres, como un insumo de valor propio. Y, sin embargo, debe ser iluminado cuantitativamente. La cantidad está íntimamente relacionada con la cualidad. Paridad quiere decir la mitad... también en la excelencia y por una buena razón, porque las mujeres también la poseen.

Si este déficit cualitativo no se supera, cuantas conquistas se realicen serán percibidas como concesiones: ceder graciosamente una parte alícuota de *potestas* a quienes de suyo no poseen *auctoritas*. Compromete, por tanto, a la educción de genealogía y a la ruptura en profundidad del estereotipo. Varias prácticas sociales duras y antiguas se le oponen frontalmente: todas las que se alimentan del desprecio, la violencia y el comercio sexual. Todas siguen en escena pese a los avances y los méritos de las mujeres. Queremos luz y justicia para esos méritos.

Autoconciencia y voluntad común

Y, para ir hacia la conclusión, percibo que hay todavía un grave déficit de voluntad común. El feminismo no es sólo una teoría ni tampoco un movimiento, ni siquiera una política experta. Siendo todo eso, ha sido y es también, lo digo a riesgo de repetirme, una masa de acciones no dirigidas, a veces en apariencia pequeñas o poco significativas. Cada vez que una mujer individualmente se ha opuesto a una pauta jerárquica heredada o ha aumentado sus expectativas de libertad en contra de la costumbre común, se ha producido y se produce lo que podríamos llamar un «infinitésimo moral» de novedad.

El feminismo también ha sido y es esa suma de acciones contra corriente, rebeldías y afirmaciones, que tantas mujeres han hecho y hacen sin tener para nada la conciencia de ser feministas. Esto es, tales acciones se realizan sin la conciencia de una voluntad común. Creo que en este momento y en esta tercera ola del feminismo al que pertenecemos, que es la que se abre a un tercer milenio, las mujeres pueden ser ya capaces de forjar una voluntad común relativamente homogénea en sus fines generales: *conservar lo ya hecho y seguir avanzando en sus libertades.*

Pertenezcan a la parte del espectro político que pertenezcan, las mujeres presentes en lo público tienen el deber y la capacidad de elaborar una agenda de mínimos consensuados. Si se esfuerzan por lograr fraguar esa voluntad común, todas las mujeres lograremos nuestros fines con mucho menor esfuerzo —aunque sólo sea emocional— del que hasta ahora a nuestras predecesoras les costó para conseguir lo que nosotras tenemos.

Es preciso un aumento de la capacidad de acción del feminismo. Esto implica aumentar la presencia de las políticas de género en todos los sectores relevantes presupuestarios. Asumir tareas de coordinación, elevar de nivel a los organismos de igualdad para asegurar realmente las políticas transversales, en fin, lo que se está haciendo; también exige prever observatorios institucionales y evaluaciones sistemáticas de la acción de gobierno. Implica asimismo adquirir presencia en las instituciones internaciones, ya se ha dicho, sean generales o partidarias. En resumen y en el momento presente internacional, una política feminista entraña mantenerse en todo foro que aborde el proceso de globalización y debe incluir la variable género continuadamente.

La formación de voluntad común implica la mejor formulación de agenda. Para poder hacerlo conviene implementar las ocasiones de diálogo y contraste. De realizarse una política informativa de logros y retos pendientes. Hay que promover reuniones entre las fuerzas políticas, de distinto signo, y los actores sociales. Es tiempo ya de la elaboración conjunta de una agenda de mínimos, nacional e internacional. Hay que completarla con la consideración de calendarios verosímiles. Y con canalizaciones selectivas de ayuda internacional.

Lo ya hecho

Llevamos ya muchos ochos de marzo. Tres siglos de teoría y práctica avalan al feminismo. Vivimos en su tercera ola. En las últimas décadas las mujeres de Occidente hemos contribuido y asistido a la mutación de condiciones generales de vida. En los últimos años las mujeres hemos salido definitivamente de la minoría de edad. Una minoría de edad de la que no éramos culpables, escribía ya en 1673 Poulain de la Barre. Otros nos la habían impuesto.

En España lo sabemos bien. Aquí la situación era, si cabe, más chusca. Porque contra la lógica misma del cambio social, iniciado en el relativo acceso a la igualdad de oportunidades educativas que se produjo con el desarrollismo de los años 60 (primera entrada numérica importante de niñas en los estudios de bachillerato y primeras convocatorias de becas para ello), la Dictadura conservaba un sistema legal abusivo hasta lo pintoresco.

En plenos años 70 una mujer no podía disponer de sus bienes, incluida su nómina. No podía abrir una cuenta ni disponer de ella sin autorización. No compraba ni vendía ni vivía donde quería. No era jamás en la práctica mayor de edad, porque la mayoría de edad comenzaba a los veinticinco años, momento en que se la suponía por lo general casada y dependiendo su voluntad de la de su marido. De ser madre no tenía patria potestad sobre sus hijos, sobre los cuales nada podía decidir. En el simulacro de votaciones que existía sólo los cabezas de familia votaban a los llamados «representantes en cortes por el tercio familiar», por lo tanto ni eso votaba una mujer, a no ser que fuera viuda. No tenía opinión política ni de otra especie, puesto que en los medios aparecía como objeto y nunca como sujeto. No podía trasladarse o cambiar de residencia sin permiso. Tampoco contraer matrimonio sin todo género de autorizaciones, ni menos disolverlo porque no había divorcio. No podía aceptar un trabajo, abrir un negocio, hacer una compra significativa... en fin, todo un conjunto amplísimo de prohibiciones y cortapisas que se coronaban con la denigrante condena que el código penal mantenía para las mujeres casadas que fueran infieles: seis años de cárcel.

Quienes ahora calzamos ya años hemos vivido la mitad de nuestras vidas bajo aquel régimen ignorante y en tal paisaje hubimos de comenzar nuestra rebelión. Muchas cosas tuvieron que ser cambiadas, no sólo leyes estúpidas o ignominiosas, sino el sistema completo de prácticas y costumbres que les daban apoyo. Cuando no hay libertad, no hay nada para las mujeres. En casos extremos, cuando el déficit mayor es de libertad, conseguir la libertad es casi lo mismo que conseguir la igualdad. Es conseguir el acceso a lo poco que haya en juego, a lo negado únicamente en razón del sexo.

Lo primero que tuvimos que hacer las mujeres demócratas a la salida de la Dictadura fue conseguir esas libertades elementales. Lo hicimos mediante la presión para que se produjeran nuevas leyes y se abrogaran aquellas otras lastimosas. Muchos grupos de mujeres se pusieron a trabajar comprometidas con la democracia y la izquierda. Entonces se hicieron las propuestas que hoy forman parte del bagaje común de lo que se entiende por ciudadanía. El feminismo español es contundente y serio porque se forjó en ese decisivo momento y tuvo que darle forma.

Hacia la mitad de los años 80 la mayor parte de los cambios que ahora entendemos como calidad de vida para todos habían sido conseguidos. Pero fueron las mujeres feministas quienes apostaron decididamente por ellos, quienes nunca abandonaron, quienes dieron las pautas para el cambio no sólo legislativo, sino social. Algunas mujeres, con su esfuerzo constante, mejoraron la manera de vivir de todos. Y no les fue fácil. Tuvieron que vencer muchas resistencias, tener mucha constancia, paciencia y valor. Porque que las mujeres sean libres y lo sean completamente, aterra todavía a las inercias milenarias de nuestra cultura patriarcal. Jugábamos con la ventaja de actuar en sinergia con el gran movimiento feminista desatado en todos los países avanzados. Si todas las mujeres del mundo norte daban un gran paso, nosotras dimos un verdadero salto. Salimos en menos de una década de la minoría de edad impuesta hacia las formas normales sociales y legales de las democracias asentadas.

Para las más jóvenes ahora, ser libres o creerse iguales, ambas cosas son «de sentido común» y ni siquiera imaginan que la situación pudiera ser distinta. Y esto ocurre porque los derechos no son sólo algo que se tiene, sino en lo fundamental, nuevos espacios que se habitan. Vivimos dentro de ellos.

Derechos y costumbres marcan las posibilidades de vida. Agrandan o empequeñecen nuestros mundos individuales, les dan forma. El avance de las mujeres, planetario, hacia su libertad, toma la forma de la vindicación de igualdad.

Los gobiernos de Occidente han apoyado este proceso hacia la igualdad. Pero también lo han hecho porque el feminismo ha sabido volverse gestión y mantenerse a la vez como fuerza de opinión y organizativa. Porque muchas mujeres hicieron prioritaria la causa feminista, el feminismo salió ganando y conquistó su lugar. Hubo en esto muchas horas empleadas, muchos grupos atentos. Muchas mujeres defendiendo su espacio y creando, día a día, espacios comunes para el encuentro, la reflexión y el debate.

Pienso que cada tiempo cubre su etapa y nosotras, que vivimos de lo que otras y otros nos consiguieron, tenemos que cubrir la nuestra. Tenemos por delante el reto general de la paridad que implica resolver varios desafíos parciales: la formación de una voluntad común bien articulada que sabe de sí, de su memoria y de los fines que persigue. La iluminación de los mecanismos sexistas —cuando no ginófobos— de la sociedad civil, el mercado y la política. La elaboración común de una agenda de mínimos que evite pérdidas de lo ya conseguido y refuerce el asentamiento de logros. Y la resolución del déficit cualitativo que, en el momento presente, es una vergüenza para la razón.

Sabemos que cada vez que capas no expertas acceden al poder, las posiciones anteriores, adquiridas, de las mujeres, se resienten. Éste es el caso en el nivel global. Si las migraciones continúan y las tasas de natalidad del tercer mundo son las que son, capas no expertas accederán al poder en todo el planeta y también en las sociedades, como las nuestras, mestizas. O encontramos una rápida pedagogía, o las libertades de las mujeres seguirán siendo moneda de cambio. Todas las mujeres actuales de Occidente, que tenemos posiciones bien ganadas, las tenemos más en peligro de lo que pensamos. Hay que hacer políticas feministas. Hay que además extenderlas a todo el arco político de la democracia, porque necesitan consenso para no ser frágiles. Lo son todavía. Se dice que las políticas feministas son lo último de lo que los gobiernos echan mano y lo primero que retrocede cuando cambian. Debemos estabilizar esos logros para tener una razonable confianza en el futuro.

Índice

INTRODUCCIÓN. Época de cambios o cambio de época	9
CAPÍTULO PRIMERO. El feminismo en sus escenarios políticos	15
Del «ellas» al «vosotras»	18
La cultura de la conversación	19
El feminismo es un hijo no querido de la Ilustración	20
Las primeras y tensas relaciones entre democracia y feminismo	21
El primer liberalismo	23
Nace la desconfianza	27
El segundo liberalismo	31
CAPÍTULO II. Societarismos y feminismo	35
La sociedad masa	38
Fascismo y patriarcado	46
Feminismo y democracia	51
CAPÍTULO III. Qué es y qué retos plantea el feminismo	55
Feminismo e Ilustración	57
La primera ola: la polémica ilustrada	59
Wollstonecraft contra Rousseau	60
La democracia viril	61

Democracia y feminismo 63
La mujer desigual y deseable 66
Democracia o patriarcado 70
Las conquistas del feminismo ilustrado 73

CAPÍTULO IV. La segunda ola: el feminismo liberal sufragista ... 77
La misoginia romántica 78
La Declaración de Seneca Falls 83
Los derechos educativos 86
La lucha por el voto 89

CAPÍTULO V. Interregno: la mística de la feminidad 93
El feminismo sesentaiochista. La tercera ola 98
Los rebeldes setenta 99
Los debates del inicio 102
Reacción y nueva agenda 105

CAPÍTULO VI. Los cuatro Escalones de la Sabiduría 109
Los principios generales 111
Los saberes segundos y las palabras 112
El feminismo y el saber de las mujeres 113
El sufragismo y la educación 117
La función del conocimiento en el sufragismo 120
La dinámica de las excepciones 123
La autorización para el saber y sus ritos 125
El genio de las mujeres 128

CAPÍTULO VII. El salto en formación de los años 70 133
La rebelión feminista: tercera ola 135
El «techo de cristal» 137
De la dinámica de las excepciones a la política de las
    excepciones 140
La ablación de la memoria 144
El talento y la inteligencia femeninos y su destino 146
Los saberes de los débiles 151
Ética y estética 153
Las armas de los débiles 154
Un breve apunte sobre el precio pagado 155

CAPÍTULO VIII. Feminismo y conocimiento: una política imprescindible 157
    Paridad versus discriminación positiva 160
    Cuotas y paridad 163
    Paridad: ¿hasta dónde llega? 166
    Lo nuevo y lo viejo 168
    Sin modelos o sin referentes: las mujeres famosas 170
    La trampa de la peculiaridad 175
    Conocer y reconocer 178

CAPÍTULO IX. Secuelas del poder: ¿somos malas? 185
    La mirada 188
    El síndrome Victoria Kent 191
    Investiduras y confirmaciones 193
    María de la O 197
    El espejismo de la igualdad 200
    Paridad y poder 203
    Anomalías aparentes 206

CAPÍTULO X. Hablemos de género 209
    El género y su deuda con la antropología 212
    Feminismo y género 215
    Género en vez de feminismo 217
    El feminismo suplantado 219
    De nuevo la ablación de la memoria 222
    El feminismo no es mujerismo 224

CAPÍTULO XI. La ley del agrado 229
    Armando el estereotipo sufragista 232
    Los cambios estéticos 235
    La imagen actual de las mujeres 237
    Las mujeres en la publicidad 240
    El juicio de Paris 243
    Agrado y belleza 246
    La máscara 248
    Vindicar la belleza 252

CAPÍTULO XII. La violencia contra las mujeres 255
    Democracia e igualdad 259
    La fratría 260

A mitad de camino 263
A día de hoy: dos tipos de violencia 268
Ser iguales y cómo serlo 272
La doma de la braveza 275
Encontrar canales 277

Capítulo XIII. Los retos de la globalización 283
El comunitarismo 285
Multiculturalidad, migraciones y comunidades 290
El cuidado y las reglas 293
La vieja Europa 296
Universalismo y feminismo 298
Ética y estética 302
Los signos, significan 306
Las mujeres y las identidades reactivas 309
Patriarcado, moral y política 312

Capítulo XIV. Lo que el feminismo ha hecho por ti 317
Los retos inmediatos 320
El naturalismo 321
La democracia 323
La globalización 326
La excelencia 329
Autoconciencia y voluntad común 331
Lo ya hecho 332